(国土地理院 提供)

登山案内

一等三角点全国ガイド
［改訂版］

一等三角點研究會 編著

ナカニシヤ出版

〔本書の構成〕

1　本書は、全国にある標高 500m 以上の一等三角点を、都道府県別で標高の高い順に紹介する「**一等三角点案内（本文）**」と、一等三角点についての「**解説**（『**山登りと三角点**』）と**コラム**」から成っている。
　とくに三角点までの登山道の案内「三角点道」は、**一等三角點研究會**の会員が実際に歩いて辿った道を紹介した、本邦初の一等三角点ガイドである。

2　巻末には「全国の三角点設置点数一覧」と「全国の標高 500m 未満の一等三角点」を、また表紙うらの表見返しには「一等三角点網図」（国土地理院提供）を掲げた。

3　一等三角点の案内は、次の項目によった。
　①点名　国土地理院の「点の記」に記載された点名を漢字とふりがなで示した。
　②山名　国土地理院が発行する地形図に示された山名はそのまま記述した。点名の末尾に山、岳、峰の文字があり地形図に山名がない場合は山名を（無名峰）と記述した。更に点名の末尾に山、岳、峰がなく、地名や基線の場合は山名を（なし）と記述した。読み方は現地で認知されている読み方と各種の山岳図書を基にして記した。
　③標高　国土地理院の「基準点成果表情報」平成 26 年度 4 月現在（以下成果表）の標高を示した。
　④基準点コード　「成果表」記載コード（平成 26 年 4 月現在）を示した。数字の読み方は 108 ページ参照。
　⑤選点・埋設法　国土地理院の「点の記」に拠り示した。
　⑥地図　国土地理院の「点の記」に拠り 5 万分の 1 地形図を示した（その後の図名変更も記載）。本点も併記した。
　⑦北緯・東経　国土地理院の「成果表」に拠り示した。
　⑧所在地　国土地理院の「点の記」に記載の所在地（選点当時の地名）をそのまま記したが、その所在地名が、その後に変更されている場合や平成の市町村合併で変更された場合は、▲印を付し、その新市町村名を写真の下に注記した。
　⑨三角点道　最初に交通機関（JR ほか）の駅名や高速道路の IC を示して、一等三角点の所在地が確認できるようにし、そこから国道・県道・林道の順に車で登山口・駐車地までを案内し、登山口から三角点までの登路は当研究會の会員が実際に辿った道を紹介した。写真は会員が撮影したものを掲載した。
　⑩難度　標高の右横に難度の高いコースのみ、次の三ランクに分けて示した。
　　高難度　登山道がなく、沢登り、藪漕ぎをしてテント泊が必要なコース。
　　中難度　登山道がなく、一日の行程が長時間となるコース。
　　要健脚　登山道はあるが、一日の行程に長時間必要なコース。

発刊によせて

元日本山岳会　会長
齋藤　惇生

　このたび一等三角點研究會が平成19年（2007）に再編新発足して5周年を記念し、会員の実践山行研究に基づいて『登山案内 一等三角点全国ガイド』が平成23年（2012）に初版を、引き続いて好評を得て平成24年（2013）には重版を、更に今回は改訂版を発刊されることになった。同じく登山を愛好する一人として、多くの山に登る人がこの本を読んで、知的興奮をもって山頂に立つ喜びをさらに深められることを期待したい。
　「山頂に憩いあり」と日本百名山の著者深田久弥氏はよく揮毫されたと聞いたことがある。汗を流し息をはずませて到達した山頂には、もうひとつの楽しみの四角の石が埋めてある。なんの知識がないと気にもとめず、すぐ横で弁当を食べて帰るだけである。しかしこの柱石が三角点で、明治になって間もなく開始された日本地図作製のための三角測量の標石である。一等から四等まである三角点については、本文のなかに詳しく解説されている。
　この三角点に特に愛着をもち、日本の山々を登り続けたのは今西錦司氏（京大名誉教授　社会人類学　霊長類学の泰斗）であり、生涯登山家であった。今西氏は中学生の時登山を始めたころから山頂の三角点にこだわった。今西氏は三角点は競技のゴールに張られたテープと同じで、これにふれて始めて達成感を感じると書いている。
　晩年の今西氏の登山になんどかお伴した。頂上に着くと三角点をいとおしそうになでさする。そして同行の者と一緒に杖をふりあげて万歳三唱をする。山を下りる時も三角点を囲んで杖をふりあげてヤッホーの三唱であった。冬に登った時積雪で三角点が見当らないことがたびたびあった。今西氏の機嫌すこぶる悪い。みながここぞと思う所を掘る。三角点が顔を出すとすぐ機嫌がなおり、好例のウイスキーの水割を美味そう

に飲んだ。

　今西氏はかねがね考えていたのだと思うが、昭和48年(1973)日本山岳会の会長に就任した時に、山行をよく一緒にしていた坂井久光氏に一等三角点の山を登り研究する会を作ることを提案した。今西氏は山にただ登るだけでなく意義付けをして、さらにそれを楽しむ人であった。坂井氏はすぐに賛同し身近な者4～5人とともに、今西氏を顧問にして一等三角点研究会を立ちあげた。徐々に会員も増えて、活動研究の記録は「聳嶺」と名付けた会報に発表された。

　その後会の活動に紆余曲折があったが、平成19年(2007)に目標を創立原点に戻して一等三角点を深く研究する再編された会が発足した。本部を京都に置き、大槻雅弘氏が会長に就任した。現在会員はNO.168にまでになっている。報告書は「新世紀聳嶺」ですでに7号まで発行された。

　今回発刊のこの『登山案内 一等三角点全国ガイド〔改訂版〕』では、初版の会員の実地踏査による真剣な研究努力の集大成の上に、2011年3月の東北地方太平洋沖地震で日本の多くの山の高さ、位置が変わっており、改めて資料整理と現地調査による正確緻密なデーターが記載されている。現在日本の山に登り続けている登山者、これから登ろうと思いたっている人たちに広く読まれ、三角点の知識を確実にして興味をもって登る登山者が増えれば、日本の登山界に知的な力が加わり、登山の隆盛発展につながると信じている。

もくじ

発刊によせて ……………………………………………… 齋藤　惇生 — 1
山登りと三角点 ………………………………………… 一等三角點研究會 — 16

《一等三角点案内》

1　北海道

	(点名)　　(山名)	(標高)			(点名)　　(山名)	(標高)
01	瓊多窟(旭　岳)	2290.93m — 21		31	知床岬(知床岳)	1254.25m — 31
02	富良牛山(トムラウシ山)	2141.24m — 21		32	利尻山(長官山)	1218.30m — 31
03	札内岳(カムイエクウチカウシ山)	1979.18m — 22		33	雷電岳(雷電山)	1211.29m — 32
04	音更山(音更山)	1932.07m — 22		34	大平山(大平山)	1190.72m — 32
05	神女徳岳(富良野岳)	1911.93m — 22		35	似染内山(ピリガイ山)	1166.68m — 32
06	真狩岳(後方羊蹄山)	1892.72m — 23		36	察来岳(ウエンシリ岳)	1142.31m — 33
07	無類山(武利岳)	1876.33m — 23		37	函　岳(函　岳)	1129.34m — 33
08	烏邉珊山(ウペペサンケ山)	1834.87m — 23		38	砂原岳(砂原岳)	1112.20m — 33
09	芽室岳(芽室岳)	1753.53m — 24		39	袴腰山(袴腰山)	1108.40m — 34
10	夕張岳(夕張岳)	1667.74m — 24		40	豊似山Ⅰ(豊似岳)	1104.57m — 34
11	硫黄山(硫黄山)	1562.33m — 24		41	寶根知山(ピンネシリ)	1100.37m — 34
12	天塩岳(天塩岳)	1557.65m — 25		42	面別山(帯広岳)	1088.80m — 35
13	狩場岳(狩場山)	1520.20m — 25		43	千軒岳(大千軒岳)	1071.87m — 35
14	暑寒岳(暑寒別岳)	1491.62m — 25		44	杜満射岳(社満射岳)	1062.48m — 35
15	余市岳(余市岳)	1487.97m — 26		45	砂馬毛岳(サマッケヌプリ山)	1062.30m — 36
16	阿寒富士(阿寒富士)	1475.81m — 26		46	佐織岳(佐幌岳)	1059.57m — 36
17	面射岳(楽古岳)	1471.39m — 26		47	昆布岳(昆布岳)	1044.89m — 36
18	千登蟹山(チトカニウシ山)	1445.61m — 27		48	比後岳(ピッシリ山)	1031.50m — 37
19	海別岳(海別岳)	1419.31m — 27		49	手稲山(手稲山)	1023.09m — 37
20	糠平山(糠平山)	1349.61m — 27		50	樽前岳(樽前山)	1021.92m — 37
21	下富良野(冨良野西岳)	1330.88m — 28		51	辺富内(ハッタオマナイ岳)	1021.14m — 38
22	遠音別岳(遠音別岳)	1330.37m — 28		52	乙部岳(乙部岳)	1016.91m — 38
23	徳心別山(ホロホロ山)	1322.26m — 28		53	三頭山(三頭山)	1009.13m — 38
24	貫気別(貫気別山)	1317.49m — 29		54	藻琴山(藻琴山)	999.89m — 39
25	鬼頭牛山(喜登牛山)	1312.24m — 29		55	中　山(無名峰)	996.67m — 39
26	似古安岳(ニセコアンヌプリ)	1307.97m — 29		56	風防留山(貫気別山)	993.52m — 39
27	余別岳(余別岳)	1297.74m — 30		57	飛鎌岳(ピヤシリ山)	987.03m — 40
28	札幌岳(札幌岳)	1292.99m — 30		58	美唄山(美唄山)	986.59m — 40
29	見市岳(遊楽部岳)	1275.63m — 30		59	枇杷牛山(無名峰)	957.78m — 40
30	濱益岳(浜益岳)	1257.81m — 31		60	八内岳(八内岳)	943.60m — 41

61 毛鐘尻（毛鐘尻山）	916.42m — 41	88 設計山（設計山）	701.49m — 50
62 糸魚岳（糸魚岳）	914.38m — 41	89 古部岳（丸　山）	691.04m — 50
63 鷲別岳（鷲別岳）	911.11m — 42	90 丸　山（丸　山）	665.29m — 51
64 瀬戸瀬山（瀬戸瀬山）	901.48m — 42	91 八幡岳（八幡岳）	664.57m — 51
65 様毛山（サマッケヌプリ）	897.81m — 42	92 安瀬山（安瀬山）	654.22m — 51
66 幌別岳（幌別岳）	892.38m — 43	93 滝沢山（滝沢山）	651.25m — 52
67 天狗岳（天狗岳）	872.35m — 43	94 三角山（三角山）	649.21m — 52
68 安足山（安足山）	850.98m — 43	95 下沢岳（パンケ山）	631.93m — 52
69 弁勲嶺（無名峰）	836.06m — 44	96 辰丑岳（辰丑岳）	629.85m — 53
70 似頃山（仁頃山）	829.24m — 44	97 狐　山（狐　山）	628.01m — 53
71 那英山（那英山）	818.99m — 44	98 冬路山（冬路山）	625.08m — 53
72 欝　岳（欝　岳）	818.25m — 45	99 幌内山（ポロモイ山）	624.83m — 54
73 冬　島（アポイ岳）	810.19m — 45	100 佐主岳（佐主岳）	618.54m — 54
74 太櫓山（太櫓山）	805.55m — 45	101 霧裏山（無名峰）	612.58m — 54
75 入霧月峰（音江山）	795.42m — 46	102 尾呂山（尾呂山）	605.11m — 55
76 久土山（三角山）	795.25m — 46	103 磯桟岳（イソサンヌプリ山）	581.20m — 55
77 夕張炭山（三角山）	769.55m — 46	104 奥尻島（神威山）	575.89m — 55
78 珠文岳（珠文岳）	760.87m — 47	105 歌登山（歌登山）	572.73m — 56
79 雨後滝山（ウコタキヌプリ）	745.12m — 47	106 沙間樹庵（なし）	569.60m — 56
80 和寒山（和寒山）	740.58m — 47	107 滝上山（滝ノ上山）	567.54m — 56
81 蚕発山（遠藤山）	735.37m — 48	108 瓜谷山（瓜谷山）	548.88m — 57
82 大　島（江良岳）	732.41m — 48	109 大樹山（大樹山）	537.42m — 57
83 辺計礼岩（辺計礼山）	732.31m — 48	110 窟太郎山（窟太郎山）	533.98m — 57
84 翁居岳（ポロシリ山）	730.21m — 49	111 瑠笏岳（ルコツ岳）	532.09m — 58
85 鬼刺岳（鬼刺山）	728.15m — 49	112 落舟山（落船山）	525.26m — 58
86 比裸驟山（ペラリ山）	718.40m — 49	113 幌月山（母衣月山）	503.55m — 58
87 糸部山（江鳶山）	712.92m — 50	Lo　野付崎（なし）	1.87m — 59

2　青森県

（点名）　（山名）	（標高）	（点名）　（山名）	（標高）
01 岩木山（岩木山）	1624.62m — 60	09 福浦山（大作山）	776.23m — 63
02 八甲田山（大　岳）	1584.50m — 60	10 階上岳（階上岳）	739.34m — 63
03 白神岳（白神岳）	1232.36m — 61	11 烏帽子岳（烏帽子岳）	719.68m — 63
04 戸来嶽（三ツ岳）	1159.44m — 61	12 丸　山（丸屋形岳）	717.97m — 64
05 八幡岳（八幡岳）	1020.44m — 61	13 東　嶽（東　岳）	683.92m — 64
06 釜臥山（釜臥山）	878.23m — 62	14 小倉岳（大倉岳）	676.97m — 64
07 升形山（桝形山）	819.94m — 62	15 桂川岳（四ツ滝山）	669.65m — 65
08 燧　岳（燧　岳）	781.22m — 62	16 名久井岳（名久井岳）	615.23m — 65

17	矢捨長根	(矢捨山)	564.08m	65
18	梵珠岳	(馬ノ神山)	549.14m	66
19	吹越山	(吹越烏帽子)	507.75m	66
Lo	上の島	(なし)	5.04m	66

3 岩手県

(点名) (山名) (標高)

01	岩手山	(岩手山)	2037.95m	67
02	早池峯	(早池峰山)	1913.38m	67
03	酢川岳	(栗駒山)	1626.47m	68
04	焼石岳	(焼石岳)	1547.28m	68
05	和賀岳	(和賀岳)	1439.36m	68
06	五葉山	(五葉山)	1340.35m	69
07	遠別岳	(安家森)	1238.77m	69
08	亀ヶ森山	(峠ノ神山)	1229.13m	69
09	石 峠	(なし)	1209.04m	70
10	白見山	(白見山)	1171.69m	70
11	姫神岳	(姫神山)	1123.56m	70
12	安黒森山	(黒森山)	1106.35m	71
13	七時雨山	(七時雨山)	1059.89m	71
14	高倉山	(高倉山)	1051.27m	71
15	石上山	(石上山)	1037.34m	72
16	和黒森山	(黒　森)	944.27m	72
17	東根山	(東根山)	927.88m	72
18	室根山	(室根山)	894.65m	73
19	種	(物見山)	869.94m	73
20	折詰岳	(折爪岳)	851.94m	73
21	紫黒森山	(黒森山)	836.73m	74
22	和更比山	(男和佐羅比山)	813.52m	74
23	十二神山	(十二神山)	730.52m	74
24	束稲山	(束稲山)	594.94m	75
Lo	生城寺	(なし)	108.82m	75

4 宮城県

(点名) (山名) (標高)

01	屏風岳	(屏風岳)	1816.83m	76
02	大東山	(大東岳)	1365.42m	76
03	花淵山	(花淵山)	984.59m	77
04	手倉山	(手倉山)	671.50m	77
06	田束山	(田束山)	511.37m	77
Lo	姉歯村	(なし)	73.41m	78

5 秋田県

(点名) (山名) (標高)

01	駒ヶ岳	(男女岳)	1637.09m	79
02	森吉山	(森吉山)	1454.21m	79
03	田代山	(田代岳)	1177.87m	80
04	太平山	(太平山)	1170.43m	80
05	大佛岳	(大仏岳)	1166.67m	80
06	丁 岳	(丁　岳)	1145.57m	81
07	白地山	(白地山)	1034.13m	81
08	中 岳	(中　岳)	1024.18m	81
09	烏帽子岳	(烏帽子山)	954.27m	82
10	長場内山	(長場内岳)	945.76m	82
11	黒 森	(黒森山)	762.98m	82
12	男鹿島	(本　山)	715.02m	83
13	姫ヶ岳	(姫ヶ岳)	650.60m	83
14	笹森山	(笹森山)	594.49m	83
15	高森山	(高　森)	592.68m	84
16	小国市山	(無名峰)	516.27m	84
Lo	赤 山	(大森山)	123.17m	84

6 山形県

(点名)	(山名)	(標高)
01 鳥海山	(七高山)	2229.02m — 85
02 月　山	(月　山)	1979.82m — 85
03 以東ヶ岳	(以東岳)	1771.92m — 86
04 飯森山	(飯森山)	1595.39m — 86
05 舟形山	(船形山)	1500.12m — 86
06 葉　山	(葉　山)	1462.06m — 87
07 三躰山	(合地峰)	1293.25m — 87
08 火打岳	(火打岳)	1237.76m — 87
09 麻那山	(摩那山)	1019.84m — 88
10 白鷹山	(白鷹山)	986.60m — 88
11 大洞山	(大洞山)	737.20m — 88
12 與蔵峠	(なし)	702.58m — 89
13 中之沢山	(出ヶ峰)	694.24m — 89
Lo 飯森山	(飯森山)	41.55m — 89

7 福島県

(点名)	(山名)	(標高)
01 岩駒ヶ岳	(会津駒ヶ岳)	2132.56m — 90
02 飯豊山	(飯豊山)	2105.15m — 90
03 吾妻山	(一切経山)	1949.10m — 91
04 七ッヶ岳	(七ヶ岳)	1635.80m — 91
05 博士山	(博士山)	1481.87m — 91
06 大戸山	(大戸岳)	1415.89m — 92
07 猫摩岳	(猫摩ヶ岳)	1403.64m — 92
08 狸ヶ森	(狢ヶ森山)	1315.05m — 92
09 大博多山	(大博多山)	1314.84m — 93
10 栗子山	(栗子山)	1217.01m — 93
11 大滝根山	(大滝根山)	1192.10m — 93
12 高旗山	(高旗山)	967.93m — 94
13 蓬田岳	(蓬田岳)	951.95m — 94
14 羽　山	(麓　山)	896.56m — 94
15 屹兎屋山	(屹兎屋山)	874.64m — 95
16 半田山	(半田山)	862.96m — 95
17 二ッ石山	(二ッ石山)	750.75m — 95
18 妙見山	(妙見山)	674.54m — 96
19 日隠石	(日隠山)	600.89m — 96
20 女神山	(女神山)	599.26m — 96
21 鳥屋山	(鳥屋山)	580.54m — 97
22 毘沙目木	(毘沙目木)	521.70m — 97
Lo 下神白	(なし)	46.25m — 97

8 茨城県

(点名)	(山名)	(標高)
01 八溝山	(八溝山)	1021.97m — 98
02 栄蔵室	(栄蔵室)	881.32m — 98
03 筑波山	(筑波山)	875.66m — 99
04 頃　藤	(男体山)	653.67m — 99
05 高鈴山	(高鈴山)	622.95m — 99
06 吾国山	(吾国山)	518.23m — 100
Lo 稲　村	(なし)	20.48m — 100

9 栃木県

(点名)	(山名)	(標高)
01 男体山	(男体山)	2484.15m — 101
02 三倉山	(三本槍岳)	1916.90m — 101
03 高原山	(釈迦ヶ岳)	1705.04m — 102
04 羽賀場山	(羽賀場山)	774.45m — 102
05 黒　岩	(大鳥屋山)	693.01m — 102
Lo 磯　山	(磯　山)	104.60m — 103

10　群馬県

(点名)	(山名)	(標高)	
01	武尊山(武尊山)	2157.99m	104
02	袈裟丸山(袈裟丸山)	1878.28m	104
03	赤城山(地蔵岳)	1674.00m	105
04	赤久縄(赤久縄山)	1522.67m	105
05	榛名富士(榛名富士)	1390.54m	105
06	子持山(子持山)	1296.23m	106
07	高田山(高田山)	1212.15m	106
Lo	上城山(無名峰)	197.80m	106

11　埼玉県

(点名)	(山名)	(標高)	
01	城峯山(城峯山)	1037.76m	107
02	堂平山(堂平山)	875.91m	107
Lo	根岸(なし)	6.26m	108

12　千葉県

(点名)	(山名)	(標高)	
Lo	片貝(なし)	3.41m	109

13　東京都

(点名)	(山名)	(標高)	
01	雲取山(雲取山)	2017.13m	110
02	大島(三原山)	603.38m	110
Lo	東京(大正)(なし)	25.36m	111

14　神奈川県

(点名)	(山名)	(標高)	
01	丹沢山(丹沢山)	1567.01m	112
02	冠ヶ岳(神山)	1437.66m	112
Lo	座間村(なし)	74.90m	113

15　新潟県

(点名)	(山名)	(標高)	
01	妙高山(妙高山)	2445.80m	114
02	苗場山(苗場山)	2145.23m	114
03	越駒ヶ岳(駒ヶ岳)	2002.73m	115
04	谷川富士(一ノ倉岳)	1974.14m	115
05	割引山(割引岳)	1930.75m	115
06	浅草岳(浅草岳)	1585.44m	116
07	鉾ヶ岳(鉾ヶ岳)	1316.29m	116
08	黒姫山(黒姫山)	1221.46m	116
09	菱ヶ岳(菱ヶ岳)	1129.18m	117
10	日本平(日本平山)	1081.01m	117
11	米山(米山)	992.52m	117
12	松平山(松平山)	953.87m	118
13	武那ヶ平(山毛欅ヶ平山)	947.14m	118
14	新保岳(新保岳)	852.10m	118
15	鋸山(鋸山)	765.07m	119
16	土理山(土理山)	696.43m	119
17	経塚山(経塚山)	635.96m	119
18	弥彦山(多宝山)	633.72m	120
19	有倉(有倉山)	632.83m	120
Lo	黒井(なし)	4.54m	120

16　富山県

(点名)	(山名)	(標高)
01	立　　山(雄　山)	2991.76m — 121
02	金剛堂山(金剛堂山)	1637.84m — 121
03	六谷山(六谷山)	1397.53m — 122
04	濁谷山(濁谷山)	1237.93m — 122
05	高坂山(蔵王山)	507.52m — 122
Lo	岨之景(園家山)	17.30m — 123

17　石川県

(点名)	(山名)	(標高)
01	白　　山(御前峰)	2702.14m — 124
02	大笠山(大笠山)	1821.80m — 124
03	富士写ヶ岳(富士写ヶ岳)	942.00m — 125
04	医王山(奥医王山)	939.07m — 125
05	宝達山(宝達山)	637.11m — 125
06	鉢伏山(鉢伏山)	543.55m — 126
Lo	専光寺(なし)	4.74m — 126

18　福井県

(点名)	(山名)	(標高)
01	荒島山(荒島岳)	1523.37m — 127
02	木地山(百里ヶ岳)	931.41m — 127
03	野坂岳(野坂岳)	913.34m — 128
04	星　峠(一乗山)	740.73m — 128
05	国見岳(国見岳)	655.90m — 128
06	久須夜ヶ岳(久須夜ヶ岳)	618.54m — 129
Lo	矢良巣岳(矢良巣岳)	472.60m — 129

19　山梨県

(点名)	(山名)	(標高)
01	國師岳Ⅰ(国師ヶ岳)	2591.92m — 130
02	小金沢山(黒　岳)	1987.58m — 130
03	大　峠(大　峠)	1908.25m — 131
04	黒　岳(黒　岳)	1792.68m — 131
05	御正体山(御正体山)	1681.35m — 131
Lo	塩崎村(なし)	348.16m — 132

20　長野県

(点名)	(山名)	(標高)
01	赤石岳(赤石岳)	3120.53m — 133
02	穂高岳(前穂高岳)	3090.48m — 133
03	御岳山(御嶽山)	3063.61m — 134
04	甲駒ヶ嶽(甲斐駒ヶ岳)	2965.50m — 134
05	信駒ヶ嶽(木曾駒ヶ岳)	2956.14m — 134
06	白馬岳(白馬岳)	2932.33m — 135
07	赤　岳(赤　岳)	2899.36m — 135
08	常念岳(前常念岳)	2661.90m — 135
09	蓼科山(蓼科川)	2530.74m — 136
10	国師岳2(三宝山)	2483.49m — 136
11	鉢盛山(鉢盛山)	2446.59m — 136
12	岩菅山(岩菅山)	2295.33m — 137
13	篭塔山(東籠ノ塔山)	2227.91m — 137
14	摺小木山(摺古木山)	2168.89m — 137
15	猫　岳(根子岳)	2128.28m — 138
16	武石嶺(武石嶺)	1972.92m — 138
17	鬼面山(鬼面山)	1889.79m — 138
18	戸倉山(戸倉山)	1680.97m — 139
19	熊伏山(熊伏山)	1653.67m — 139
20	守屋山(守屋山)	1650.64m — 139

21	四方原	(四方原山)	1631.77m	140
22	長倉山	(留夫山)	1590.83m	140
23	聖　山	(聖　山)	1447.17m	140
24	斑尾山	(斑尾山)	1381.50m	141
25	八風山	(八風山)	1315.41m	141
26	陣場平	(陣馬平山)	1257.35m	141
27	権現山	(権現山)	1222.66m	142
28	根　岸	(無名峰)	875.90m	142
29	井上山	(大洞山)	771.42m	142
30	雁田山	(雁田山)	759.27m	143
31	髻　山	(髻　山)	744.36m	143
Lo	基線西端	(なし)	353.01m	143

21　岐阜県

(点名)　(山名)　　　　　(標高)

01	乗鞍岳	(乗鞍岳)	3025.73m	144
02	恵那山	(恵那山)	2190.28m	144
03	御前岳	(御前岳)	1816.24m	145
04	大日ヶ岳	(大日ヶ岳)	1709.00m	145
05	五善山	(御前山)	1646.50m	145
06	兎馬場	(川上岳)	1625.49m	146
07	能郷白山	(能郷白山)	1617.37m	146
08	三階岳	(三界山)	1599.74m	146
09	大雨見山	(大雨見山)	1336.28m	147
10	三周岳	(三周ヶ岳)	1292.01m	147
11	高賀山	(高賀山)	1224.19m	147
12	月夜谷山	(タンポ)	1065.70m	148
13	大洞山	(大洞山)	1034.63m	148
14	養老山	(養老山)	858.90m	148
15	屏風山	(屏風山)	794.37m	149
16	久田見山	(無名峰)	685.81m	149
Lo	檜　峠	(如来ヶ岳)	276.00m	149

22　静岡県

(点名)　(山名)　　　　　(標高)

01	大無間山	(大無間山)	2329.62m	150
02	黒法師岳	(黒法師山)	2068.09m	150
03	毛無山	(毛無山)	1945.40m	151
04	万城岳	(万三郎岳)	1405.63m	151
05	愛鷹山	(愛鷹山)	1187.54m	151
06	竜爪山	(文珠岳)	1040.84m	152
07	白倉山	(白倉山)	1027.40m	152
08	達摩山	(達摩山)	981.83m	152
09	八高山	(八高山)	832.30m	153
10	富巻山	(富幕山)	563.49m	153
11	岩科村	(暗沢山)	520.09m	153
Lo	上野巳新田	(なし)	33.63m	154

23　愛知県

(点名)　(山名)　　　　　(標高)

01	出来山	(出来山)	1052.67m	155
02	三本宮山	(本宮山)	789.31m	155
03	猿投山	(猿投山)	628.98m	156
Lo	高根山	(高根山)	55.14m	156

24　三重県

(点名)　(山名)　　　　　(標高)

01	大台ヶ原山	(日出ヶ岳)	1695.12m	157
02	三嶺山	(三峰山)	1235.24m	157
03	御在所山	(御在所山)	1209.41m	158
04	高小屋山	(高峰山)	1045.03m	158
05	南　亦	(南亦山)	981.84m	158
06	子ノ泊山	(子ノ泊山)	907.16m	159

07 白岩峰(七洞岳)	778.05m — 159	
08 霊 山(霊 山)	765.51m — 159	
	Lo 大平尾村(なし)	4.51m — 160

25 滋賀県

(点名) (山名) (標高)

01 伊吹山(伊吹山) 1377.33m — 161	04 羽子立山(箱館山) 546.78m — 162
02 比良ヶ岳(蓬莱山) 1173.94m — 161	05 呉枯ノ峰(呉枯ノ峰) 531.83m — 162
03 比叡山(大比叡) 848.10m — 162	Lo 深溝村(なし) 86.76m — 163

26 京都府

(点名) (山名) (標高)

01 地蔵山(地蔵山) 947.30m — 164	05 磯砂山(磯砂山) 660.87m — 165
02 長老ヶ岳(長老ヶ岳) 916.81m — 164	06 多祢寺山(多祢寺山) 556.25m — 166
03 太鼓山(太鼓山) 683.17m — 165	Lo 烏ヶ岳(烏ヶ岳) 536.54m — 166
04 鷲峯山(鷲峰山) 681.00m — 165	

27 大阪府

(点名) (山名) (標高)

01 葛城山(葛城山) 865.60m — 167	Lo 大浜公園(蘇鉄山) 6.97m — 168
02 泉原山(石堂ヶ岡) 680.12m — 167	

28 兵庫県

(点名) (山名) (標高)

01 氷ノ山(氷ノ山) 1509.77m — 169	09 御岳山(三 嶽) 793.20m — 172
02 暁晴山(暁晴山) 1077.11m — 169	10 諭鶴羽山(諭鶴羽山) 607.95m — 172
03 蘇武滝山(蘇武岳) 1074.39m — 170	11 千丈寺山(千丈寺山) 589.54m — 172
04 雛倉山(日名倉山) 1047.09m — 170	12 来日山(来日岳) 566.58m — 173
05 粟鹿山(粟鹿山) 962.33m — 170	13 石戸山(石戸山) 548.48m — 173
06 笠形山(笠形山) 939.22m — 171	14 田君谷山(三成山) 536.08m — 173
07 六甲山(六甲山) 931.28m — 171	Lo 家 島(なし) 186.98m — 174
08 床ノ尾山(東床尾山) 838.87m — 171	

29 奈良県

(点名) (山名) (標高)

01 釈迦ヶ岳(釈迦ヶ岳) 1799.87m — 175	05 玉置山(玉置山) 1076.80m — 176
02 大峰山上(山上ヶ岳) 1719.39m — 175	06 竜門岳(竜門岳) 904.11m — 177
03 果無山(冷水山) 1262.31m — 176	07 生駒山(生駒山) 641.99m — 177
04 金剛山(金剛山) 1111.89m — 176	Lo 神野山(神野山) 618.38m — 177

30 和歌山県

(点名) (山名) (標高)
- 01 城ヶ森(城ヶ森山) ——— 1269.26m — 178
- 02 法師ノ森(法師山) ——— 1120.59m — 178
- 03 陣ヶ嶺(陣ヶ峰) ——— 1106.20m — 179
- 04 帽子石山(烏帽子山) — 909.54m — 179
- 05 生石山(生石ヶ峰) ——— 870.00m — 179
- 06 槇 山(槇 山) ——— 796.13m — 180
- 07 善司ノ森(善司ノ森山) — 591.37m — 180
- 08 真妻山(真妻山) ——— 523.43m — 180
- Lo 友ヶ島(なし) ——— 119.71m — 181

31 鳥取県

(点名) (山名) (標高)
- 01 二子山(矢筈ヶ山) ——— 1358.43m — 182
- 02 三国山(三国ヶ山) ——— 1251.83m — 182
- 03 花見山(花見山) ——— 1188.08m — 183
- 04 半甲山(仏ヶ仙) ——— 743.47m — 183
- 05 洗足谷山(洗足山) ——— 736.18m — 183
- Lo 天神野(なし) ——— 54.02m — 184

32 島根県

(点名) (山名) (標高)
- 01 三瓶山(男三瓶山) ——— 1125.75m — 185
- 02 大江高山(大江高山) ——— 807.89m — 185
- 03 大満寺山(大満寺山) ——— 607.66m — 186
- 04 大摩山(無名峰) ——— 574.03m — 186
- 05 清久山(清久山) ——— 565.58m — 186
- 06 岩倉山(韮草山) ——— 543.65m — 187
- 07 鼻高山(鼻高山) ——— 536.25m — 187
- Lo 新山要害山(要害山) — 281.20m — 187

33 岡山県

(点名) (山名) (標高)
- 01 泉ヶ山(泉 山) ——— 1208.87m — 188
- 02 滝 山(滝 山) ——— 1196.47m — 188
- 03 星 山(星 山) ——— 1030.27m — 199
- 04 天神山(天神山) ——— 777.30m — 189
- 05 大平山(大平山) ——— 698.01m — 189
- 06 両山寺山(二上山) ——— 688.89m — 190
- 07 妙見山(妙見山) ——— 518.85m — 190
- 08 三山竜王山(龍王山) — 504.18m — 190
- Lo 真鍋島(なし) ——— 120.42m — 191

34 広島県

(点名) (山名) (標高)
- 01 冠 山(冠 山) ——— 1338.86m — 192
- 02 道後山(道後山) ——— 1268.38m — 192
- 03 猿政山(猿政山) ——— 1267.65m — 193
- 04 苅尾山(臥龍山) ——— 1223.24m — 193
- 05 阿佐山(阿佐山) ——— 1218.28m — 193
- 06 鷹巣山(鷹ノ巣山) ——— 921.84m — 194
- 07 堂床山(堂床山) ——— 859.57m — 194
- 08 星居山(星居山) ——— 834.42m — 194
- 09 女亀山(女亀山) ——— 830.29m — 195
- 10 大黒目山(大黒目山) ——— 801.50m — 195
- 11 野貝山(野貝原山) ——— 719.18m — 195
- 12 小田山(小田山) ——— 718.82m — 196
- 13 八幡竜王山(龍王山) ——— 664.80m — 196
- 14 岡田山(岡田山) ——— 638.48m — 196

滋賀県・京都府・大阪府・兵庫県・奈良県・和歌山県・鳥取県・島根県・岡山県・広島県

| 15 能美島(宇根山) | 541.83m — 197 | Lo 彦　山(彦　山) | 429.70m — 197 |

35　山口県

（点名）	（山名）	（標高）	（点名）	（山名）	（標高）
01 徳佐ヶ峰	(十種ヶ峰)	988.64m — 198	08 牟禮山	(大平山)	631.10m — 200
02 馬糞ヶ岳	(馬糞ヶ岳)	985.27m — 198	09 吉見竜王山	(竜王山)	613.57m — 201
03 石ヶ岳	(石ヶ岳)	924.06m — 199	10 西谷ノ岡	(なし)	560.85m — 201
04 駄艶山	(ダツヤ山)	746.31m — 199	11 高　山	(高　山)	532.72m — 201
05 天上ヶ岳	(天井ヶ岳)	691.27m — 199	12 室津山	(皇座山)	526.31m — 202
06 花尾山	(花尾山)	669.02m — 200	Lo 見　嶋	(なし)	175.04m — 202
07 烏ヶ尾山	(高照寺山)	645.10m — 200			

36　徳島県

（点名）	（山名）	（標高）	（点名）	（山名）	（標高）
01 剣　山	(剣　山)	1954.95m — 203	06 胴截山	(胴切山)	883.86m — 205
02 中津山	(中津山)	1446.81m — 203	07 二ツ丸山	(二ツ丸山)	585.59m — 205
03 高越山	(高越山)	1122.00m — 204	08 三頭山	(三頭山)	505.79m — 205
04 旭ノ丸山	(旭ヶ丸)	1019.59m — 204	Lo 西林村	(なし)	35.94m — 206
05 竜王山	(竜王山)	1012.70m — 204			

37　香川県

（点名）	（山名）	（標高）	（点名）	（山名）	（標高）
01 登尾山	(登尾山)	887.28m — 207	04 大　山	(大　山)	691.29m — 208
02 星ヶ城山	(星ヶ城山)	816.11m — 207	Lo 屋島山	(南　嶺)	291.99m — 208
03 矢筈山	(矢筈山)	787.52m — 208			

38　愛媛県

（点名）	（山名）	（標高）	（点名）	（山名）	（標高）
01 面河山	(二ノ森)	1929.55m — 209	07 壺神山	(壺神山)	970.79m — 211
02 笹ヶ峰	(笹ヶ峰)	1859.60m — 209	08 御在所山	(御在所山)	908.11m — 211
03 薊野峰	(源氏ヶ駄場)	1402.93m — 210	09 障子山	(障子山)	884.95m — 212
04 滑床山	(三本杭)	1226.06m — 210	10 高森山	(高森山)	635.03m — 212
05 高縄山屋上	(なし)	993.20m — 210	11 鞍掛峰	(鞍掛山)	629.38m — 212
06 高縄山	(高縄山)	993.20m — 211	Lo 比岐島	(なし)	28.11m — 213

39　高知県

（点名）	（山名）	（標高）	（点名）	（山名）	（標高）
01 中津明神山	(中津山)	1540.60m — 214	02 仁尾ヶ内山	(工石山)	1515.78m — 214

03	大兀森（梶ヶ森）	1399.81m	215
04	不入山（不入山）	1336.21m	215
05	天狗森（天狗森）	1295.53m	215
06	工石山（工石山）	1176.45m	216
07	装束森（装束山）	1083.00m	216
08	城戸木森（城戸木森）	908.65m	216
09	今之山（今ノ山）	865.23m	217
10	万朶森（蟠蛇森）	769.82m	217
11	日高森（日高森）	754.81m	217
12	鴨川山（白　石）	724.56m	218
13	五在所森（五在所ノ峯）	658.31m	218
Lo	鷲尾山（烏帽子山）	359.13m	218

40　福岡県

(点名)	(山名)	(標高)
01	釈迦ヶ岳（釈迦岳）	1229.53m — 219
02	英彦山（英彦山）	1199.49m — 219
03	馬見山（馬見山）	977.74m — 220
04	福智山（福智山）	900.50m — 220
05	耳納山（鷹取山）	801.58m — 220
06	鬼岩谷（鬼岩谷）	773.77m — 221
07	鮎返山（西　山）	644.54m — 221
08	霧ヶ岳（足立山）	597.79m — 221
Lo	潮煮塚（なし）	36.18m — 222

41　佐賀県

(点名)	(山名)	(標高)
01	京ノ岳（経ヶ岳）	1075.66m — 223
02	天　山（天　山）	1046.06m — 223
03	三瀬山（金　山）	967.10m — 224
Lo	大詫間（なし）	2.07m — 224

42　長崎県

(点名)	(山名)	(標高)
01	普賢岳（普賢岳）	1359.29m — 225
02	國見岳（国見山）	776.17m — 225
03	虚空蔵山（虚空蔵山）	608.54m — 226
04	八郎岳（八郎岳）	589.82m — 226
05	長浦村（長浦岳）	560.80m — 226
06	有明山（有明山）	558.17m — 227
07	天狗岳（安満岳）	514.24m — 227
Lo	江　島（遠見岳）	121.76m — 227

43　熊本県

(点名)	(山名)	(標高)
01	市房山（市房山）	1720.84m — 228
02	白髪岳（白髪岳）	1416.66m — 228
03	西烏帽子岳（烏帽子岳）	1337.22m — 229
04	白ヶ岳（白髪岳）	1244.27m — 229
05	国見山（国見山）	969.28m — 229
06	熊野岳（熊ノ岳）	685.53m — 230
07	倉ヶ嶽（倉　岳）	682.23m — 230
08	笠　山（笠　山）	567.33m — 230
09	角　岳（角　山）	525.87m — 231
10	小代山（筒ヶ岳）	501.29m — 231
Lo	権現山（権現山）	401.86m — 231

44　大分県

(点名)	(山名)	(標高)
01 久住山	(久住山)	1786.58m — 232
02 祖母山	(祖母山)	1756.39m — 232
03 油布山	(由布岳)	1583.28m — 233
04 羽根山	(万年山)	1140.23m — 233
05 尾ノ岳Ⅰ	(尾ノ岳)	1040.63m — 233
06 御座ヶ岳	(御座ヶ岳)	796.61m — 234
07 鹿嵐山	(鹿嵐山)	757.84m — 234
08 佩立山	(佩楯山)	753.78m — 234
09 両子山	(両子山)	720.22m — 235
10 雲ヶ岳	(雲ヶ岳)	653.63m — 235
11 元越山	(元越山)	581.66m — 235
Lo 遠見塚	(なし)	115.21m — 236

45　宮崎県

(点名)	(山名)	(標高)
01 国見岳	(国見岳)	1738.81m — 237
02 西霧島山	(韓国岳)	1700.08m — 237
03 祝子川山	(大崩山)	1643.31m — 238
04 尾鈴山	(尾鈴山)	1405.18m — 238
05 笹ノ峠	(笹の峠)	1340.11m — 238
06 鰐ノ塚	(鰐塚山)	1118.12m — 239
07 大森岳	(大森岳)	1108.68m — 239
08 牛ノ峠	(牛ノ峠)	918.03m — 239
09 速日岳	(速日の峰)	868.03m — 240
10 鏡　山	(鏡　山)	645.37m — 240
11 扇　山	(高畑山)	517.66m — 240
Lo 六ツ野	(なし)	123.39m — 241

46　鹿児島県

(点名)	(山名)	(標高)
01 宮之浦岳	(宮之浦岳)	1934.99m — 242
02 高隈山	(御　岳)	1181.65m — 242
03 中之島Ⅱ	(御　岳)	978.97m — 243
04 甫与志岳	(甫与志岳)	966.96m — 243
05 志戸子	(志戸子岳)	907.91m — 243
06 野尻野塚	(野首岳)	897.41m — 244
07 硫黄島	(硫黄岳)	703.73m — 244
08 烏帽子岳	(烏帽子岳)	702.96m — 244
09 湯湾岳	(湯湾岳)	694.42m — 245
10 矢筈岳	(矢筈岳)	686.95m — 245
11 八重山	(八重山)	676.83m — 245
12 井之川岳	(井之川岳)	644.84m — 246
13 口之島	(前　岳)	628.47m — 246
14 黒　島	(櫓　岳)	621.86m — 246
15 白鹿ノ峠	(白鹿岳)	603.96m — 247
16 下甑島	(尾　岳)	603.59m — 247
17 口永良部島Ⅰ	(新　岳)	600.06m — 247
18 野間岳	(野間岳)	591.13m — 248
19 鹿倉山	(無名峰)	585.43m — 248
20 悪石島	(御　岳)	584.03m — 248
21 牧神岡	(牟礼ヶ岡)	552.38m — 249
22 阿目喜岳	(天城岳)	533.06m — 249
23 中之島Ⅰ	(先割岳)	524.02m — 249
24 弁財天	(弁財天山)	518.66m — 250
Lo 与論島Ⅱ	(なし)	19.64m — 250

47　沖縄県

(点名)	(山名)	(標高)
Lo 久高島	(なし)	17.52m — 251

〔付表〕

1　全国の三角点設置点数一覧 ——— 252
2　全国の標高 500m 未満の一等三角点 ——— 253

コラム一覧

《三角点の基礎知識》

- 三角測量で使う基線とは? ……… 75
- 「点の記」と「点名」とはなにか? ……… 78
- 登山とGPSの活用 ……… 100
- ICタグ付き三角点の効用 ……… 103
- 基準点コードとは? ……… 108
- 三角点の種類はいくつあるのか? ……… 109
- 三角点の標石の大きさは? ……… 111
- 三角点の標石文字の書体は? ……… 113
- 水準点とはなにか? ……… 126
- 日本水準原点はどこにあるのか? ……… 156
- 原三角測點はどこにあるのか? ……… 160
- 電子基準点とは? ……… 166
- 日本経緯度原点はどこにあるのか? ……… 174

《三角点 こぼれ話》

- 北海道で最古の一等三角点は? ……… 59
- 選点100年目に設置された剱岳の三角点 ……… 123
- 地形図の「北」とは? ……… 129
- 富士山がなぜ二等三角点なのか? ……… 132
- 三角測量の始まりはいつごろか? ……… 154
- 個人の家の宅地にある一等三角点 ……… 163
- 大坂城に一等三角点があった! ……… 168
- 日本最高位の三角点と最低位の三角点はどこに? ……… 181
- 完全に地中に埋まった一等三角点 ……… 184
- 三等標石を用いた土中の一等三角点 ……… 191
- 点名が変えられた一等三角点 ……… 197
- 一等三角点なのに、三等三角点の標石になっている ……… 202
- 標石上面に丸みがあったり面取りされている一等三角点 ……… 206
- 亡失した一等三角点が復活? ……… 213
- 日本の東西南北の最先端にある一等三角点はどこに? ……… 222
- 寸法が間違っている一等三角点の標石 ……… 224
- 幻と消えた一等三角点(小鳥嶋)の計画 ……… 236
- 標石上面に×印や矢羽根印が刻まれた一等三角点 ……… 241
- 標石上面に+印と○印とが刻まれた一等三角点 ……… 250
- 孤島にあって近づくのが困難な一等三角点 ……… 251

大分県・宮崎県・鹿児島県・沖縄県・付表・コラム一覧―― 15

山登りと三角点

一等三角點研究會

一等三角点探索の楽しみ

　本書は全国47都道府県の標高500m以上の一等三角点を探訪する際のガイドブックである。

　山登りで山頂に達したとき、花崗岩でできた四角形の高さ20〜30cmほどの標石を目にする。これが「三角点」である。この標石の位置を地図で見ると、△印で示されている。そして何度も目にしている人は、山によってその標石の大きさや標石に書かれている文字が異なることに気づいているはずである。

　目的の山に登り、一等三角点の標石に触れた瞬間の嬉しさは計り知れないが、さらに、その標石の設置時期を調べると、登頂が一層意味深くなってくる。なかでも明治時代に設置された古い標石を目の前にして、100年以上前の昔に思いを馳せれば、なお一層の感動を覚えるだろう。

　また標石に書かれた「一等三角点」の書体を調べるのも面白い。近年設置されたものは現在の書体であり、「一等」の文字も左書きである。ところが明治時代に設置された古い標石は右書きで、しかも現在の「角・点・等」の文字には特殊な隷書体が使われており、それらの文字のなかでも幾つかの違ったタイプを発見できよう。そのほかコラムの「三角点こぼれ話」に記したような「変わりものの標石」もあり、それらを訪ねて歩くのも面白いであろう（P.113・P.206・P.241・P.250 コラム）。

地形図の作成──三角測量と一等三角点

　三角点とは基本的には、山の頂上や見通しの良いところに、また町の中などにも、地形図を作成する基として国が設置した標石である。その中でも、最初に測量され設置されたものが「**一等三角点**」で、現在全国に974存在する（P.252 付表1）。

　地形図作成の出発点である位置の測量、つまり経緯度の測量は「**三角測量**」という方法で行われる。これは最初に「基線」と呼ばれる二点間を正

確に測定することから始まる。そしてその基線の両端から、ある決められた一点を望む角度を正確に測定すれば、各辺の辺長が精密に測定された三角形を得ることができる。この三角形を基準にして次々と新しい三角形を作成していく。このように順次三角形が鎖のように繋がりでき上がっていくが、これを「**三角網**」という。また、基線の長さも新しい三角形を作るにつれ増大していくが、もとの基線は数キロメートルの直線で、かつ平坦な場所が選ばれ、測量の終わった段階でその両端に「**一等三角点**」が設置され、次の測量に備える。このようにして三角網は次々と広がり、最終的には日本全土を覆うことになる。この三角網を形成する各三角形の頂点が「一等三角点」なのである。三角点の置かれる位置は見通しがよければ必ずしも山頂とは限らず、路傍や湖岸等に置かれることもあるが、地盤の硬さやできるだけ正三角形に近い三角測量が行えることなども重要な項目となる。

　わが国の三角測量は明治の初めに始まったが(P.154 コラム)、その一等三角点測量の出発点となる「**基線**」は、完全かつ正確な測量が行えれば理論的には1箇所で足りるが、実際には地球は丸い上、測定誤差が累積されていくので、複数の基線が必要となる。現在日本全国で14箇所の基線が設定されている(P.75 コラム)。そのうちの最初が「**相模野基線**」(P.163 コラム)で、明治15年(1882)に陸軍参謀本部測量課(現国土地理院)により神奈川県北東部に設置された。基線の長さは当時の記録では5209.9697m、両端には基線北端点「下溝村」と基線南端点「座間村」の一等三角点がある。この基線は三回まで増大され、結果的には8点の一等三角点が設置された。

　以上のようにして三角測量を続けていけば全国の三角網図(表見返し)ができ上がるが、実際の地形図を作成するには位置の情報だけではなく高さの情報、つまり**水準測量**などによる**標高の測定**が必要である。高さの情報は原理的には2点間の距離を定め、そこから目標物に対する仰角$\alpha \cdot \beta$を測定すれば求められるが、実際上一等三角点の場合は2点間の距離は45kmにも及び誤差が生じ易いので、水準測量が勝る。しかもできるだけ正確な一等三角点の標高を得るためには、距離の関係で二・三等三角点の標高を求めた後に測定される。なお自然物のほか道路や鉄道その他いろいろな人工物の測量も必要で、それぞれに応じた測量を行わねばならない。また、最近では地形の測定には人工衛星を用いた「**GPS測量**」(P.100 コラム)やトータルステーションという電波や光波を用いた新技術が登場し、距離の測量

が簡単で精度よく行われるようになった。

　なお、上記のようにして設置された三角点も設置後地震や火山活動などで地殻変動が生じると、等級に拘わらず基準点の「改測作業」が実施され、その結果測定値が変更になる場合がある。一般に改測成果が公表されるまでは公表停止となる。2011年3月11日の東北地方太平洋沖地震に伴う地殻変動が大きかった地域では、測量成果の公表が一時停止された。

三角点の種類

　三角点には**一等**から**四等**まであり、国土地理院地形図には△の記号で記されている。また三角点の総数は平成26年4月1日現在で109,423点。そのうち一等は974、二等は5,048、三等は31,970、四等は71,431と公表されている(P.252付表1)。また現在では区別がなくなっているが、一等三角点には「本点」と「補点」とがあって、「本点」は約45km間隔、「補点」は約25km間隔で設置された。なお二等は8～10km間隔、三等は3～4km間隔、四等は1.5～2km間隔で設置されている。

　これらの三角点はそれぞれ**一等三角網**、**二等三角網**などを作りながら順次上級三角網の隙間を埋め日本全国を均一な三角網で覆っている。このうち三等以上の三角点は陸軍省参謀本部陸地測量部によって5万分の1地形図作成のための基準点として設置され、また四等三角点は太平洋戦争終結後国土調査の基準点とするために測量が開始され、現在も進行中である。なお、標石は一般的には花崗岩製の角柱であるが、近年ビルの屋上を始めあちこちの場所で、中央に＋印が刻まれた**円形の金属標**が増えつつある。

　三角点標石の標準的な形状と寸法は、各等級については111ページのコラムに記したが、このうち一等三角点の標石は最も大きく、目立ち易い立派な形状をしている。また標石の重さも等級によって異なるが、一等三角点は柱石90kg、盤石45kgで、二・三等三角点の柱石64kg、盤石30kgと比べるとかなり大きくて重い。しかも、設置されている三角点のほとんどは人の背に乗せて運ばれたのである。因みに日本で最高位の一等三角点は南アルプスの赤石岳3,120.53m、最低位の一等三角点は北海道の野付崎1.87mと、標高の幅は極めて広い(P.181コラム)。

　また、三角測量時に見通しや機器のスペースの問題などで三角点からの測量が困難な場合には、**偏心点**という補助点を設けて測量が行われる。偏心点は通常作業終了後には撤去されるが、中には現存するものも見られる。

三角点の設置と「点の記」

　三角点の設置はまず「**選点**」作業から始められる。すなわち相手からもよく見え、かつ遠くが見通される場所である。選点作業が済むと観測し易いように櫓を組む「**造標**」作業が行われる。高さは 3m〜30m と、広範囲に及ぶ。櫓には数種のタイプがあるが、特に一等三角点の測量には測量機器が櫓の中段に据え付けられる「**高覘標（懸柱式高測標）**」という高くて立派な櫓が使われた。しかし現在では、**GPS** や電磁波測距儀と経緯儀を一体化した**トータルステーション**などの新しい技術や航空測量の活用によって、櫓を組む作業は行われなくなった。

　三角点の設置が完了すると、その過程はすべて「**点の記**」(P.78 コラム) に記入される。「点の記」には三角点の選点・設置（造標・埋標）・観測などの日付と従事者名および三角点に至る道順・周囲の状況（地図）などが記されている。「点の記」は国土地理院の前身にあたる参謀本部陸地測量部時代の明治 21 年（1888）以降の分が国土地理院に保管されていて、直接申し込むか、国土地理院のホームページで閲覧・申請ができる。この場合、本書記載の「点名」や「基準点コード」を利用すると便利である。点の記にはいろいろな情報が含まれているが、特に三角点周辺の見取図が標石の探索に役立つ。即ち、一般に有名な山の場合は登山道を外さず歩けば簡単に到達できるであろうが、登山者が殆んどなく有名でない山などは、2 万 5 千分の 1 の地形図を見ても探し切れない場合がある。このような時に「点の記」に記載されている「**要図**」が大いに役立つであろう。

国土地理院に展示してある一等三角測量の櫓（高覘標）

高覘標は懸柱測器架⑤と懸柱方錐形覘標④の二つの櫓からできている。
① 心柱——相手方の一等三角点から角度を測る時の目標となる。
② 覆板——相手方から見つけやすいように白や黒のペンキを塗る。
③ 机板——この板の上に経緯儀をのせる。
④ 覘標——測量者や角度をノートに記録する人が乗る櫓。
⑤ 測器架——経緯儀をのせる櫓。

さあ三角点の探索を楽しもう！

　故今西錦司先生は山の随筆「四等三角点」にこう書かれている。「山頂に埋められた三角点の標石は、われわれにとって、ここが山頂だということをあらわした一つのシンボルである。……（略）……山頂の三角点標石は、またゴールに張られたテープのようなものである。走者はテープが胸に触れたときそのテープによって目的の距離を完走したことが客体化されるように、われわれは三角点にふれたとき、これで目的の頂上まで登りついたということを客体化するのである」と。（『増補版今西錦司全集』第11巻「自然と進化」1975所収・講談社1993年刊）

　三角点は必ずしも山頂にあるとは限らないが、このように三角点を目標にして山に登ると三角点の等級に拘わらず、標石に触れた瞬間一入登頂の達成感を味わうことができる。本書では標石が最も大きい一等三角点をガイドしているが、基本的にはその喜びはすべての等級の三角点に共通している。特に藪山の三角点はなおさらである。そして先に述べたように、前もって「点の記」で設置時期などを調べておくと、たとえば何ら毀損のない美しい標石が100年以上も前の明治時代に設置されたものだと知れば、一層その感動が大きくなるに違いない。そのほか標石の位置探しも面白い。前もって地形図で位置を調べておいても、その周囲が草深い場所だったりすると簡単には探せない場合がある。苦労の末やっと探し求めた喜びはまた一入である。

　なお、一等三角点の中には、自衛隊の施設や絶海の孤島、無人島あるいは登山道のない深山などにも設置されている場合がある。それらは無理をせず本書で楽しんで頂くようお願いしたい。

（大槻雅弘・若林忠男　記）

東京都の最高峰「雲取山」
山頂のいろいろな標石
① 一等三角点
② 原三角測點
③ ②の補助点
④ 国土地理院による説明板

1　北海道

*1 「点の記」にはこの後にも記載があるが本書では省略した。

1. 道内の一等三角点は224点で、標高500m以上が113点ある。
2. 道内の最も高い一等三角点は旭岳2290.93mで、大雪山の主峰である。
3. 道内の最も低い一等三角点は野付崎1.87mで、日本最大の砂の半島にある。この一等三角点は、974点の中で最も低い一等三角点である。
4. 日本最北端の一等三角点は「宗谷山」172.04mであるが、四等三角点の「大岬」が宗谷岬の北緯45度30分にある。

1-01. 北海道で最も高い一等三角点
点名　瓊多窟（ぬたっく）　山名　旭岳（あさひだけ）

標高　2290.93m
基準点コード　TR16542369801
選点　明治33年（1900）　地上埋設
1/5万図名　旭岳　本点
北緯　43°39′48″.8953
東経　142°51′14″.8969
所在地　上川郡東川町330林班イ小班
三角点道　富良野線北美瑛駅から道道213号、1160号線を走り、旭岳ロープウエー下に駐車。ロープウエーで姿見駅に。姿見の池から噴煙の昇る火口を左にゴツゴツした火山礫の道を辿り、山頂に出る。

1-02.
点名　富良牛山（とむらうしやま）　山名　トムラウシ山

標高　2141.24m
基準点コード　TR16542263701
選点　明治36年（1903）　地上埋設
1/5万図名　旭岳
北緯　43°31′37″.5979
東経　142°50′55″.6436
所在地　上川郡新得町1196林班イ小班
三角点道　根室本線十勝清水駅から道道718号線を走り、トムラウシ温泉から最深部の駐車場に駐車。道標に従いゆるやかな道から泥道、笹道、岩場を急登して稜線に乗り、更に稜線を辿り山頂に出る。

瓊多窟（旭岳）・富良牛山（トムラウシ山） —— 21

1-03.
点名 **札内岳**(さつないだけ) 山名 カムイエクウチカウシ山

(▲ 日高郡新ひだか町静内)

標高　1979.18m　高難度
基準点コード　TR16342765101
選点　明治33年(1900)　　地上埋設
1/5万図名　札内川上流　　本点
北緯　　42°37′30″.4020
東経　142°45′59″.0602
所在地　静内郡静内町▲事業区無番地[*1]
三角点道　根室本線帯広駅から国道236号、道道55号、111号線を走り、林道ゲート前に駐車。沢沿いを歩いて、八の沢出合いに。出合から滝の連続と渡渉、高巻き藪漕ぎを繰り返して山頂に出る。

1-04.
点名 **音更山**(おとふけやま) 山名 **音更山**

標高　1932.07m
基準点コード　TR16543207201
選点　明治36年(1903)　　地上埋設
1/5万図名　石狩岳
北緯　　43°33′42″.3882
東経　143°02′07″.1176
所在地　上川郡上川町字大函285林班[*1]
三角点道　旭川から国道39号、273号線を走り、三国橋から油仁石狩川沿いの林道でユニ石狩岳登山口に駐車。登山道を登り十石峠から音更山を目指し稜線を辿り、ブヨ沼を経て三角点山頂に出る。

1-05.
点名 **神女徳岳**(かむいめとくだけ) 山名 **富良野岳**(ふらのだけ)

標高　1911.93m
基準点コード　TR16542057001
選点　明治32年(1899)　　地上埋設
1/5万図名　十勝岳　　本点
北緯　　43°23′37″.4015
東経　142°38′05″.9150
所在地　富良野市布礼別(408林班ニ小班)
三角点道　富良野線上富良野駅から道道291号線を走り、十勝岳温泉に駐車。安政火口からの噴煙を見て雪渓を登り、稜線に出る。高山植物の花々が風にゆれる中を、更に縦走路を西へ辿ると山頂に出る。

1-06.
点名 **真狩岳**（まっかりたけ）　山名 **後方羊蹄山**（しりべしやま）

標高　1892.72m
基準点コード　TR16440169402
選点　明治30年（1897）　地上埋設
1/5万図名　留寿都　本点
北緯　　42°49′41″.6390
東経　140°48′40″.2492
所在地　虻田郡京極町字川西334番地
三角点道　函館本線比羅夫駅から東の半月湖へ走り、倶知安登山口に駐車。樹林帯を登ると九合目で視界が開け、お花畑を経て稜線に乗る。火口を右回りで歩き三角点に出る。最高峰は更に先にある。

1-07.
点名 **無類山**（むるいやま）　山名 **武利岳**（むりいだけ）

標高　1876.33m
基準点コード　TR16543417401
選点　明治35年（1902）　地上埋設
1/5万図名　上支湧別　本点
北緯　　43°43′58″.5640
東経　143°10′35″.4386
所在地　上川郡上川町字大函257林班[*1]
三角点道　石北本線留辺蘂駅（るべしべ）の国道39号線を西に走り、ケショマップ川沿いの林道で、下ノ沢川の登山口に入り駐車。尾根へ向かい、急登してやせ尾根から鎖場やハイマツをくぐり狭い山頂に出る。

1-08.
点名 **烏辺珊山**（うべさんやま）　山名 **ウペペサンケ山**

標高　1834.87m
基準点コード　TR16543006701
選点　明治32年（1899）　地上埋設
1/5万図名　糠平　本点
北緯　　43°23′09″.5419
東経　143°05′46″.1096
所在地　河東郡上士幌町字糠平74林班[*1]
三角点道　音更帯広ICから国道241号、273号線を走り、ぬかびら温泉から林道に入り登山口に駐車。登山口から樹林帯を急登し尾根に乗り、更に尾根を辿り三角点に出る。山頂は更に1.2km先にある。

1-09.

点名 芽室岳（めむろだけ）　山名 芽室岳

標高　　1753.53m
基準点コード　TR16442264201
選点　明治33年（1900）　　地上埋設
1/5万図名　御影
北緯　　42°52′08″.2823
東経　　142°47′07″.4225
所在地　河西郡芽室町大字上芽室37林[*1]
三角点道　根室本線御影駅から道道55号線を走り、丸山牧場を目指し、登山口の芽室岳小屋に駐車。植林帯、笹が覆う道を登り稜線に乗ると視界が一気に開け、西峰を巻くと展望のよい山頂に出る。

1-10.

点名 夕張岳（ゆうばりだけ）　山名 夕張岳

（▲ 夕張市鹿島白金）

標高　　1667.74m　要健脚
基準点コード　TR16442521001
選点　明治35年（1902）　　地上埋設
1/5万図名　石狩金山　　本点
北緯　　43°05′58″.8893
東経　　142°15′03″.6389
所在地　夕張市大字大夕張▲（1239林班[*1]
三角点道　石勝線清水沢駅から国道452号線を走り、大夕張ダム湖北側から林道に入りゲート前に駐車。夕張岳ヒュッテを経て登山口から沢筋の冷水コースに入る。望岳台から湿地帯を登って山頂に出る。

1-11.

点名 硫黄山（いおうやま）　山名 硫黄山

標高　　1562.33m　中難度
基準点コード　TR16645115201
選点　明治37年（1904）　　地上埋設
1/5万図名　羅臼　　本点
北緯　　44°07′59″.7286
東経　　145°09′40″.6448
所在地　斜里郡斜里町（ウトロ1340林[*1]
三角点道　釧網本線知床斜里駅の国道334号線を走り、ウトロから岩尾別温泉に入り駐車。岩尾別コースで登り、羅臼平から三ッ峰を経て二ツ池に泊り、南岳からヤセ稜線を辿り絶景の硫黄山に出る。

1-12.
点名 天塩岳(てしおたけ)　山名 天塩岳

(▲ 士別市朝日町茂志利)

標高　1557.65m
基準点コード　TR16542775101
選点　明治33年(1900)　　地上埋設
1/5万図名　上川　　本点
北緯　43°57′51″.7400
東経　142°53′16″.7478
所在地　上川郡朝日町▲字茂志利128林班
三角点道　石北本線愛別駅から道道101号線を走り、於鬼頭峠(おきとうげ)で天塩川沿いの林道に入りヒュッテ前に駐車。沢沿いを登り新道コースで円山を経て、尾根沿いにハイマツ帯を歩き展望のよい山頂に出る。

1-13.
点名 狩場岳(かりばたけ)　山名 狩場山

標高　1520.20m
基準点コード　TR16339773501
選点　明治29年(1896)　　地上埋設
1/5万図名　狩場山　　本点
北緯　42°36′48″.0721
東経　139°56′26″.1681
所在地　島牧郡島牧村字栄浜3459林班
三角点道　瀬棚港の国道229号線を走り、道の駅「よってけ島牧」から林道に入り賀老高原で千走新道登山口に駐車。沢筋からブナの樹林帯を登り、親子沼のお花畑を歩き鳥居をくぐり山頂に出る。

1-14.
点名 暑寒岳(しょかんだけ)　山名 暑寒別岳(しょかんべつだけ)

標高　1491.62m
基準点コード　TR16541445101
選点　明治31年(1898)　　地上埋設
1/5万図名　暑寒別岳　　本点
北緯　43°42′57″.1147
東経　141°31′22″.6180
所在地　増毛郡増毛町大字暑寒沢村(るもい)830 [*1]
三角点道　留萌本線増毛駅から道道546号線を走り、暑寒荘に入り駐車。登山道は整備されて五合目からハイマツ帯を急登し滝見、扇風岩、ロープ場を経て山頂に出る。高山植物と展望が満喫できる。

1-15.

点名 **余市岳**（よいちだけ）　山名 **余市岳**

標高　1487.97m
基準点コード　TR16441403101
選点　明治31年（1898）　　地上埋設
1/5万図名　銭函
北緯　43°01′57″.8219
東経　141°01′11″.2343
所在地　余市郡赤井川村大字常盤石狩[*1]
三角点道　函館本線小樽駅から国道393号線を走り、キロロリゾートに駐車。林道を歩き登山口から樹林帯の中を尾根に出ると視界が開け、更に目の前の登山道から山頂に出る。山頂から羊蹄山を望む。

1-16.

点名 **阿寒富士**（あかんふじ）　山名 **阿寒富士**

標高　1475.81m
基準点コード　TR16544004001
選点　明治33年（1900）　　地上埋設
1/5万図名　阿寒湖　　本点
北緯　43°22′26″.6268
東経　144°00′23″.4146
所在地　白糠郡白糠町1134林班い小班[*1]
三角点道　釧網本線摩周駅から西へ国道241号線を走り、阿寒湖から道道664号線に入り雌阿寒温泉に駐車。登山道の谷筋から樹林帯を抜け尾根に上ると噴煙が見え、火口壁を辿り眺望のよい山頂に出る。

1-17.

点名 **面射岳**（おむしゃだけ）　山名 **楽古岳**（らっこだけ）

標高　1471.39m
基準点コード　TR16343302801
選点　昭和58年（1983）　　地上埋設
1/5万図名　楽古岳
北緯　42°16′21″.0452
東経　143°06′40″.5063
所在地　広尾郡広尾町十勝西部森林[*1]
三角点道　日高本線日高幌別駅から国道236号線を走り、メナシュンベツ川沿いの林道で楽古山荘に入り駐車。沢筋を登り渡渉を繰り返して尾根から稜線に乗り、ハイマツ帯を越えて三角点山頂に出る。

1-18.
点名　**千登蟹山**　山名　チトカニウシ山
ちとかにやま

標高　1445.61m　高難度
基準点コード　TR16543608301
選点　明治37年(1904)　　地上埋設
1/5万図名　白滝
北緯　43°54′24″.4596
東経　143°02′54″.7689
所在地　上川郡上川町大字中越88林班[*1]
三角点道　石北本線上白滝駅の国道333号線を走り、北見峠で林道に入り終点手前に駐車。登山道はなく稜線に向け藪に取り付く。稜線は山頂に近付くにつれハイマツと急登の連続で、三角点山頂に出る。

1-19.
点名　**海別岳**　山名　海別岳
うなへつだけ

標高　1419.31m　高難度
基準点コード　TR16544675001
選点　明治34年(1901)　　地上埋設
1/5万図名　峰浜　　本点
北緯　43°52′36″.6434
東経　144°52′35″.5432
所在地　斜里郡斜里町斜里1205林班[*1]
三角点道　釧網本線知床斜里駅から国道334号線を走り、峰浜から鉱山道路に入り途中に駐車。糠真布川五の沢の入口まで歩く。登山道はなく、尾根筋の藪に取り付いて雪渓を急登し山頂に出る。
ぬかまっぷ

1-20.
点名　**糠平山**　山名　糠平山
ぬかびらやま

標高　1349.61m　高難度
基準点コード　TR16442143001
選点　明治35年(1902)　　地上埋設
1/5万図名　幌尻岳
北緯　42°46′56″.5141
東経　142°30′26″.4350
所在地　沙流郡平取町字糠平1126林班[*1]
三角点道　富川駅から国道237号線を走り、岩知志ダムで五の沢林道に入る。林道ゲート先の林道支線に駐車。尾根に取り付き藪漕ぎと微な踏み跡を辿り雪渓を登ると展望のよい山頂に出る。
いわちし
さる

1-21.
点名 下富良野（しもふらの）　山名 富良野西岳（ふらのにしだけ）

標高　1330.88m
基準点コード　TR16442727401
選点　明治34年（1901）　　地上埋設
1/5万図名　山部
北緯　43°18′33″.1075
東経　142°18′41″.9217
所在地　富良野市大字上御料（346林班）[*1]
三角点道　根室本線富良野駅前のプリンスホテルロープウェー駐車場に駐車。山頂駅から尾根筋の起伏を繰り返し、切り落ちた痩せ尾根を辿り狭いが展望のよい山頂に出る。三角点基部の土砂が崩れる。

1-22.
点名 遠音別岳（おんねべつたけ）　山名 遠音別岳

標高　1330.37m　高難度
基準点コード　TR16545709101
選点　明治38年（1905）　　地上埋設
1/5万図名　八木浜
北緯　43°59′36″.2354
東経　145°00′47″.7873
所在地　斜里郡斜里町（ウトロ1234林）[*1]
三角点道　知床の国道334号線を走り、オペケプ林道に入り駐車。登山道はなく大沼を経て雪渓を歩き岩の展望所に乗る。アモイ風の巨岩を見て、更に雪渓を急登しハイマツ帯を漕いで山頂に出る。

1-23.
点名 徳心別山（とくしんべつやま）　山名 ホロホロ山

標高　1322.26m
基準点コード　TR16341716101
選点　明治31年（1898）　　地上埋設
1/5万図名　徳舜瞥山（とくしゅんべつやま）
北緯　42°38′00″.6477
東経　141°08′33″.1137
所在地　白老郡白老町胆振部森林管理（しらおい）[*1]
三角点道　室蘭本線長和駅から国道453号線を走り、大滝から道道86号線で登山口に入り駐車。登山道は整備されて、九合目で視界が開けて目指す山頂が見える。岩稜を登り展望のよい山頂に出る。

1-24.
点名 貫気別(ぬっけべつ)　山名 貫気別山(ぬっけべつやま)

標高　1317.49m　高難度
基準点コード　TR16342737901
選点　明治34年(1901)　　地上埋設
1/5万図名　新和
北緯　　42°38′34″9883
東経　142°29′23″9723
所在地　沙流郡平取町字貫気別1203林*1
三角点道　石勝線占冠(しむかっぷ)駅から国道237号、道道71号線を走り、途中貫気別(ぬきべつ)川沿い林道に入り駐車。林道分岐点から中央の尾根に取り付き、手強い藪漕ぎの連続の末に眺望のよい山頂に出る。

1-25.
点名 鬼頭牛山(きとうしやま)　山名 喜登牛山(きとうしやま)

標高　1312.24m　中難度
基準点コード　TR16543133601
選点　明治35年(1902)　　地上埋設
1/5万図名　芽登温泉
北緯　　43°26′51″6899
東経　143°27′22″7658
所在地　足寄郡足寄町字喜登牛400林*1
三角点道　石北本線留辺蘂(るべしべ)駅から国道39号を走り、滝ノ湯から道道88号線で林道のホロカビリベツ川、チセンベツ沢の林道に駐車。登山道はなく藪は低いが直登で藪を漕いで三角点山頂に出る。

1-26.
点名 似古安岳(にせこあんだけ)　山名 ニセコアンヌプリ

標高　1307.97m
基準点コード　TR16440255201
選点　明治31年(1898)　　地上埋設
1/5万図名　岩内
北緯　　42°52′30″0656
東経　140°39′31″8194
所在地　虻田郡ニセコ町字ニセコ510*1
三角点道　函館本線ニセコ駅から道道66号線を走り、五色温泉山の家の駐車場に駐車。道標に従い、ぬかるみ道に入るとやがて笹から岩の道になって、高山植物が咲く先を辿ると三角点山頂に出る。

1-27.
点名 余別岳(よべつだけ)　山名 余別岳

標高　1297.74m　中難度
基準点コード　TR16440731601
選点　明治31年(1898)　地上埋設
1/5万図名　余別
北緯　43°15′36″.2158
東経　140°27′32″.8910
所在地　積丹郡積丹町大字余別石狩[*1]
三角点道　函館本線余市駅から国道229号線を走り、婦美町(ふみちょう)から林道に入り積丹登山口に駐車。積丹岳から余別岳を目指し、稜線からガレ場ハイマツ帯と、藪を漕いで起伏を経て山頂に出る。

1-28.
点名 札幌岳(さっぽろだけ)　山名 札幌岳

標高　1292.99m
基準点コード　TR16441218601
選点　明治31年(1898)　地上埋設
1/5万図名　定山渓
北緯　42°54′00″.6789
東経　141°12′01″.8753
所在地　札幌市南区簾舞(2225林班)[*1]
三角点道　札幌から国道230号線を走り、豊平峡ダムから冷水沢川沿いの登山口に入り駐車。沢沿いの道から樹林帯の中を登り、冷水小屋からは尾根を急登し、稜線が緩くなると展望のよい山頂に出る。

1-29.
点名 見市岳(けんいちたけ)　山名 遊楽部岳(ゆうらっぷだけ)

標高　1275.63m
基準点コード　TR16340206101
選点　明治29年(1896)　地上埋設
1/5万図名　遊楽部岳
北緯　42°13′17″.7705
東経　140°00′58″.1715
所在地　瀬棚郡北檜山町▲字富里5257[*1]
三角点道　函館本線八雲駅から道道42号線を走り、太櫓川(ふとろ)の暁橋で林道に入り駐車。臼別岳(うすべつ)を目指し、樹林を急登して稜線の臼別岳に乗る。稜線を辿り双耳峰の高峰から三角点のある遊楽部岳に出る。

(▲ 久遠郡せたな町北檜山区)

1-30.
点名 濱益岳（はまますたけ）　山名 浜益岳

標高　1257.81m　高難度
基準点コード　TR16541434501
選点　明治38年（1905）　　地上埋設
1/5万図名　雄冬
北緯　43°42′13″.8833
東経　141°26′20″.0996
所在地　浜益郡浜益村▲
三角点道　函館本線滝川駅から国道451号、231号線を走り、幌で林道に入り最深部の尾根筋下に駐車。登山道はなく、幌川を遡行し藪を切り開き残雪の笹藪、雪渓、ハイマツ帯を越えて山頂に出る。

（▲ 石狩市浜益区）

1-31.
点名 知床岬（しれとこざき）　山名 知床岳（しれとこだけ）

標高　1254.25m　高難度
基準点コード　TR16645228101
選点　明治37年（1904）　　地上埋設
1/5万図名　知床岬
北緯　44°14′08″.6124
東経　145°16′26″.1831
所在地　斜里郡斜里町（359林班）
三角点道　知床・羅臼から道道87号線を走り、相泊に駐車。登山道はなく、観音岩からウナキベツ川を遡行し知床沼に着く。わずかな踏み跡を辿り稜線伝いにハイマツ帯の中を進み知床岳に出る。

1-32.
点名 利尻山（りしりやま）　山名 長官山（ちょうかんざん）

標高　1218.30m　利尻島
基準点コード　TR16741613901
選点　明治32年（1899）　　地上埋設
1/5万図名　利尻島　　本点
北緯　45°11′38″.1962
東経　141°14′18″.2342
所在地　利尻郡利尻富士町鷲泊宗谷[*1]
三角点道　稚内から利尻島鴛泊港に渡る。登山口の利尻北麓野営場を経て、樹林帯の尾根道を登り展望台、ハイマツトンネルを抜けて八合目の一等三角点長官山に出る。更に尾根道を登り利尻山に出る。

1-33.

点名 雷電岳(らいてんだけ)　山名 雷電山(らいでんやま)

標高　1211.29m
基準点コード　TR16440238701
選点　明治29年(1896)　　地上埋設
1/5万図名　島古丹　本点
北緯　42°54′13″.0794
東経　140°28′10″.6424
所在地　磯谷郡蘭越町字初田380番地
三角点道　函館本線黒松内駅から北上し国道229号線を走り、朝日温泉に入り駐車。樹林帯に入り雷電峠に登り尾根道を急登する。天狗岩からハイマツ帯を歩き中山、前雷電を経て雷電岳山頂に出る。

1-34.

点名 大平山(おおびらやま)　山名 大平山

標高　1190.72m
基準点コード　TR16340716001
選点　明治31年(1898)　　地上埋設
1/5万図名　大平山
北緯　42°38′09″.4535
東経　140°08′08″.1040
所在地　島牧郡島牧村字泊232林班
三角点道　函館本線黒松内駅から道道9号、国道229号、道道836号線を走り、トンネル出口に駐車。登山口から樹林の沢筋に入り尾根に乗り、岩場を越えてハイマツ帯からお花畑を辿り山頂に出る。

1-35.

点名 似染内山(にそもないやま)　山名 ピリガイ山(さん)

標高　1166.68m　高難度
基準点コード　TR16342562301
選点　明治34年(1901)　　地上埋設
1/5万図名　神威岳
北緯　42°26′08″.8136
東経　142°47′44″.6195
所在地　浦河郡浦河町日高南部森林[1]
三角点道　道道111号線が途中で計画中止となっており、日高本線荻伏駅から元浦川沿いを走り駐車。神威山荘からペテガリ山荘連絡道を利用してベッピリガイ沢川を遡行し、藪を漕いで山頂に出る。

1-36.
点名 察来岳(さっくるだけ)　山名 ウェンシリ岳

標高　1142.31m
基準点コード　TR16642277001
選点　明治38年（1905）　地上埋設
1/5万図名　西興部
北緯　44°13′43″.6824
東経　142°52′34″.8167
所在地　紋別郡西興部村字サックル*1
三角点道　宗谷本線士別駅から県道61号、137号線を走り、登山口の看板で林道に入り駐車。キャンプ場先の尾根を急登して岩稜帯のロープ場を乗り越えハイマツ帯を辿り展望の良い山頂に出る。

1-37.
点名 函岳(はこだけ)　山名 函岳(はこだけ)

標高　1129.34m
基準点コード　TR16642739201
選点　明治33年（1900）　地上埋設
1/5万図名　恩根内　本点
北緯　44°39′57″.1977
東経　142°24′43″.6723
所在地　中川郡美深町(びふか)大字清水329番*1
三角点道　宗谷本線美深駅から道道680号線を走り加須美峠から林道に入りゲート前に駐車。林道が山頂まで続く道を歩き、レーダドームを回り込んで山頂に出る。大パノラマのオホーツク海を望む。

1-38.
点名 砂原岳(さわらだけ)　山名 砂原岳

（▲ 森町砂原）

標高　1112.20m
基準点コード　TR16340058501
選点　昭和22年（1947）　地上埋設
1/5万図名　駒ヶ岳　本点
北緯　42°04′28″.0548
東経　140°41′18″.6774
所在地　茅部郡(かやべ)砂原町▲字紋兵ヶ砂原*1
三角点道　函館本線渡島砂原駅から登山口の看板で望洋の森公園に向かい、砂原岳登山口に駐車。林道の階段から樹林を抜けて火山灰の道を岩場に出る。更に岩場、ガレ場を辿り火口壁の山頂に着く。

1-39.
点名 袴腰山（はかまこしやま）　山名 袴腰岳（はかまこしだけ）

（▲ 函館市白尻町）

標高　1108.40m
基準点コード　TR16240760401
選点　明治30年（1897）　　地上埋設
1/5万図名　臼尻
北緯　41°55′24″.7085
東経　140°48′33″.4265
所在地　茅部郡南茅部町▲字臼尻723番*1
三角点道　函館本線大中山駅から横津岳スキー場上の駐車場に駐車。横津岳レーダ基地へ向かい、施設裏から笹に覆われた縦走路に入り烏帽子岳に登って一旦下り、登り返して展望のよい山頂に出る。

1-40.
点名 豊似山Ⅰ（とよにやま）　山名 豊似岳（とよにだけ）

標高　1104.57m　中難度
基準点コード　TR16343019801
選点　明治34年（1901）　　地上埋設
1/5万図名　えりも
北緯　42°04′37″.1035
東経　143°13′58″.7085
所在地　幌泉郡えりも町字歌別628番1*1
三角点道　日高本線様似駅（さまに）から国道336号線を走り、追分峠から肉牛牧場に入り登山口に駐車。灌木林の尾根道を登り朽ちた小屋に着き、更に続く尾根筋のハイマツ帯を越えて三角点山頂に出る。

1-41.
点名 賓根知山（びんねちやま）　山名 ピンネシリ

標高　1100.37m
基準点コード　TR16541159601
選点　明治34年（1901）　　地上埋設
1/5万図名　月形
北緯　43°29′30″.5065
東経　141°42′24″.2635
所在地　樺戸郡新十津川町字徳富2の4
三角点道　札沼線新十津川駅からそっち岳スキー場へ走り、砂金沢川沿いの登山口に入り駐車。樹林帯の尾根筋を急登して稜線の鞍部に乗り、稜線を急登してレーダ雨量観測所脇の三角点山頂に出る。

1-42.
点名 面別山（おまべつやま）　山名 帯広岳（おびひろだけ）

標高　1088.80m　高難度
基準点コード　TR16442170101
選点　明治36年（1903）　　地上埋設
1/5万図名　札内岳
北緯　　42°45′15″.9601
東経　142°53′38″.7470
所在地　河西郡芽室町字美生281林班[1]
三角点道　根室本線御影駅から道道55号線を走り、上伏古（かみふしこ）から雄馬別川沿いの林道に駐車。林道を歩き登山口へ。看板の登山道は消え灌木の藪を漕いで高度を稼ぎ稜線に乗り、稜線を辿り山頂に出る。

1-43.
点名 千軒岳（せんげんだけ）　山名 大千軒岳（だいせんげんだけ）

標高　1071.87m
基準点コード　TR16240219201
選点　明治29年（1896）　　地上埋設
1/5万図名　大千軒岳　　本点
北緯　　41°34′45″.5487
東経　140°09′38″.9434
所在地　松前郡松前町字大津469番[1]
三角点道　江差線上ノ国駅から国道228号を走り、道道607号線の町境峠手前広場に駐車。町境のブナ林を登り視界が開けた先が展望のよい山頂。山頂の碑に北海道最古の一等三角点とある（→P.59）。

1-44.
点名 杜満射岳（とまんしゃだけ）　山名 社満射岳（しゃまんしゃだけ）

標高　1062.48m
基準点コード　TR16442545101
選点　明治34年（1901）　　地上埋設
1/5万図名　落合
北緯　　43°07′59″.6543
東経　142°31′27″.4862
所在地　勇払（ゆうふつ）郡占冠（しむかっぷ）村字下トマム206[1]
三角点道　石勝線トマム駅から道道136号線を走り、ポロカトマム川沿いの林道に入り、ホロカ四ノ沢林道を走行限界まで走り駐車。途切れた作業道から藪漕ぎを繰り返し、高度を稼ぎ山頂に出る。

1-45.

点名 砂馬毛岳(さまっけだけ)　山名 サマッケヌプリ山(やま)

標高　1062.30m　高難度
基準点コード　TR16544452801
選点　明治34年（1901）　　地上埋設
1/5万図名　斜里岳　　本点
北緯　　43°41′01″.4018
東経　144°43′52″.2478
所在地　斜里郡清里町(川本1060林班)[*1]
三角点道　釧網本線緑駅から斜里川沿いの林道を走り、斜里川最深部に駐車。登山道はなく、尾根に向かい藪に取り付く。尾根の藪も深くその中を高度を稼ぎ、ルートに目印を付けて三角点山頂に出る。

1-46.

点名 佐織岳(さおりだけ)　山名 佐幌岳(さほろだけ)

標高　1059.57m
基準点コード　TR16442660201
選点　明治36年（1903）　　地上埋設
1/5万図名　佐幌岳
北緯　　43°10′24″.1699
東経　142°46′51″.5809
所在地　上川郡新得町字新内2051林班[*1]
三角点道　根室本線新得駅から国道38号線を走り、狩勝峠に駐車。登山口から稜線をゆるやかに辿り桜山を経て、一旦下り登り返して佐幌岳山頂に出る。山頂から大雪山系、日高の山々の展望がよい。

1-47.

点名 昆布岳(こんぶだけ)　山名 昆布岳

標高　1044.89m
基準点コード　TR16440055201
選点　明治31年（1898）　　地上埋設
1/5万図名　ニセコ
北緯　　42°42′37″.3329
東経　140°39′19″.6877
所在地　虻田郡ニセコ町字絹岡417番[*1]
三角点道　室蘭本線豊浦駅から道道702号、914号線を走り、新富から昆布岳登山口に入り駐車。登山道は完備しカラマツ林を登ってメガネ岩に着き、八合目からは急登し展望のよい三角点山頂に出る。

1-48.
点名　比後岳（びっしりだけ）　　山名　ピッシリ山

標高　　1031.50m
基準点コード　TR16642402201
選点　　明治32年(1899)　　地上埋設
1/5万図名　ピッシリ山　　本点
北緯　　44°21′20″2468
東経　　142°01′55″4262
所在地　苫前郡羽幌町字中羽幌[1]
三角点道　宗谷本線名寄駅から道道688号、528号を走り、滝の沢沿いの林道終点に駐車。沢沿いを歩き尾根に取り付いて釜ヶ淵岳、熊岳を経て一旦下り、登り返してハイマツ帯を越えて山頂に出る。

1-49.
点名　手稲山（ていねやま）　　山名　手稲山

標高　　1023.09m
基準点コード　TR16441419501
選点　　明治30年(1897)　　地上埋設
1/5万図名　銭函　　本点
北緯　　43°04′36″2533
東経　　141°11′33″4757
所在地　札幌市西区手稲平和439番地[1]
三角点道　函館本線手稲駅からロープウエー山麓駐車場に駐車。山頂駅から電波塔が林立する中を歩き山頂に出る。コンクリート壁に囲まれた中に三角点はある。1972年札幌冬季オリンピックの会場。

1-50.
点名　樽前岳（たるまいだけ）　　山名　樽前山（たるまえさん）

標高　　1021.92m
基準点コード　TR16441033001
選点　　明治29年(1896)　　地上埋設
1/5万図名　樽前山　　本点
北緯　　42°41′31″1107
東経　　141°23′11″9464
所在地　苫小牧市錦岡胆振東部森林[1]
三角点道　室蘭本線糸井駅から道道14号線を走り、七合目駐車場に駐車。森林限界から横木階段が外輪まで続く。外輪北道を辿り東山の三角点山頂に出る。噴出ガスの激しい音と眼下に支笏湖を望む。

1-51.
点名　辺富内(へとない)　山名　ハッタオマナイ岳

標高　1021.14m　高難度
基準点コード　TR16442221501
選点　明治35年(1902)　　地上埋設
1/5万図名　日高
北緯　42°50′49″.0885
東経　142°18′47″.2426
所在地　沙流郡平取町字仁世宇1034*1
三角点道　石勝線占冠(しむかっぷ)駅から国道273号線を走り、仁世宇(にせう)でケイカイ沢のゲートからベンケブヨナイ林道終点に駐車。登山道はなく、踏み跡を辿り稜線へと急登すると笹原の三角点山頂に出る。

1-52.
点名　乙部岳(おとべだけ)　山名　乙部岳

標高　1016.91m
基準点コード　TR16340024101
選点　明治30年(1897)　　地上埋設
1/5万図名　濁川
北緯　42°02′21″.7327
東経　140°16′28″.5096
所在地　爾志郡乙部町字旭岱1467林班
三角点道　江差線江差駅から国道228号、229号線を走り、乙部町で姫川沿いに入り尾根コース登山口に駐車。鳥居をくぐりブナ林をジグザグに高度を上げ稜線に乗る。ハイマツ帯を辿り山頂に出る。

1-53.
点名　三頭山(みふみやま)　山名　三頭山(さんとうさん)

標高　1009.13m
基準点コード　TR16642100601
選点　明治38年(1905)　　地上埋設
1/5万図名　幌加内
北緯　44°05′29″.5774
東経　142°05′08″.9406
所在地　雨竜郡幌加内町字政和*1
三角点道　宗谷本線士別駅から国道239号、275号を走り、雨煙別(うえんべつ)で林道に入り五合目登山口に駐車。灌木林に入り丸山分岐から尾根筋を急登して、一旦下り一頭山、二頭山を登り返し三頭山に出る。

1-54.
点名 藻琴山（もことやま）　山名 藻琴山

標高　999.89m
基準点コード　TR16544424601
選点　昭和42年（1967）　　地下埋設
1/5万図名　藻琴山　　本点
北緯　　43°42′15″.5275
東経　144°19′51″.5533
所在地　川上郡弟子屈町（てしかが）（川湯195[*1]
三角点道　釧路本線川湯温泉駅から国道391号、道道102号線を走り、峠付近の展望台駐車場に駐車。登山口の横木階段を登り屏風岩を経て、更に笹原を進み眼下に屈斜路湖を望む狭い山頂に出る。

1-55.
点名 中山（なかやま）　山名 （無名峰）

標高　996.67m
基準点コード　TR16441108701
選点　明治31年（1898）　　地上埋設
1/5万図名　双葉
北緯　　42°49′15″.5467
東経　141°05′41″.1691
所在地　札幌市南区定山渓石狩森林[*1]
三角点道　室蘭本線豊浦駅から国道230号線を走り、中山峠から道の駅「望洋中山」で旧道に入り駐車。送電線順視路で尾根まで登り、刈り払い道を辿り反射板のある山頂に出る。三角点は藪の中。

1-56.
点名 風防留山（ふうふおるざん）　山名 貫気別山（ぬきべつやま）

標高　993.52m
基準点コード　TR16440075301
選点　明治31年（1898）　　地上埋設
1/5万図名　留寿都（るすつ）
北緯　　42°42′36″.2919
東経　140°55′21″.8294
所在地　虻田郡留寿都村大字登後志[*1]
三角点道　室蘭本線洞爺駅から国道230号線を走り、ルスツスキー場に入り駐車。スキー場管理道路でリフトが集中する山頂部に登り、更に笹藪を掻き分けて登ると、藪に囲まれた三角点山頂に出る。

1-57.
点名 飛鏃岳（ぴやしりたけ）　山名 ピヤシリ山

（▲ 名寄市智恵文）

標高　987.03m
基準点コード　TR16642542601
選点　明治33年（1900）　地上埋設
1/5万図名　サンル　本点
北緯　　44°26′01″.3032
東経　142°35′02″.7520
所在地　名寄市字ピヤシリ▲13林班
三角点道　宗谷本線名寄駅から道道939号線を走り、ピヤシリ観光道路に入り登山口に駐車。道標に従い平坦な道を歩き、ハイマツトンネルから広々としたパノラマ展望の高山植物が咲く山頂に出る。

1-58.
点名 美唄山（びばいさん）　山名 美唄山（びばいやま）

標高　986.59m
基準点コード　TR16542008301
選点　明治34年（1901）　地上埋設
1/5万図名　上芦別　本点
北緯　　43°24′04″.2438
東経　142°02′59″.9105
所在地　美唄市字茶志内4051番地
三角点道　函館本線奈井江駅（ないえ）から道道529号線を走り、奈井江川沿い林道に入りゲート前に駐車。勾配のある林道で登山口に着き、道標で灌木林の稜線に乗り、更に稜線を辿り展望のよい山頂に出る。

1-59.
点名 枇杷牛山（びわうしやま）　山名 （無名峰）

（▲ 北見市留辺蘂町）

標高　957.78m
基準点コード　TR16543433401
選点　明治37年（1904）　地上埋設
1/5万図名　大和
北緯　　43°41′38″.0839
東経　143°26′10″.9715
所在地　常呂郡留辺蘂町（るべしべ）▲字温根湯1099林[*1]
三角点道　石北線北見駅から国道39号、道道247号線を走り、温根湯峠（おんねゆ）で林道に入り山頂直下まで詰めて駐車。林道から笹原を登り山頂に出る。地形図と「点の記」で距離を測り三角点を確認。

40 ── 1 北海道 ── 飛鏃岳（ピヤシリ山）・美唄山（美唄山）・枇杷牛山（無名峰）

1-60.

点名 八内岳(やつないだけ)　　山名 八内岳(はちないだけ)

標高　943.60m　中難度
基準点コード　TR16440459001
選点　明治31年(1898)　　地上埋設
1/5万図名　茅沼
北緯　　43°04′41″.3779
東経　140°37′52″.5484
所在地　古平郡古平町大字沢江石狩(しかりべつ)*1
三角点道　函館本線 然(しかりべつ)別駅から道道755号線を走り、然別川沿いの林道に入り駐車。沢沿いを登り渡渉を繰り返し藪を急登して高度を上げて鞍部に乗る。更に稜線からも藪を漕いで山頂に出る。

1-61.

点名 毛鐘尻(けかねしり)　　山名 毛鐘尻山(けかねしりやま)

標高　916.42m　高難度
基準点コード　TR16642565601
選点　明治38年(1905)　　地上埋設
1/5万図名　上興部
北緯　　44°27′50″.7029
東経　142°49′55″.5973
所在地　紋別郡雄武町字道有林7番地*1
三角点道　オホーツク国道の雄武町から道道49号線を走り、パンケオロピリカイ川沿いのパンケ林道終点に駐車。縦横無尽に伸びる根曲がり竹の中を登り、直登で高度を上げて三角点山頂に出る。

1-62.

点名 糸魚岳(いといだけ)　　山名 糸魚岳

(▲ 士別市朝日町)

標高　914.38m　高難度
基準点コード　TR16642159001
選点　明治38年(1905)　　地上埋設
1/5万図名　岩尾内湖
北緯　　44°09′59″.2177
東経　142°38′10″.7059
所在地　上川郡朝日町(しべつ)字イトイヌプリ*1
三角点道　宗谷本線士別駅から道道61号線を走り、朝日町の朝日六線川沿いの林道に入り途中で駐車。登山道はなく沢筋を登り直登で高度を稼ぎ稜線に乗り、更に稜線の藪漕ぎを強いられ山頂に出る。

1-63.

点名 鷲別岳(わしべつだけ)　山名 鷲別岳

標高　911.11m
基準点コード　TR16341502001
選点　明治31年(1898)　　地上埋設
1/5万図名　登別温泉　　本点
北緯　42°26′08″.1908
東経　141°00′11″.0516
所在地　室蘭市室蘭事業区265林班
三角点道　室蘭本線東室蘭駅から道道107号線を走り、林道で北上し、だんパラスキー場に駐車。西尾根に取り付き笹原を急登し電波塔に着き、尾根を歩くと眼下に室蘭港白鳥大橋が見えて山頂に出る。

1-64.

点名 瀬戸瀬山(せとせやま)　山名 瀬戸瀬山

標高　901.48m
基準点コード　TR16543731101
選点　明治37年(1904)　　地上埋設
1/5万図名　丸瀬布南部
北緯　43°55′39″.9018
東経　143°23′55″.3239
所在地　紋別郡遠軽町大字瀬戸瀬[*1]
三角点道　石北本線瀬戸瀬駅から道道493号線を走り、瀬戸瀬温泉から林道に入り終点手前に駐車。登山道はなく沢に取り付いて、藪を漕いでルートに目印を付けながら高度を稼ぎ山頂に出る。

1-65.

点名 様毛山(さまっけやま)　山名 サマッケヌプリ

標高　897.81m
基準点コード　TR16544213801
選点　明治37年(1904)　　地上埋設
1/5万図名　上里
北緯　43°31′49″.8424
東経　144°13′56″.0479
所在地　網走郡津別町(里美56林班[*1]
三角点道　釧網本線摩周駅から国道243号、道道588号線を走り、津別峠に駐車。測量隊が入り、笹薮を刈り込みしてしっかりした稜線の道を辿り、オサッペヌプリを経て笹薮の三角点山頂に出る。

1-66.
点名 幌別岳(ほろべつだけ)　山名 幌別岳

標高　892.38m　中難度
基準点コード　TR16440122901
選点　明治31年(1898)　　　地上埋設
1/5万図名　歌棄
北緯　　42°46′19″.7854
東経　140°22′19″.4170
所在地　磯谷郡蘭越町字三笠392番地
三角点道　函館本線目名(めな)駅から道道752号線を走り、ツバメの川沿いの林道終点に駐車。ツバメの川を遡行して刈り込んだ尾根に乗り、尾根筋の背丈以上の藪と上部の藪を掻き分けて山頂に出る。

1-67.
点名 天狗岳(てんぐだけ)　山名 天狗岳

標高　872.35m
基準点コード　TR16440652201
選点　明治31年(1898)　　　地上埋設
1/5万図名　古平
北緯　　43°11′05″.2992
東経　140°39′38″.9370
所在地　古平郡古平町大字沖町石狩[*1]
三角点道　函館本線余市駅から国道229号線を走り、豊浜トンネルの先で沖村川林道に入り天狗岳稜線端に駐車。稜線に取り付き、アップダウンで藪を漕いで高度を稼ぎ360度の眺望がある山頂に出る。

1-68.
点名 安足山(あんたろやま)　山名 安足山

標高　850.98m
基準点コード　TR16542553601
選点　明治37年(1904)　　　地上埋設
1/5万図名　当麻
北緯　　43°46′46″.1441
東経　142°42′06″.2688
所在地　上川郡上川町字東雲525番地[*1]
三角点道　石北本線当麻駅から道道1134号線を走り、大沢ダムから牛朱別川(うしゅべつかわ)沿いの林道に入り、安足山近くの走行限界に駐車。駐車地から藪化した平坦な林道を歩き灌木に囲まれた山頂に出る。

1-69.
点名　弁勲嶺（べくんね）　山名　（無名峰）

標高　836.06m
基準点コード　TR16544475001
選点　明治34年（1901）　地上埋設
1/5万図名　武佐岳　本点
北緯　43°42′56″.6146
東経　144°52′54″.4801
所在地　標津郡標津町（川北11林班*1
三角点道　釧網本線知床斜里駅から国道244号線を走り、金山温泉の手前でソウキップカオマナイ川沿いの林道に入り駐車。登山道はなく温泉の湧く沢沿いを登り、ハイマツ帯を越えて山頂に出る。

1-70.
点名　似頃山（にころやま）　山名　仁頃山（にころやま）

標高　829.24m
基準点コード　TR16543655701
選点　明治35年（1902）　地上埋設
1/5万図名　生田原　本点
北緯　43°52′41″.7640
東経　143°43′05″.5537
所在地　北見市相内2252林班と小班
三角点道　石北本線 相内（あいのない）駅から道道245号線を走り、富里から林道に入りダム先の登山口に駐車。電波塔管理道を登り、合目毎の標識を辿り七合目の平坦道から電波塔が見え更に登り山頂に出る。

1-71.
点名　那英山（なえいやま）　山名　那英山（なえいさん）

標高　818.99m
基準点コード　TR16542125801
選点　明治34年（1901）　地上埋設
1/5万図名　富良野
北緯　43°27′58″.7576
東経　142°21′25″.5944
所在地　芦別市落辺（341林班い小班）
三角点道　富良野線美馬牛駅から道道70号線を走り、峠に駐車。林道の尾根道を歩いて刈り込まれた笹原道の手前でピークに乗り、一旦下り登り返して山頂に出る。大雪山系や十勝連峰の展望がよい。

1-72.
点名 欝岳(うつたけ)　山名 欝岳

標高　818.25m　中難度
基準点コード　TR16643305601
選点　明治33年(1900)　　地上埋設
1/5万図名　滝上
北緯　44°17′30″.2742
東経　143°04′57″.1065
所在地　紋別郡興部町字左沢17林班
三角点道　石北本線上川駅から国道273号線、滝上で道道137号線を走り、上藻から林道に入り八号の沢沿いの途中に駐車。長い林道を歩いて尾根に取り付き、藪漕ぎを繰り返して三角点山頂に出る。

1-73.
点名 冬島(ふゆしま)　山名 アポイ岳

標高　810.19m
基準点コード　TR16343102201
選点　明治34年(1901)　　地上埋設
1/5万図名　えりも
北緯　42°06′28″.2573
東経　143°01′32″.3693
所在地　様似郡様似町(さまに)字冬島217番[*1]
三角点道　日高本線様似駅から国道336号線を走り、アポイ山麓自然公園に駐車。樹林の中を登り五合目の小屋から急登して馬の背で尾根に乗り、視界が開け岩尾根を辿り祠のある三角点山頂に出る。

1-74.
点名 太櫓山(ふとろやま)　山名 太櫓山

標高　805.55m
基準点コード　TR16339367401
選点　明治30年(1897)　　地上埋設
1/5万図名　久遠
北緯　42°18′43″.5891
東経　139°48′24″.8598
所在地　瀬棚郡北檜山町▲字新成5392[*1]
三角点道　江差線江差駅から国道229号、道道740号線を走り、良瑠石川(らるいしがわ)沿いの林道終点に駐車。太櫓北西尾根を登る。荒れた登山道の踏み跡を辿り展望のよい山頂に出る。三角点は頭部のみ見える。

(▲ 久遠郡せたな町北檜山区)

1-75.
点名　入霧月峰(いりむけっぷ)　山名　音江山(おとえやま)

標高　795.42m
基準点コード　TR16542307601
選点　明治30年(1897)　　地上埋設
1/5万図名　赤平　　本点
北緯　　43°38′45″.0879
東経　142°04′57″.4824
所在地　深川市音江町字音江
三角点道　函館本線深川駅から南に、5kmの沖里河(おきりかわ)温泉(廃業)に向かう。沖里河山直下まで入り駐車。沖里河山から刈り込まれた稜線を辿り、背の高い藪を漕いで木々に囲まれた三角点山頂に出る。

1-76.
点名　久土山(くとさん)　山名　三角山(さんかくやま)

標高　795.25m
基準点コード　TR16440369601
選点　明治31年(1898)　　地上埋設
1/5万図名　倶知安(くっちゃん)
北緯　　42°59′41″.5593
東経　140°50′14″.5587
所在地　虻田郡倶知安町大字末広後志*1
三角点道　函館本線倶知安駅から国道393号線を走り、西六号から倶登山川沿いの末広林道ゲート前に駐車。林道終点手前の刈り払い道をピーク582mに登り尾根に乗り、尾根筋を急登し山頂に出る。

1-77.
点名　夕張炭山(ゆうばりたんざん)　山名　三角山(さんかくやま)

(▲ 岩見沢市栗沢町)

標高　769.55m
基準点コード　TR16441571801
選点　明治34年(1901)　　地上埋設
1/5万図名　夕張
北緯　　43°05′39″.8721
東経　141°59′03″.7181
所在地　空知郡栗沢町▲字西万字1番地*1
三角点道　石勝線夕張駅から道道38号線を走り、西に見える丁未風致(ていみふうち)公園を過ぎて三角山登山口に入り駐車。丘陵への小道を登り雑草の中にある三角点山頂に出る。夕張岳、芦別岳の展望がよい。

1-78.
点名 珠文岳(しゅぶんたけ)　山名 珠文岳

標高　760.87m　高難度
基準点コード　TR16742431101
選点　明治32年（1899）　地上埋設
1/5万図名　浜頓別　本点
北緯　　45°00′42″.7734
東経　142°23′32″.3834
所在地　枝幸郡中頓別町字下頓別[*1]
三角点道　オホーツク海沿いの国道238号、道道586号線を走り、ウソタンナイ砂金採掘公園に駐車。登山道はなく沢筋を直登し、測量班の刈り払いルートを辿るがなお深い藪を漕いで山頂に出る。

1-79.
点名 雨後滝山(うごたきやま)　山名 ウコタキヌプリ

標高　745.12m
基準点コード　TR16443664301
選点　明治36年（1903）　地上埋設
1/5万図名　ウコタキヌプリ
北緯　　43°12′16″.4683
東経　143°47′37″.4649
所在地　足寄郡足寄町8林班ら小班
三角点道　根室本線利別(としべつ)駅から国道242号線を北上し、本別で道道658号線を走り、雨後滝林道入口に駐車。林道終点から沢を遡行し両岸がせまる沢を抜け尾根に乗り、尾根筋を急登し山頂に出る。

1-80.
点名 和寒山(わっさぶやま)　山名 和寒山

標高　740.58m
基準点コード　TR16542737801
選点　明治33年（1900）　地上埋設
1/5万図名　比布　本点
北緯　　43°58′42″.6893
東経　142°29′12″.7489
所在地　上川郡和寒(わっさむ)町塩狩（351林班い[*1]
三角点道　宗谷本線和寒駅から道道639号線で金川沿いを走り、途中で十九林道に入りゲートを経て終点の登山口に駐車。山頂尾根に向かって刈り払い道を登り、天測点と反射板がある山頂に出る。

1-81.
点名 蚕発山（おこばちやま） 山名 遠藤山（えんどうやま）

標高　735.37m
基準点コード　TR16440578301
選点　明治30年(1897)　　地上埋設
1/5万図名　仁木
北緯　43°09′05″.9338
東経　140°55′24″.6349
所在地　小樽市石狩森林管理署4157[*1]
三角点道　函館本線小樽駅から道道956号線を走り、小樽自然の村登山口に駐車。入口の案内板に従って遊歩道を歩き於古発山（おこばちやま）に登り、一旦下り登り返して木々に囲まれて展望のない山頂に出る。

1-82.
点名 大島（おおじま） 山名 江良岳（えらだけ）

標高　732.41m　大島
基準点コード　TR16239221901
選点　明治30年(1897)　　地上埋設
1/5万図名　渡島大島
北緯　41°30′35″.6545
東経　139°22′01″.7522
所在地　松前郡松前町大字大島無番地
三角点道　文化庁の上陸許可が必要な島で、船便はなく松前町江良漁港から大島へチャータ船で渡る。大島避難港に上陸して０ｍから火山礫のザレ場を登り、高山植物が咲く展望のよい山頂に出る。

1-83.
点名 辺計礼岩（ぺけいれいわ） 山名 辺計礼山（ぺけれやま）

標高　732.31m
基準点コード　TR16544128701
選点　明治38年(1905)　　地上埋設
1/5万図名　弟子屈
北緯　43°29′29″.5539
東経　144°20′22″.6145
所在地　川上郡弟子屈町（てしかが）屈斜路75[*1]
三角点道　釧網本線摩周駅から国道241号線を走り、奥春別で林道に入り登山口に駐車。登山口の道標に従い、林道が登山道となっている笹原を快適に登り、眼下に屈斜路湖を望む山頂に出る。

1-84.

点名 **翁居岳**（おきないだけ）　山名 **ポロシリ山**（やま）

(▲ 留萌市樽真布町)

標高　730.21m
基準点コード　TR16541765601
選点　明治31年(1898)　地上埋設
1/5万図名　恵比島　本点
北緯　43°57′45″.3143
東経　141°50′10″.4403
所在地　留萌市大字留萌村字樽真布(ほろぬか)▲*1
三角点道　留萌本線幌糠駅から道道801号線を走り、樽真布(たるまっぷ)ダムから林道に入りゲートの先に駐車。登山道はなく沢筋を詰め藪を漕ぎ岩稜を越えて、稜線へ急登して反射板のある三角点山頂に出る。

1-85.

点名 **鬼刺岳**（おにさしだけ）　山名 **鬼刺山**

標高　728.15m　高難度
基準点コード　TR16742013201
選点　明治38年(1905)　地上埋設
1/5万図名　天塩中川
北緯　44°41′37″.8688
東経　142°09′36″.7479
所在地　中川郡音威子府村物満内292-1*1
三角点道　宗谷本線音威子府(おといねっぷ)駅の西、物満内川沿い林道を走り駐車。登山道はなく林班標識で沢筋に入る。沢は滑り易く滝の高巻きを強いられ、根曲り竹の急峻な尾根に乗って尾根筋を山頂に出る。

1-86.

点名 **比裸騾山**（べららやま）　山名 **ペラリ山**（やま）

(▲ 日高郡新ひだか町静内)

標高　718.40m
基準点コード　TR16342445301
選点　明治31年(1898)　地上埋設
1/5万図名　農屋　本点
北緯　42°22′56″.0841
東経　142°32′54″.1325
所在地　静内郡静内町▲字豊畑1001番
三角点道　日高本線静内駅から道道71号、111号線を走り、登山口の看板近くに駐車。荒れた林道を歩き登山口からピーク504mに急登して、笹原を登り木々に囲まれた天測点がある山頂に出る。

1-87.
点名 糸部山(いとべやま)　山名 江鳶山(えとんびやま)

標高　712.92m
基準点コード　TR16544449701
選点　明治38年(1905)　　地上埋設
1/5万図名　斜里岳
北緯　　43°44′37″.5392
東経　144°35′50″.2110
所在地　斜里郡清里町(清里1095*¹
三角点道　釧網本線清里町駅から道道857号線を走り、南下し林道に入って峠の展望台に駐車。灌木林に入り藪を漕ぎ尾根に乗る。尾根筋を辿りハイマツ帯を越えて藪を掻き分けて三角点山頂に出る。

1-88.
点名 設計山(もっけやま)　山名 設計山

(▲ 北斗市中山)

標高　701.49m
基準点コード　TR16240731801
選点　明治30年(1897)　　地上埋設
1/5万図名　館
北緯　　41°55′43″.2101
東経　140°29′00″.1171
所在地　亀田郡大野町▲字中山2034林班
三角点道　函館本線函館駅から国道227号線を走り、中山トンネル東側に駐車。大野川沿いの林道を歩き、峠付近の踏み跡が薄い登山道に入って尾根筋を急登して高度を稼ぎ展望のよい山頂に出る。

1-89.
点名 古部岳(ふるべだけ)　山名 丸山(まるやま)

(▲ 函館市川汲町)

標高　691.04m
基準点コード　TR16241602701
選点　明治29年(1896)　　地上埋設
1/5万図名　尾札部　　本点
北緯　　41°51′06″.8116
東経　141°05′31″.5344
所在地　茅部郡南茅部町▲字川汲2085番*¹
三角点道　函館本線函館駅から国道278号線を走り、椴法華村(とどほっけ)から絵紙林道に入り駐車。登山道はないが、藪の薄い所を狙い直登すると内浦湾が見える山頂に出る。笹に隠れるように三角点がある。

1-90.
点名 **丸山**（まるやま）　山名 **丸山**（やま）

（▲ 知内町涌元）

標高　665.29m
基準点コード　TR16240235101
選点　明治30年（1897）　　地上埋設
1/5万図名　知内
北緯　　41°32′47″.3832
東経　140°23′52″.5057
所在地　上磯郡知内町字桶▲元311番の1
三角点道　函館駅から国道228号線を走り、知内町から道道531号線で小谷石矢越山荘（旧矢越小学校）に駐車。近年登山道が開通し、登山口から開拓台地を通り百平観音、鹿立を経て山頂に出る。

1-91.
点名 **八幡岳**（はちまんだけ）　山名 **八幡岳**

標高　664.57m
基準点コード　TR16240612801
選点　明治29年（1896）　　地上埋設
1/5万図名　江差　　本点
北緯　　41°51′06″.7714
東経　140°13′47″.9671
所在地　檜山郡上ノ国町字湯ノ岱2057[*1]
三角点道　江差線江差駅から中歌町経由で豊都内川沿いを走り、登山口に駐車。笹山コースに入り、鳥居をくぐり御神水から尾根に乗り、笹山稲荷から更に尾根筋を登って展望のよい山頂に出る。

1-92.
点名 **安瀬山**（やすすけやま）　山名 **安瀬山**（やすせやま）

（▲ 石狩市厚田区）

標高　654.22m
基準点コード　TR16541134501
選点　明治38年（1905）　　地上埋設
1/5万図名　厚田
北緯　　43°27′26″.2457
東経　141°26′43″.2763
所在地　厚田郡厚田村▲厚田（217林班[*1]
三角点道　札幌市街から北上し、国道231号線の厚田で道道11号線を走り、左股川沿いの林道に入り駐車。登山道はなく林道から沢筋を詰めて高度を上げて鞍部に、藪漕ぎで展望のよい山頂に出る。

1-93.

点名 滝沢山(たきさわやま)　　山名 滝沢山(たきざわやま)

標高　　651.25m
基準点コード　TR16642611701
選点　明治38年(1905)　　地上埋設
1/5万図名　共和
北緯　　44°30′55″2250
東経　142°13′11″5426
所在地　名寄市大字奥板谷上川北部事[*1]
三角点道　宗谷本線恩根内(おんねない)駅から道道118号線を走り、板谷で964号線に入り安平志内(あべしない)川沿いの林道に駐車。登山道はなく、藪山で測量班が藪を刈り払いした道を登り、尾根筋を辿り山頂に出る。

1-94.

点名 三角山(さんかくやま)　　山名 三角山

標高　　649.21m
基準点コード　TR16240405601
選点　明治30年(1897)　　地上埋設
1/5万図名　上ノ国
北緯　　41°42′58″5377
東経　140°04′33″8015
所在地　檜山郡上ノ国町字早川496番[*1]
三角点道　江差線上ノ国駅から道道5号線を走り、小森集落から林道に入り更に林道支線から木無山を経て西方向へ走り山頂直下に駐車。灌木林の藪に取り付き標高差50mを直登して山頂に出る。

1-95.

点名 下沢岳(しもさわだけ)　　山名 パンケ山(ざん)

標高　　631.93m
基準点コード　TR16742212101
選点　明治33年(1900)　　地上埋設
1/5万図名　敏音知　　本点
北緯　　44°51′25″3498
東経　142°08′59″4191
所在地　中川郡中川町字中川北海道大[*1]
三角点道　宗谷本線天塩中川駅から道道541号線を走り、サケマス資源管理センターから林道に入りゲート前に駐車。パンケナイ川沿いから北大演習林の緩やかな尾根をひたすら歩き三角点に出る。

1-96.
点名 辰丑岳(たつうしだけ)　山名 立牛岳(たつうしだけ)

標高　629.85m
基準点コード　TR16643127101
選点　明治38年(1905)　地上埋設
1/5万図名　丸瀬布北部
北緯　44°08′57″.2544
東経　143°16′12″.8070
所在地　紋別市上渚滑町字中立牛(1227[*1]
三角点道　石北本線丸瀬布駅から道道305号線を走り、上藻別(かみもべつ)から林道に入り白樺峠の先に駐車。沢筋の藪を漕いで急登して立牛岳西尾根の鞍部に乗り、鞍部から踏み跡を辿り三角点山頂に出る。

1-97.
点名 狐山(きつねやま)　山名 狐山

標高　628.01m　中難度
基準点コード　TR16643101201
選点　明治38年(1905)　地上埋設
1/5万図名　立牛
北緯　44°05′35″.9998
東経　143°02′03″.0384
所在地　紋別郡滝上町字中雄柏316林[*1]
三角点道　石北本線上川駅から国道273号線を北上し滝上町濁川で道道617号線を走り、途中で林道に入り駐車。登山道はなく沢を急登して尾根に乗る。尾根筋を辿り木々に囲まれた山頂に出る。

1-98.
点名 冬路山(ふゆじやま)　山名 冬路山

標高　625.08m
基準点コード　TR16542713501
選点　明治33年(1900)　地上埋設
1/5万図名　鷹泊
北緯　43°56′32″.4483
東経　142°11′45″.4614
所在地　旭川市江丹別町字拓北(133林[*1]
三角点道　函館本線旭川駅から道道72号線を走り、江丹別(えたんべつ)峠下から反射板のある林道に入り終点に駐車。荒廃が進む尾根道を登り、刈り払い道、藪、刈払い道と高度を稼いで展望のよい山頂に出る。

1-99.
点名 幌内山（ほろないやま） 山名 ポロモイ山

標高　624.83m　　私有地
基準点コード　TR16340760001
選点　明治31年（1898）　　地上埋設
1/5万図名　洞爺湖温泉
北緯　42°35′28″.1839
東経　140°45′40″.4729
所在地　虻田郡虻田町▲字清水336番地
三角点道　室蘭本線洞爺駅から国道230号線でザ・ウインザーホテル洞爺の専用道を走り、駐車場に駐車。三角点はホテル南脇にあり、許可を得て入る。2008年このホテルでサミットが開催された。

（▲ 洞爺湖町清水）

1-100.
点名 佐主岳（さぬしゅだけ） 山名 佐主岳

標高　618.54m
基準点コード　TR16442203701
選点　明治36年（1903）　　地上埋設
1/5万図名　紅葉山
北緯　42°51′57″.4115
東経　142°05′17″.2914
所在地　勇払郡穂別町▲字稲里87林班
三角点道　石勝線新夕張から国道274号、道道74号線を走り、キウス橋手前でペンケオピオルカ沢沿いに入り林道支線に駐車。林道から登山口の道標に従い灌木帯を登り、笹原で展望のよい山頂に出る。

（▲ むかわ町穂別）

1-101.
点名 霧裏山（むりやま） 山名 （無名峰）

標高　612.58m
基準点コード　TR16443451701
選点　明治32年（1899）　　地上埋設
1/5万図名　本別　　本点
北緯　43°00′58″.7762
東経　143°43′16″.7490
所在地　白糖郡音別町▲68林班い小班[*1]
三角点道　根室本線浦幌駅から道道56号、947号線を走り、留真温泉から道東スーパー林道に入りゲート前で駐車。林道を歩き北海道開発局レーダー施設の手前から灌木林の尾根を登り山頂に出る。

（▲ 釧路市音別町）

1-102.
点名 尾呂山（おろやま）　山名 尾呂山

標高　605.11m
基準点コード　TR16543367201
選点　明治37年（1904）　地上埋設
1/5万図名　本岐　　本点
北緯　43°38′39″.1625
東経　143°47′04″.8839
所在地　常呂郡訓子府町（くんねっぷ）字大谷475番*1
三角点道　石北本線北見駅から道道50号、494号線を走り、途中で林道に入り石灰鉱山の先で林道支線を電波塔ゲート前に駐車。電波塔管理道を歩き木々に囲まれ展望のない三角点山頂に出る。

1-103.
点名 磯桟岳（いそさんだけ）　山名 イソサンヌプリ山（さん）

標高　581.20m
基準点コード　TR16742411201
選点　明治39年（1906）　地上埋設
1/5万図名　上猿払
北緯　45°00′40″.3389
東経　142°09′13″.7017
所在地　枝幸郡浜頓別町宇津内宗谷森*1
三角点道　宗谷本線音威子府（おといねっぷ）駅から国道275号線を走り、下頓別で林道に入り駐車。登山道はなく、沢筋を登り詰めて濃厚な根曲り竹の藪を漕ぎながら高度を稼いで展望のよい三角点山頂に立つ。

1-104.
点名 奥尻島（おくしりじま）　山名 神威山（かむいやま）

標高　575.89m　奥尻島基地
基準点コード　TR16339139501
選点　昭和54年（1979）　地上埋設
1/5万図名　奥尻島南部
北緯　42°09′35″.4157
東経　139°26′35″.9699
所在地　奥尻郡奥尻町字湯浜
三角点道　江差港からハートランドフェリーで2時間の船旅で奥尻島に渡る。三角点は航空自衛隊奥尻島分屯基地内にあり、事前の許可申請が必要。隊員に案内されて道から一段高い所の三角点に着く。

1-105.

点名　歌登山（うたのぼりやま）　山名　歌登山

（▲ 枝幸町歌登志美宇丹）

標高　572.73m　　中難度
基準点コード　TR16742147601
選点　明治33年（1900）　　地上埋設
1/5万図名　乙忠部
北緯　　44°48′46″.7760
東経　142°34′50″.0553
所在地　枝幸郡歌登町▲字志美宇丹146[*1]
三角点道　宗谷本線美深駅から道道49号、120号線を走り、志美宇丹（しびうたん）から林道に入り駐車。登山道はなく沢沿いのフキと藪が茂る中、高度を稼ぎ尾根に乗り、尾根筋を辿り草原の三角点山頂に出る。

1-106.

点名　沙間樹庵（さまきあん）　山名　（なし）

標高　569.60m
基準点コード　TR16442673701
選点　明治36年（1903）　　地上埋設
1/5万図名　佐幌岳
北緯　　43°11′53″.2460
東経　142°58′07″.7123
所在地　河東郡鹿追町1333林班た小班
三角点道　根室本線十勝清水駅から道道718号線を走り、岩松発電所の先で林道に入り、林道途中に駐車。林道終点から登山道に入りハクサンチドリが咲く尾根筋を登り、反射板のある山頂に出る。

1-107.

点名　滝上山（たきのうえやま）　山名　滝ノ上山

標高　567.54m
基準点コード　TR16443579901
選点　明治36年（1903）　　地上埋設
1/5万図名　上茶路
北緯　　43°09′37″.6424
東経　143°59′18″.7393
所在地　白糠郡白糠町1184林班む小班[*1]
三角点道　根室本線庶路駅から庶路川を北上する道道242号線を走り、庶路（しょろ）ダム手前で駐車。山頂尾根を目指し取り付いて、トドマツが植林された中を直登で高度を稼ぐとやがて三角点山頂に出る。

1-108.
点名 瓜谷山（うりややま）　山名 瓜谷山

標高　548.88m　高難度
基準点コード　TR16240522801
選点　明治30年（1897）　　地上埋設
1/5万図名　木古内
北緯　　41°46′05″.5174
東経　140°21′03″.4895
所在地　檜山郡上ノ国町字神明2236林[*1]
三角点道　江差線神明駅から神明ノ沢川沿いの林道を走り、下神明ノ沢川の林道支線終点に駐車。登山道はなく沢筋を登り詰めて鞍部に乗り、尾根筋を辿り山頂前の藪の中にある三角点に出る。

1-109.
点名 大樹山（たいきやま）　山名 大樹山（だいきやま）

標高　537.42m　中難度
基準点コード　TR16343609701
選点　明治34年（1901）　　地上埋設
1/5万図名　上札内
北緯　　42°34′46″.1377
東経　143°05′33″.4117
所在地　広尾郡大樹町字拓進十勝西部[*1]
三角点道　根室本線帯広駅から国道236号線で南下して、道道55号線を走り、拓進で林道に入り駐車。村営牧場を抜けて、樹林の急斜面を登り繁った藪の中で携帯GPSで位置を確かめて三角点に出る。

1-110.
点名 窟太郎山（くったろうざん）　山名 窟太郎山（くったろうやま）

標高　533.98m
基準点コード　TR16341519601
選点　明治31年（1898）　　地上埋設
1/5万図名　登別温泉
北緯　　42°29′50″.7610
東経　141°12′09″.0022
所在地　白老郡白老町胆振東部森林[*1]
三角点道　室蘭本線登別駅から道道2号、350号線を走り、ヘアーピンカーブで林道に入り窟太郎山登山口に駐車。刈り払われた笹道を直登し、眼下に倶多楽湖（くったら）が見える外輪山の三角点山頂に出る。

瓜谷山（瓜谷山）・大樹山（大樹山）・窟太郎山（窟太郎山）　——　57

1-111.

点名 瑠笏岳(るこつだけ)　山名 ルコツ岳

標高　532.09m
基準点コード　TR16340418801
選点　明治30年（1897）　　地上埋設
1/5万図名　今金
北緯　　42°24′21″.4171
東経　140°14′14″.7554
所在地　瀬棚郡今金町字中里4325[*1]
三角点道　函館本線黒岩駅からルコツ川とロクツ川の中央にある登山道を歩き、一旦ルコツ川に下り沢を遡行して尾根に乗り、尾根筋の根曲り竹エゾマツ帯を越えて展望のよい三角点山頂に出る。

1-112.

点名 落舟山(おちぶねさん)　山名 落船山(おちふねやま)

標高　525.26m　中難度
基準点コード　TR16642757901
選点　明治33年（1900）　　地上埋設
1/5万図名　仁宇布　　本点
北緯　　44°38′30″.1663
東経　142°44′42″.3237
所在地　紋別郡雄武町字中幌内323林班
三角点道　宗谷本線美深駅から道道49号、60号線を走り、中幌内で林道に入り駐車。登山道はなく藪漕ぎで尾根に出るが、稜線から山頂までさらに厳しい藪漕ぎを強いられて三角点山頂に出る。

1-113.

点名 幌月山(ほろつきやま)　山名 母衣月山(ほろづきやま)

標高　503.55m　中難度
基準点コード　TR16440112701
選点　明治29年（1896）　　地上埋設
1/5万図名　寿都
北緯　　42°46′12″.4553
東経　140°12′53″.7594
所在地　寿都郡寿都町字樽岸町3065[*1]
三角点道　函館本線黒松内駅から道道523号線を走り、町村境界地点のタケノコ園入口ゲート前に駐車。林道と刈り込み道を進み、イチイの木付近から根曲り竹の藪を漕いで三角点だけの山頂に出る。

58 ── 1 北海道──瑠笏岳（ルコツ岳）・落舟山（落船山）・幌月山（母衣月山）

1-Lo. 北海道で最も低い一等三角点
点名 **野付崎**（のつけさき） 山名 （なし）

標高　1.87m
基準点コード　TR16545227701
選点　明治37年（1904）　　　地上埋設
1/5万図名　野付崎
北緯　　43°33′35″.1866
東経　145°20′38″.9435
所在地　野付郡別海町野付63番6
三角点道　根室本線厚床駅から国道243号、244号、道道950号線と走り、野付崎ネイチャーランドに駐車。遊歩道を野付崎灯台に向かい、灯台の先500mの地点から7m程入った草地に三角点はある。

《北海道で最古の一等三角点は？》

　全国47都道府県のうち一等三角点の数が最も多いのは北海道で、その数は224点にも及んでいる。本書ではそのうち500n以上の113点を取り挙げているが、その中に「**千軒岳**（→P.35）・**古部岳**（→P.50）・**八幡岳**（→P.51）」の3点が含まれている。これらの一等三角点は明治29年（1896）に選点されたもので、北海道では最も古いものである。そのことが「一等三角測量開始百年記念」の碑として、国土地理院によって「大千軒岳」山頂に平成8年（1996）6月に設置された。

　なお大千軒岳の標高は1071.87m、北海道渡島半島の南西部、松前半島にある山で、江戸時代初期には山麓一帯で砂金の採取が行われた。また、この山は寛永16年（1639）に松前藩によって隠れキリシタン106人が処刑されたとの言い伝えがあり、十字架も設置され、毎年7月の最終日曜日には番所跡で千軒岳殉教記念のミサも行われている。

「大千軒岳」山頂の「一等三角測量開始百年記念」の碑

2 青森県

*1 「点の記」にはこの後にも記載があるが本書では省略した。

1. 県内の一等三角点は31点で、標高500m以上が19点ある。
2. 県内の最も高い一等三角点は岩木山1624.62mで、津軽富士として親しまれている。
3. 県内の最も低い一等三角点は無人島の上の島5.04mで、西津軽郡深浦町沖の海上にある。

2-01. 青森県で最も高い一等三角点
点名　岩木山（いわきさん）　　山名　岩木山

標高　　1624.62m
基準点コード　TR16040728401
選点　明治28年（1895）　　地上埋設
1/5万図名　弘前　　本点
北緯　　40°39′21″2968
東経　　140°18′11″0683
所在地　弘前市百沢字寺沢27番
三角点道　奥羽本線弘前駅から県道3号線を走り、津軽・岩木スカイラインの八合目駐車場に駐車。リフト脇の登山道を登りゴロゴロとした岩道を登って避難小屋を経て祠のある展望のよい山頂に出る。

2-02.
点名　八甲田山（はっこうださん）　　山名　大岳（おおだけ）

標高　　1584.50m
基準点コード　TR16040779001
選点　明治28年（1895）　　地上埋設
1/5万図名　八甲田山　　本点
北緯　　40°39′32″0647
東経　　140°52′38″0936
所在地　青森市大字荒川字荒川山*1
三角点道　青森市内から国道103号線を走り、酸ヶ湯（すかゆ）温泉駐車場に駐車。鳥居をくぐり地獄湯の沢を辿り木道で仙人岱（せんにんたい）から森林限界を抜け鏡沼へ急登すると、赤茶けた噴火口の展望のよい山頂に出る。

2-03.

点名 白神岳(しらかみだけ)　　山名 白神岳

標高　　1232.36m
基準点コード　　TR16040600101
選点　　明治28年（1895）　　地上埋設
1/5万図名　　川原平　　本点
北緯　　40°30′13″.1027
東経　　140°01′07″.2168
所在地　　西津軽郡深浦町大字大間越*1
三角点道　　五能線の白神岳登山口駅から日野林道を走り、終点の駐車場に駐車。整備された世界遺産のブナ林の中を登り森林限界を抜けて笹原の道を辿り山頂に出る。山頂からパノラマ展望が楽しめる。

2-04.

点名 戸来嶽(へらいだけ)　　山名 三ッ岳(みつだけ)

標高　　1159.44m
基準点コード　　TR16041504001
選点　　明治30年（1897）　　地上埋設
1/5万図名　　田子
北緯　　40°27′10″.5324
東経　　141°00′05″.4095
所在地　　三戸郡新郷村大字戸来字戸来*1
三角点道　　十和田湖の宇樽部から国道454号線を走り、道の駅「新郷」を経て林道を平子沢登山口に入り駐車。兎ヶ平から樹林帯を急登し大駒ヶ岳を経て一旦下り登り返して十和田湖を望む山頂に出る。

2-05.

点名 八幡岳(はちまんだけ)　　山名 八幡岳

標高　　1020.44m
基準点コード　　TR16140074901
選点　　明治30年（1897）　　地上埋設
1/5万図名　　七戸　　本点
北緯　　40°42′11″.4946
東経　　140°59′55″.7200
所在地　　上北郡七戸町大字天間舘(おっとも)*1
三角点道　　青い森鉄道乙共駅から国道394号線を走り、八幡岳への林道に入りよしけど登山口を経て神ノ山登山口に駐車。登山口の鳥居をくぐりブナ林のゆるやかな登山道で社殿脇の三角点に出る。

2-06.
点名 釜臥山（かまぶせやま）　山名 釜臥山（かまふせやま）

標高　878.23m
基準点コード　TR16141703901
選点　明治28年（1895）　　地上埋設
1/5万図名　むつ
北緯　41°16′42″.6615
東経　141°07′12″.0515
所在地　むつ市大字大湊字荒川
三角点道　大湊線下北駅の東むつ市役所から県道4号線を走り、パノラマラインの展望台駐車場に駐車。展望台から市街地と陸奥湾を望み整備された遊歩道を登り、レーダードームが建つ山頂に出る。

2-07.
点名 升形山（ますがたやま）　山名 桝形山（ますがたやま）

標高　819.94m　高難度
基準点コード　TR16140001301
選点　明治30年（1897）　　地上埋設
1/5万図名　鰺ヶ沢
北緯　40°40′34″.0826
東経　140°02′54″.0506
所在地　西津軽郡深浦町大字驫木字驫木[*1]
三角点道　五能線驫木（とどろき）駅から母沢川沿いを走り、母沢林道の終点に駐車。送電線巡視路を利用して18番鉄塔に進み、巡視路終点手前から尾根に乗り、尾根筋の藪を漕いで高度を上げて山頂に出る。

2-08.
点名 燧岳（ひうちだけ）　山名 燧岳

標高　781.22m
基準点コード　TR16241102401
選点　明治30年（1897）　　地上埋設
1/5万図名　大畑
北緯　41°26′20″.8755
東経　141°03′10″.5053
所在地　むつ市大畑町葉色山国有林[*1]
三角点道　下北半島の先端に向かう国道279号線を走り、易国間（いこくま）で林道に入り、更に林道支線でナメコ園の先に駐車。道標で登山道に入り涸れ沢を登って、緩斜面のブナ林の山道を辿り三角点山頂に出る。

2-09.
点名 福浦山（ふくうらやま）　山名 大作山（だいさくやま）

標高　776.23m　中難度
基準点コード　TR16140768801
選点　明治32年（1899）　地上埋設
1/5万図名　陸奥川内　本点
北緯　41°19′28″.2835
東経　140°51′36″.2265
所在地　下北郡佐井村大字長後字喜平[*1]
三角点道　大湊線大湊駅から国道338号線を走り、福浦集落から福浦川沿いの林道に入り、大滝林道入口に駐車。荒れた作業林道を歩いて尾根に向かい、刈り払いされた道を登り三角点山頂に出る。

2-10.
点名 階上岳（はしかみだけ）　山名 階上岳

標高　739.34m
基準点コード　TR16041448602
選点　明治29年（1896）　地上埋設
1/5万図名　階上岳　本点
北緯　40°24′02″.4947
東経　141°35′03″.7103
所在地　三戸郡階上町大字鳥屋部字行[*1]
三角点道　国道45号線の道の駅「はしがみ」から県道42号線を走り、鳥屋部から林道に入りキャンプ場先の大開平登山口に駐車。道標で鳥居をくぐり整備された遊歩道を登り展望の良い山頂に出る。

2-11.
点名 烏帽子岳（えぼしだけ）　山名 烏帽子岳

標高　719.68m
基準点コード　TR16141200301
選点　明治30年（1897）　地上埋設
1/5万図名　野辺地　本点
北緯　40°50′25″.5739
東経　141°02′22″.2985
所在地　上北郡野辺地町地続山国有林[*1]
三角点道　青い森鉄道野辺地駅から、枇杷野川沿いの林道で烏帽子岳自然観察教育林に向かい林道終点の山頂直下に駐車。緩やかな登山道を登り展望良好の山頂に出る。三角点は一段高い所にある。

2-12.
点名 丸山（まるやま）　山名 丸屋形岳（まるやがただけ）

標高　717.97m
基準点コード　TR16140548601
選点　明治30年（1897）　　地上埋設
1/5万図名　蟹田
北緯　41°09′10″.1714
東経　140°35′11″.8489
所在地　東津軽郡外ヶ浜町石崎外2[*1]
三角点道　津軽線蟹田駅から国道280号線を走り、やすらぎの郷の看板で玉川沿いの林道に入り、丸屋形岳登山口に駐車。登山道に入りブナ林の中、高度を上げると視界が開け陸奥湾を望む山頂に出る。

2-13.
点名 東嶽（あづまだけ）　山名 東岳（あづまだけ）

標高　683.92m
基準点コード　TR16140270101
選点　明治30年（1897）　　地上埋設
1/5万図名　浅虫
北緯　40°50′12″.8590
東経　140°53′30″.1080
所在地　青森市大字宮田字北滝沢山[*1]
三角点道　青い森鉄道野内駅から県道44号線を走り、看板で登山口に入り駐車。道標で灌木帯の登山道を登り鞍部に乗り、鞍部で一般登山道と分れ、尾根筋の踏み跡を辿り東岳主峰の三角点に出る。

2-14.
点名 小倉岳（おぐらだけ）　山名 大倉岳（おおくらだけ）

標高　676.97m
基準点コード　TR16140346301
選点　明治30年（1897）　　地上埋設
1/5万図名　油川
北緯　40°58′12″.4689
東経　140°32′54″.4766
所在地　東津軽郡蓬田村大字阿弥陀川[*1]
三角点道　津軽線蓬田駅から阿弥陀川沿いの林道を走り、大倉岳登山口に駐車。整備された登山道でブナ林の中を避難小屋へ急登する。更に尾根筋の笹が払われた道を登り展望のよい三角点山頂に出る。

2-15.
点名 桂川岳（かつらがわだけ）　　山名 四ッ滝山（よつたきやま）

標高　669.65m
基準点コード　TR16140534201
選点　明治28年（1895）　　地上埋設
1/5万図名　小泊　　本点
北緯　　41°07′18″.0854
東経　140°24′01″.7398
所在地　五所川原市相内字桂川相内山
三角点道　五能線五所川原駅から国道339号線を走り、相内川林道を大田川沿いの走行限界で駐車。登山口へ歩き笹藪の登山道を登って尾根分岐点に乗り、なおも笹藪が続く道を辿り三角点山頂に出る。

2-16.
点名 名久井岳（なくいだけ）　　山名 名久井岳

標高　615.23m
基準点コード　TR16041426401
選点　明治28年（1895）　　地上埋設
1/5万図名　三戸　　本点
北緯　　40°23′16″.7107
東経　141°18′30″.1045
所在地　三戸郡南部町大字大向字夏井*1
三角点道　青い森鉄道三戸駅から長谷林道を走り、五合目駐車場に駐車。整備された樹林帯の登山道を登り、鎖場を越えて避難小屋から山頂に出る。展望方向案内盤があり、眼下に三戸市街を望む。

2-17.
点名 矢捨長根（やすてながね）　　山名 矢捨山（やすてやま）

（▲ 平川市小国深沢）

標高　564.08m
基準点コード　TR16040656101
選点　明治30年（1897）　　地上埋設
1/5万図名　黒石
北緯　　40°33′04″.0805
東経　140°38′56″.5791
所在地　平川市唐竹▲矢捨長根1番1
三角点道　奥羽本線弘前駅から県道205号線を走り、平賀東小学校の先で林道に入り駐車。登山道はなく矢捨山下まで作業林道を登り、途中で杉林に取り付き直登し尾根に乗り、尾根を辿り山頂に出る。

2-18.
点名 梵珠岳（ぼんじゅだけ）　山名 馬ノ神山（まのかみやま）

標高　549.14m
基準点コード　TR16140149601
選点　明治30年（1897）　　地上埋設
1/5万図名　青森西部
北緯　　40°49′44″.1834
東経　140°34′37″.6179
所在地　五所川原市飯詰字飯詰山国有[1]
三角点道　津軽線油川駅から県道26号線を走り、峠の石碑近くに駐車。馬ノ神山への登山道があり広いブナ林の尾根道を登り、途中の魔ノ岳を通過して山頂に電波塔が林立する三角点山頂に出る。

2-19.
点名 吹越山（ふきこしやま）　山名 吹越烏帽子（ふっこしえぼし）

標高　507.75m
基準点コード　TR16141424501
選点　明治28年（1895）　　地上埋設
1/5万図名　陸奥横浜
北緯　　41°02′14″.7935
東経　141°19′01″.7044
所在地　上北郡横浜町大字吹越第一国[1]
三角点道　大湊線吹越駅から県道24号線を走り、第一明神平登山口に駐車。登山口から樹林帯を登り鉄塔下に着き、笹道を登りガレ場を越えロープ場を急登すると眼下に陸奥湾が望める山頂に出る。

2-Lo. 青森県で最も低い一等三角点
点名 上の島（かみのしま）　山名 （なし）

標高　5.04m　上の島
基準点コード　TR16039634902
選点　平成19年（2007）　　地上埋設
1/5万図名　深浦
北緯　　40°32′02″.9866
東経　139°29′52″.1744
所在地　西津軽郡深浦町大字久六字久六1
三角点道　秋田県能代港からチャーター船で北西へ60km、日本海の海上に浮かぶ無人島・上の島に渡る。岩礁の島に港湾施設はなく、その日の海の状況で上陸可否が決まる。三角点は岩礁上にある。

3 岩手県

*1 「点の記」にはこの後にも記載があるが本書では省略した。

1. 県内の一等三角点は29点で、標高500m以上が24点ある
2. 県内の最も高い一等三角点は岩手山2037.95mで、「ふるさとの山に向ひて言ふことなし　ふるさとの山はありがたきかな」と石川啄木は詠った。
3. 県内の最も低い一等三角点は生城寺108.82mで、胆沢郡金ヶ崎町にある。

3-01. 岩手県で最も高い一等三角点
点名　岩手山（いわてやま）　山名　岩手山（いわてさん）

標高　　2037.95m
基準点コード　TR15941602001
選点　明治30年（1897）　地上埋設
1/5万図名　沼宮内　　本点
北緯　　39°51′09″.3839
東経　141°00′03″.6637
所在地　岩手郡滝沢村大字滝沢岩手山*1
三角点道　IGRいわて銀河鉄道滝沢駅から県道278号線を走り、柳沢から林道で馬返し登山口に駐車。樹林帯を登ると七合目で視界が開け、高山植物が咲く道からガレ場を登り外輪山から山頂に出る。

3-02.
点名　早池峯（はやちね）　山名　早池峰山（はやちねさん）

（▲ 花巻市大迫町）

標高　　1913.38m
基準点コード　TR15941237901
選点　明治29年（1896）　地上埋設
1/5万図名　早池峰山　　本点
北緯　　39°33′30″.0421
東経　141°29′20″.5317
所在地　稗貫郡大迫町▲大字内川目第2*1
三角点道　東北本線柴波中央駅から県道25号線を走り、小田越登山口に駐車。ハイマツと岩場の登山道を登り、ハヤチネウスユキソウの咲く道から鉄ハシゴを登って避難小屋と祠のある山頂に出る。

3-03.

点名 酢川岳(すがわだけ)　　山名 栗駒山(くりこまやま)

標高　　1626.47m
基準点コード　TR15840365301
選点　明治21年(1888)　　地上埋設
1/5万図名　栗駒山　　本点
北緯　　38°57′39″.2834
東経　140°47′18″.3469
所在地　一関市大字厳美町須川岳国有[*1]
三角点道　東北新幹線一ノ関駅から国道457号、県道42号線を走り、イワカガミ平駐車場に駐車。整備された中央コースから横木階段を登ると、高山植物が咲き誇る明るく広い三角点山頂に出る。

3-04.

点名 焼石岳(やけいしだけ)　　山名 焼石岳

標高　　1547.28m
基準点コード　TR15840569601
選点　明治26年(1893)　　地上埋設
1/5万図名　焼石岳　　本点
北緯　　39°09′49″.2203
東経　140°49′43″.8044
所在地　奥州市胆沢区大字若柳字横手[*1]
三角点道　東北本線水沢駅から国道397号線を走り、石淵ダムを経てつぶ沼登山口に駐車。地道の悪い登山道に入り銀明水を過ぎ大雪渓を登り稜線に乗り、稜線で視界が開け泉水沼を経て山頂に出る。

3-05.

点名 和賀嶽(わがだけ)　　山名 和賀岳

標高　　1439.36m
基準点コード　TR15940268001
選点　明治30年(1897)　　地上埋設
1/5万図名　鶯宿　　本点
北緯　　39°34′13″.4266
東経　140°45′15″.3192
所在地　和賀郡沢内村▲大字川舟字大荒[*1]
三角点道　田沢湖線雫石駅から県道1号線を走り、高下から高下川沿いの林道に入り終点に駐車。樹林帯の中を急登して尾根に乗り、一旦下り和賀川を渡り、登り返してこけ平から三角点山頂に出る。

(▲ 西和賀町沢内)

3-06.
点名 **五葉山**(ごようさん)　山名 **五葉山**

標高　1340.35m
基準点コード　TR15841654801
選点　明治29年(1896)　　地上埋設
1/5万図名　遠野　　本点
北緯　39°12′14″.2547
東経　141°43′44″.9006
所在地　釜石市甲子町字大桧国有林*1
三角点道　三陸鉄道唐丹駅から県道193号線を走り、赤坂峠駐車場に駐車。赤坂コースで賽の河原から畳石をへて八合目の石楠花荘に着き、石楠花の群生地を登ると太平洋が展望できる山頂に出る。

3-07.
点名 **遠別岳**(とうべつだけ)　山名 **安家森**(あっかもり)

標高　1238.77m
基準点コード　TR16041044301
選点　明治28年(1895)　　地上埋設
1/5万図名　陸中関　　本点
北緯　40°02′16″.9344
東経　141°32′27″.5594
所在地　下閉伊郡岩泉町安家字大坂本*1
三角点道　東北新幹線いわて沼宮内駅から国道281号線を走り、高家領から林道に入り安家森登山口に駐車。樹林帯を進むと視界が開け放牧地を抜け直進して、ガレ場の赤ペンキを目印に山頂に出る。

3-08.
点名 **亀ヶ森山**(かめがもりやま)　山名 **峠ノ神山**(とうげのかみやま)

標高　1229.13m
基準点コード　TR15941467201
選点　明治29年(1896)　　地上埋設
1/5万図名　田老　　本点
北緯　39°43′36″.7700
東経　141°46′51″.8964
所在地　下閉伊郡岩泉町滝の沢国有林*1
三角点道　岩泉線岩手和井内駅から、平片沢沿いの林道で峠の十字路を亀ヶ森方向に進み、無人雨量観測施設前の登山口に駐車。道標はなく、ゆるやかな牧草地を登り木々が繁る三角点山頂に出る。

3-09.
点名　石峠(いしとうげ)　山名　(なし)

(▲ 盛岡市玉山区)

標高　1209.04m　中難度
基準点コード　TR15941547001
選点　明治29年(1896)　　地上埋設
1/5万図名　大川
北緯　39°48′37″.1665
東経　141°30′15″.0881
所在地　岩手郡玉山村▲大字藪川字外山*1
三角点道　東北新幹線盛岡駅から国道455号線を走り、旧道の早坂峠で林道に入り牧場入口に駐車。牧場の中の農道から牧場を抜けて笹薮に入り尾根に乗り、尾根のわずかな踏み跡を辿り山頂に出る。

3-10.
点名　白見山(しろみやま)　山名　白見山

(▲ 宮古市小国)

標高　1171.69m
基準点コード　TR15941153701
選点　明治29年(1896)　　地上埋設
1/5万図名　土淵
北緯　39°26′46″.8632
東経　141°43′15″.0060
所在地　下閉伊郡川井村▲大字小国第1*1
三角点道　山田線陸中川井駅から国道340号線を走り、一の瀬で琴畑川沿いの樺坂峠を過ぎて駐車。林道を歩き広枝峠の登山口に着き、尾根筋の刈り込まれた熊笹道を登り、灌木に囲まれた山頂に出る。

3-11.
点名　姫神岳(ひめがみだけ)　山名　姫神山(ひめかみさん)

(三角点標石ではなく、コンクリート舗装の中心に丸い真鍮鋲が埋設されている)

標高　1123.56m
基準点コード　TR15941611901
選点　明治29年(1896)　　地上埋設
1/5万図名　藪川
北緯　39°50′38″.4880
東経　141°14′48″.8272
所在地　盛岡市玉山区玉山姫神岳1番1
三角点道　IGRいわて銀河鉄道好摩駅から駒方神社経由で一本杉登山口に駐車。道標で灌木の中を登り、ザンゲ坂の横木階段を急登して岩場コースの展望のよい山頂に出る。丸い真鍮の三角点標がある。

70 ── 3 岩手県 ── 石峠(なし)・白見山(白見山)・姫神岳(姫神山)

3-12.
点名 **安黒森山**（やすくろもりやま） 山名 **黒森山**（くろもりやま）

標高　1106.35m　中難度
基準点コード　TR15941659701
選点　明治30年（1897）　　地上埋設
1/5万図名　門
北緯　　39°54′38″.7026
東経　141°43′22″.0298
所在地　下閉伊郡岩泉町安家字折壁[*1]
三角点道　八戸線久慈駅から県道7号線を南下し旧道の石峠に走り、放牧場入口に駐車。登山道はなく、放牧場の鞍部から境界杭や赤ペンキを目印に灌木帯の斜面を登ると笹原の三角点山頂に出る。

3-13.
点名 **七時雨山**（ななしぐれやま） 山名 **七時雨山**

標高　1059.89m
基準点コード　TR16041008801
選点　明治29年（1896）　　地上埋設
1/5万図名　荒屋
北緯　　40°04′15″.5576
東経　141°06′30″.2252
所在地　八幡平市関沢山国有林関沢山[*1]
三角点道　IGRいわて銀河鉄道奥中山高原駅から県道30号線を走り、田代高原に駐車。牧草地を登り八合目で視界が開け、笹原道を登り三角点の北峰山頂に出る。南峰には獅子頭が祀られている。

3-14.
点名 **高倉山**（たかくらやま） 山名 **高倉山**

標高　1051.27m　中難度
基準点コード　TR16040078301
選点　明治30年（1897）　　地上埋設
1/5万図名　田山
北緯　　40°04′05″.7047
東経　140°55′22″.7394
所在地　八幡平市兄川1番1[*1]
三角点道　花輪線安比高原駅から国道282号線を走り、細野から黒森林道に入り登山口に駐車。地道の悪い登山道に入り、山菜採りの小道に注意して藪のトンネル道を抜け灌木林に囲まれた山頂に出る。

3-15.
点名 **石上山**(いしがみさん)　山名 **石上山**

標高　1037.34m
基準点コード　TR15941034601
選点　未記入　　地上埋設
1/5万図名　大迫
北緯　39°22′26″.7605
東経　141°27′23″.1128
所在地　遠野市綾織町国有林287林班[*1]
三角点道　釜石線綾織駅から砂子沢川沿いの登山者用駐車場に駐車。杉林を歩き籠堂小屋に着き、小屋から鎖場と鉄ハシゴを登り高度を上げて山頂に出て、更に山頂からやせ尾根を歩き三角点に出る。

3-16.
点名 **和黒森山**(わぐろもりやま)　山名 **黒森**(くろもり)

（▲ 西和賀町湯田）

標高　944.27m　高難度
基準点コード　TR15940061901
選点　明治30年(1897)　地上埋設
1/5万図名　新町
北緯　39°20′53″.7886
東経　140°52′06″.1683
所在地　和賀郡湯田町▲大字大石字後ロ山[*1]
三角点道　北上線和賀仙人駅から当楽沢沿いの林道を走り、ゲート前に駐車。長い林道を歩き180度廻り込み終点に着く。登山道はなく尾根筋のわずかな踏み跡を辿り手強い藪を漕いで山頂に出る。

3-17.
点名 **東根山**(あずまねやま)　山名 **東根山**

標高　927.88m
基準点コード　TR15941300401
選点　明治30年(1897)　地上埋設
1/5万図名　日詰
北緯　39°35′14″.4616
東経　141°03′35″.1567
所在地　紫波郡紫波町南伝法寺字田沢[*1]
三角点道　東北本線日詰駅から県道46号線で升沢へ走り、ラフランス温泉横の駐車場に駐車。整備された広い登山道を歩いて「一の平」と「一本杉」を辿って、蛇石展望台から三角点山頂に出る。

3-18.
点名 室根山（むろねさん）　山名 室根山

標高　894.65m
基準点コード　TR15841337501
選点　明治29年（1896）　地上埋設
1/5万図名　千厩　　本点
北緯　38°58′30″.6990
東経　141°26′50″.0948
所在地　一関市室根町大字折壁字室根*1
三角点道　大船渡線折壁駅から案内板を見て、きらら天文台に向かい駐車場に駐車。天文台から砂利道を登り、太平洋が一望できる広々とした山頂に出る。眼下に天文台のドームがよく見える。

3-19.
点名 種山（たねやま）　山名 物見山（ものみやま）

標高　869.94m
基準点コード　TR15841634201
選点　明治29年（1896）　地上埋設
1/5万図名　人首　　本点
北緯　39°12′04″.1164
東経　141°24′06″.2079
所在地　気仙郡住田町世田米字子飼沢*1
三角点道　東北新幹線水沢江刺駅から国道397号線を走り、道の駅「種山ヶ原」から林道に入り遊休ランド種山の駐車場に駐車。森林公園の散策路を歩き、草地広場から三角点がある広い山頂に出る。

3-20.
点名 折詰岳（おりつめだけ）　山名 折爪岳（おりつめだけ）

標高　851.94m
基準点コード　TR16041322901
選点　明治29年（1896）　地上埋設
1/5万図名　一戸
北緯　40°16′07″.5361
東経　141°22′28″.1298
所在地　二戸市福岡字織詰26番19
三角点道　IGRいわて銀河鉄道二戸駅から県道24号線を走り、尻子内で林道に入り、折爪岳キャンプ場の山頂に駐車。駐車場前の高い展望台から灌木林に入り、電波塔が林立する三角点山頂に出る。

3-21.
点名　紫黒森山（しぐろもりやま）　山名　黒森山

標高　836.73m
基準点コード　TR15941322201
選点　明治30年（1897）　　　地上埋設
1/5万図名　早池峰山
北緯　39°36′13″.3933
東経　141°16′39″.5597
所在地　盛岡市大ヶ生14地割1番3
三角点道　東北本線矢幅駅から県道208号線で乙部川沿いを走り、虫壁コースの道標で駐車場に駐車。林道を歩き登山口で沢に入り渡渉を繰り返し急登で尾根に乗り、平坦な尾根を辿り山頂に出る。

3-22.
点名　和更比山（わさらびやま）　山名　男和佐羅比山（おわさらびやま）

標高　813.52m
基準点コード　TR16041065001
選点　明治33年（1900）　　　地上埋設
1/5万図名　陸中野田　　本点
北緯　40°02′58″.8200
東経　141°45′30″.5307
所在地　九戸郡野田村大字野田字和佐[1]
三角点道　八戸線久慈駅から県道7号線を走り、玉沢から林道に入り和佐羅比峠に駐車。長い林道を歩き電波塔のある山頂部に出る。三角点は更に一段高い所に天測点とあり、太平洋を望むことが出来る。

3-23.
点名　十二神山（じゅうにじんやま）　山名　十二神山（じゅうにしんざん）

標高　730.52m　基地内
基準点コード　TR15941274701
選点　明治29年（1896）　　　地上埋設
1/5万図名　宮古　　本点
北緯　39°32′18″.8843
東経　141°58′29″.5928
所在地　下閉伊郡山田町大字豊間根[1]
三角点道　山田線陸中山田駅から国道45号線を走り、山田町の自衛隊山田分屯基地ゲートに。事前手続きの上ゲートから電話連絡して事務所で確認後、案内されてレーダードーム近傍の三角点に着く。

3-24.
点名 **束稲山**(たばしねやま) 　山名 **束稲山**

標高　594.94m
基準点コード　TR15841411401
選点　明治21年(1888)　　地上埋設
1/5万図名　水沢　　本点
北緯　39°00′46″.3943
東経　141°11′02″.3133
所在地　一関市東山町田河津字袴腰1*1
三角点道　東北本線前沢駅から県道237号線を走り、音羽山近くの広場に駐車。県道を歩き、電波塔管理道路を登り、電波塔が林立している束稲山山頂に出る。桜の名所で展望がよい。

3-Lo. 岩手県で最も低い一等三角点
点名 **生城寺**(しょうじょうじ)　山名 **（なし）**

標高　108.82m
基準点コード　TR15841600601
選点　明治26年(1893)　　地上埋設
1/5万図名　北上
北緯　39°10′15″.6357
東経　141°05′08″.1568
所在地　胆沢郡金ヶ崎町永栄西柏山3番1
三角点道　東北本線水沢駅から国道4号線を北上し、県道235号線を走る。胆沢川橋を渡り生城寺から社の裏に回り、青少年の家キャンプ場駐車場に駐車。裏山に登り柏山館跡地の三角点に出る。

《三角測量で使う基線とは？》

　三角測量はすでに判明している一辺と両端の二角の値とによって三角形を確定する方法であるが、**基線**とはその三角測量に使う最初の三角形の一辺を指し、可能な限り平坦かつ見通しが利く土地が選定される。基線の測定には**基線尺**という物差しで数kmの直線を正確に測定するが、最初の測量が終わった段階で、**基線の両端には一等三角点が設置される**。日本で最初に設定された基線が神奈川県相模原市と座間市にまたがる「**相模野基線**」で、明治15年(1882年)に参謀本部により全国統一を目指す基線として設定された。そして、その基線の長さは5209.9697mと算出されている。
　現在、全国に設置されている基線の数は、1 **相模野**(神奈川県)・2 **三方原**(静岡県)・3 **饗庭野**(滋賀県)・4 **西林村**(徳島県)・5 **天神野**(鳥取県)・6 **久留米**(福岡県)・7 **笠野原**(鹿児島県)・(→P.184)・8 **塩野原**(山形県)・9 **須坂**(長野県)・10 **鶴児平**(青森県)・11 **札幌**(北海道)・12 **薫別**(北海道)・13 **聲問**(北海道)・14 **沖縄**(沖縄県)の14箇所となっている。

4　宮城県

*1 「点の記」にはこの後にも記載があるが本書では省略した。

1. 県内の一等三角点は14点で、標高500m以上が5点ある。
2. 県内で最も高い一等三角点は屏風岳1816.83mで、樹氷で有名な宮城蔵王にある。
3. 県内で最も低い一等三角点は姉歯村73.41mで、栗原市金城にある。

4-01. 宮城県の最も高い一等三角点

点名　**屏風岳**（びょうぶ だけ）　　山名　**屏風岳**

標高　　1816.83m
基準点コード　TR15740131801
選点　明治24年(1891)　　地上埋設
1/5万図名　上山　　本点
北緯　　38°05′39″.8930
東経　　140°28′34″.8516
所在地　刈田郡蔵王町字遠刈田温泉*1
三角点道　東北本線東白石駅から県道12号線を走り、蔵王エコーラインの刈田峠に駐車。木道を歩いて前山から杉ヶ峰とキンコウカが咲く芝草平の稜線を辿り山頂に出る。宮城県側の展望が良い。

4-02.

点名　**大東山**（おおあづまやま）　　山名　**大東岳**（だいとうだけ）

標高　　1365.42m
基準点コード　TR15740346101
選点　明治25年(1892)　　地上埋設
1/5万図名　川崎
北緯　　38°18′07″.7253
東経　　140°31′24″.8275
所在地　仙台市太白区秋保町馬場岳山*1
三角点道　仙山線陸前白沢駅の西、県道457号、62号線を走り、二口温泉の登山口駐車場に駐車。沢筋の渡渉を繰り返し、表コースに入る。八合目の「鼻こすり」を急登して平坦道を辿り山頂に出る。

4-03.
点名 花淵山(はなぶちやま) 山名 花淵山

標高　984.59m
基準点コード　TR15840151401
選点　明治21年(1888)　　地上埋設
1/5万図名　鳴子
北緯　　38°45′30″.0428
東経　140°40′46″.0465
所在地　大崎市鳴子温泉尿前字花淵岳[*1]
三角点道　陸羽東線鳴子温泉駅から国道108号線を走り、オニコウベスキー場に駐車。ゴンドラに乗り鍋倉山から大柴自然散策路を歩き大柴山を経て、一旦下って長く登り返した先が花淵山。

4-04.
点名 手倉山(てくらさん) 山名 手倉山

標高　671.50m
基準点コード　TR15640566301
選点　明治24年(1891)　　地上埋設
1/5万図名　相馬中村　　本点
北緯　　37°48′01″.6662
東経　140°47′35″.7062
所在地　伊具郡丸森町大字大内字青葉[*1]
三角点道　常磐線相馬駅から県道228号線を走り、旗巻峠から青葉温泉を経て、林道で黒佐野から横森を経由して手倉山の電波塔が立ち並ぶ山頂近くに駐車。一段上った小高い所が三角点。

4-05.
点名 田束山(たつかねやま) 山名 田束山(たつがねさん)

標高　511.37m
基準点コード　TR15841039701
選点　明治21年(1888)　　地上埋設
1/5万図名　志津川
北緯　　38°44′59″.5258
東経　141°28′01″.0301
所在地　本吉郡南三陸町歌津字樋の口[*1]
三角点道　気仙沼線歌津駅から県道236号線を走り、上沢の先から林道に入り田束山公園の駐車場に駐車。公園レストハウス裏の小高い所に登り、リアス式海岸や金華山が見える三角点山頂に出る。

4-Lo. 宮城県で最も低い一等三角点

点名 **姉歯村**（あねはむら）　山名（なし）

標高　73.41m
基準点コード　TR15841104401
選点　明治21年（1888）　　地上埋設
1/5万図名　若柳
北緯　38°47′07″.2393
東経　141°03′36″.8850
所在地　栗原市金成字梨崎南沢22番113
三角点道　東北本線石越駅から県道4号線を走り、東北自動車道若柳金城ICの沢辺から梨崎に入り駐車。林道を歩きため池の間を抜けて、灌木帯の踏み跡を辿り木々に囲まれた三角点山頂に出る。

《「点の記」と「点名」とはなにか？》

　三角点にはその等級に関係なく、「点の記」というのがある。人間でいうと、戸籍謄本のようなものである。「点の記」の中には三角点の所在地やその土地の所有者、いつこの場所を選んだとか、そこに至る経路や選んだ担当者の名前などが書かれている。

　人にはすべて名前があるように、三角点にもすべて名前がつけられている。それが「**点名**」である。人間が自分の子供に名前をつける場合は、一般に字数や占いなどによることが多いが、三角点につける名前つまり「点名」は、担当者が「その場所を代表する地名」でつけるのが習わしである。ただし、人と違って同じ名前はつけられない。それはある地域の地形図内で同じ名前の三角点があると間違う恐れがあるからだ。なお「点の記」の入手は、国土地理院のホームページ「基準点成果等閲覧サービス」を通じて申し込むことができる。

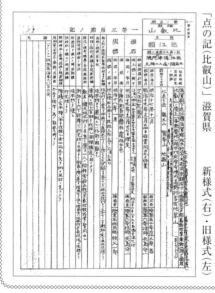

「点の記（比叡山）」滋賀県　新様式（右）・旧様式（左）

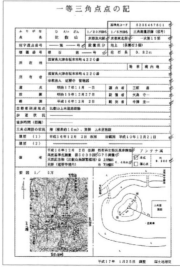

5 秋田県

*1 「点の記」にはこの後にも記載があるが本書では省略した。

1. 県内の一等三角点は24点で、標高500m以上が16点ある。
2. 県内で最も高い一等三角点は男女岳1637.09mで、十和田八幡平国立公園の南端にある。
3. 県内で最も低い一等三角点は赤山123.17mで、秋田市浜田の大森公園にある。

5-01. 秋田県で最も高い一等三角点
点名 駒ヶ岳（こまがたけ）　山名 男女岳（おなめだけ）

標高　1637.09m
基準点コード　TR15940561301
選点　明治30年(1897)　地上埋設
1/5万図名　雫石
北緯　39°45′39″.9488
東経　140°47′57″.7705
所在地　仙北市田沢湖町生保内[*1]
三角点道　秋田新幹線田沢湖駅から県道127号線を走り、終点の八合目駐車場に駐車。登山道は整備され、道標に従い阿弥陀池の木道を歩くと、避難小屋を経て横木階段上の展望のよい山頂に出る。

5-02.
点名 森吉山（もりよしざん）　山名 森吉山

(▲ 北秋田市阿仁)

標高　1454.21m
基準点コード　TR15940747301
選点　明治28年(1895)　地上埋設
1/5万図名　森吉山　本点
北緯　39°58′36″.3098
東経　140°32′39″.0257
所在地　北秋田郡阿仁町▲大字戸鳥内[*1]
三角点道　秋田内陸縦貫鉄道阿仁前田駅から県道309号線を走り、様田で林道に入り阿仁ゴンドラ山麓駅に駐車。ゲレンデから雲嶺峠を経て森吉神社、冠岩、阿仁避難小屋を辿り展望のよい山頂に出る。

5-03.

点名 田代山(たしろさん)　山名 田代岳(たしろだけ)

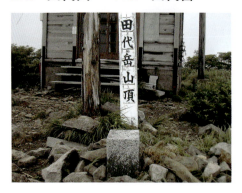

標高　　1177.87m
基準点コード　　TR16040531201
選点　明治28年(1895)　　地上埋設
1/5万図名　　田代岳　　本点
北緯　　40°25′42″.5502
東経　　140°24′31″.8347
所在地　　大館市早口字早沢外3国有林[*1]
三角点道　　奥羽本線白沢駅から県道68号線を走り、越山から林道に入り五色の滝を経て荒沢登山口に駐車。道標で沢コースに入り九合目で視界が開け湿原に出て、更に湿原の木道を急登し山頂に出る。

5-04.

点名 太平山(たいへいざん)　山名 太平山

標高　　1170.43m
基準点コード　　TR15940525401
選点　明治28年(1895)　　地上埋設
1/5万図名　　太平山　　本点
北緯　　39°47′49″.1694
東経　　140°18′38″.4650
所在地　　秋田市大字太平山谷字谷山21[*1]
三角点道　　秋田新幹線秋田駅から県道15号線を走り、旭川ダムから旭又キャンプ場に入り駐車。林道を歩き御手洗からブナ坂を登り尾根に乗り、笹原を辿り三吉神社奥宮社殿がある山頂に出る。

5-05.

点名 大佛岳(だいぶつだけ)　山名 大仏岳

標高　　1166.67m
基準点コード　　TR15940547101
選点　明治30年(1897)　　地上埋設
1/5万図名　　田沢湖
北緯　　39°48′49″.1287
東経　　140°30′56″.3105
所在地　　仙北郡西木村▲大字上桧木内(ひたちない)[*1]
三角点道　　秋田内陸縦貫鉄道比立内駅から県道308号線を走り、小岱倉沢(こだいくらざわ)の林道に入り登山口に駐車。ブナ林を登り数箇所の分岐道をしっかりとした踏み跡を辿り、三つの沼池を経て三角点山頂に出る。

(▲ 仙北市西木町)

5-06.
点名 丁岳(ひのとだけ)　山名 丁岳

標高　　1145.57m　　要健脚
基準点コード　　TR15840413701
選点　　明治27年(1894)　　地上埋設
1/5万図名　　鳥海山　　本点
北緯　　39°01′55″.2783
東経　　140°13′09″.5999
所在地　　由利本荘市鳥海町大字上笹子[*1]
三角点道　　奥羽本線院内駅から国道108号線を走り、笹子で丁川(ひのと)沿いの林道に入り大平キャンプ場登山口に駐車。橋を渡り北尾根に取り付く一本調子の厳しい登りが続き、露岩を越えて山頂に出る。

5-07.
点名 白地山(しろぢやま)　山名 白地山(しらじさん)

標高　　1034.13m
基準点コード　　TR16040563301
選点　　明治30年(1897)　　地上埋設
1/5万図名　　十和田湖
北緯　　40°26′49″.9749
東経　　140°47′17″.3886
所在地　　鹿角郡小坂町荒谷外2[*1]
三角点道　　十和田湖の発荷峠から県道2号線を走り、鉛山峠登山口に駐車。灌木帯の木道を歩き展望台からミソナゲ峠に着き、紫名亭展望台を経て、笹地の平坦な稜線から湿原を歩き山頂に出る。

5-08.
点名 中岳(ちゅうだけ)　山名 中岳

標高　　1024.18m
基準点コード　　TR16040279501
選点　　明治28年(1895)　　地上埋設
1/5万図名　　花輪　　本点
北緯　　40°14′45″.6807
東経　　140°56′39″.7248
所在地　　鹿角市大字花輪字柴内山国有[*1]
三角点道　　東北本線三戸駅から国道104号線を走り、道前で杉倉川沿いの花木ダム登山口に駐車。ブナ林を急登し鞍部に乗り、稜線を北に進み四角岳で西に大きく下り登り返して中岳の三角点に出る。

5-09.
点名 **烏帽子岳**（えぼしだけ）　山名 **烏帽子山**

標高　954.27m
基準点コード　TR15840430201
選点　明治28年（1895）　　地上埋設
1/5万図名　湯沢
北緯　39°00′13″.4666
東経　140°24′19″.7857
所在地　湯沢市矢込沢
三角点道　奥羽本線院内駅から湯ノ沢川沿いを走り、湯ノ沢温泉手前の駐車場に駐車。道標で樹林帯に入りジグザグに高度を稼ぎ、山頂直下から藪の中の踏み跡を辿り急登で展望のよい山頂に出る。

5-10.
点名 **長場内山**（おさばないやま）　山名 **長場内岳**（おさばないだけ）

標高　945.76m　高難度
基準点コード　TR16040414501
選点　明治30年（1897）　　地上埋設
1/5万図名　中浜
北緯　40°22′17″.7387
東経　140°11′26″.7338
所在地　山本郡藤里町大字粕毛[1]
三角点道　奥羽本線二ツ井駅から県道322号線を走り、大野岱（おおのだい）で四ツ滝林道に入り途中に駐車。林道終点の道標から山腹を横断し杉林の沢筋に入り藪を漕いで、わずかな踏み跡を辿り三角点山頂に出る。

5-11.
点名 **黒森**（くろもり）　山名 **黒森山**

（▲ 美郷町六郷東根）

標高　762.98m
基準点コード　TR15940055001
選点　明治28年（1895）　　地上埋設
1/5万図名　六郷
北緯　39°22′42″.6650
東経　140°37′43″.3076
所在地　仙北郡六郷町▲大字六郷東根[1]
三角点道　奥羽本線飯詰駅の東にある県道1号線を走り、黒森峠に駐車。登山口の鳥居をくぐり登山道に入り、下草が刈り払われた道が続く展望のよい山頂に出る。山頂には展望台と黒森山神社がある。

5-12.
点名 **男鹿島**（おがしま）　山名 **本山**（ほんざん）

（▲ 男鹿市北浦安全寺）

標高　715.02m　基地内
基準点コード　TR15939668001
選点　昭和38年（1963）　地上埋設
1/5万図名　船川　本点
北緯　39°54′24″.6273
東経　139°45′13″.5808
所在地　男鹿市大字安全寺▲字柳沢3番地
三角点道　男鹿線羽立駅から国道101号線を走り、男鹿中学校で本山への林道に入り航空自衛隊加茂分屯基地に向かう。三角点は基地内にあり事前申請と許可が必要。三角点はレーダードームの近く。

5-13.
点名 **姫ヶ岳**（ひめがたけ）　山名 **姫ヶ岳**

（▲ 北秋田市阿仁吉田）

標高　650.60m
基準点コード　TR16040020901
選点　明治30年（1897）　地上埋設
1/5万図名　阿仁合
北緯　40°00′00″.5656
東経　140°22′19″.4417
所在地　北秋田郡阿仁吉田（あにあい）▲外1[*1]
三角点道　秋田内陸縦貫鉄道阿仁合駅から国道105号線を走り、吉田で林道に入り吉田堤にて林道支線に駐車。林道を歩き終点の登山口に着き、樹林帯の中を登り小さな祠と三角点がある山頂に出る。

5-14.
点名 **笹森山**（ささもりやま）　山名 **笹森山**

（▲ 由利本荘市赤田）

標高　594.49m
基準点コード　TR15940018301
選点　明治27年（1894）　地上埋設
1/5万図名　本荘
北緯　39°24′18″.6491
東経　140°09′56″.8126
所在地　本荘市▲大字赤田字滝の上1番[*1]
三角点道　羽越本線羽後岩谷駅の県道69号線を走り、二夕又から赤田川沿いの登山口に駐車。五合目の毘沙門天を経て道は尾根に出て、ブナ林の中を登り東光山で一旦下り、登り返すと山頂に出る。

5-15.
点名 高森山(たかもりやま) 山名 高森(たかもり)

標高　592.68m　中難度
基準点コード　TR16040350101
選点　明治30年(1897)　　地上埋設
1/5万図名　大館
北緯　40°15′23″.2485
東経　140°38′47″.0188
所在地　大館市比内町猿間▲字砥沢国有[*1]
三角点道　奥羽本線大館駅から県道2号線を走り、新沢で大新沢林道の入口に駐車。林道は崩壊し高巻きを繰り返し5km先の取り付き地点へ進む。沢を渡り藪漕ぎで急登し尾根筋を辿り展望のない三角点に出る。

(▲ 大館市猿間)

5-16.
点名 小国巾山(おぐにはばやま) 山名 (無名峰)

標高　516.27m
基準点コード　TR15840609001
選点　明治28年(1895)　　地上埋設
1/5万図名　矢島
北緯　39°14′58″.7452
東経　140°00′29″.8708
所在地　にかほ市小国字大井戸1番10
三角点道　羽越本線仁賀保駅から県道32号線を走り、大堤の先で林道に入り仁賀保キャンプ場に向かい、途中右側に見える電波塔近くに駐車。電波塔に向かって牧草地を進むと電波塔前に三角点がある。

5-Lo.　秋田県で最も低い一等三角点
点名 赤山(あかやま) 山名 大森山(おおもりやま)

標高　123.17m
基準点コード　TR15940309501
選点　明治28年(1895)　　地上埋設
1/5万図名　羽後和田
北緯　39°39′56″.8527
東経　140°04′25″.9541
所在地　秋田市大字浜田字大森山
三角点道　羽越本線新屋駅から国道7号線沿いの大森山公園の駐車場に駐車。公園は市民向けの総合公園で遊園地、展望台、広場等あり、南へ向かうと展望台広場の小高い丘に三角点がある。

6　山形県

*1 「点の記」にはこの後にも記載があるが本書では省略した。

1. 県内の一等三角点は21点で、標高500m以上が13点ある。
2. 県内の最も高い一等三角点は七高山2229.02mで、出羽富士、秋田富士の名で親しまれている。
3. 県内の最も低い一等三角点は飯森山41.55mで、飯森山文化公園のサークル内にある。
   同じ点名の飯森山1595.39mが西置賜郡飯豊町にもある。

6-01. 山形県で最も高い一等三角点
点名　鳥海山（ちょうかいさん）　　山名　七高山（しちこうさん）

標高　　2229.02m
基準点コード　TR15840501401
選点　明治28年（1895）　地上埋設
1/5万図名　鳥海山
北緯　　39°05′58″.2343
東経　140°03′04″.6574
所在地　飽海郡遊佐町大字吹浦字鳥海*1
三角点道　羽越本線吹浦駅から県道210号線を走り、鉾立登山口に駐車。鳥居をくぐり整備された登山道で、御浜小屋から文珠岳経由で七高山の三角点に出る。日本海に投影する影鳥海は一見の価値。

6-02.
点名　月山（がっさん）　　山名　月山

標高　　1979.82m
基準点コード　TR15740605201
選点　明治28年（1895）　地上埋設
1/5万図名　月山
北緯　　38°32′58″.0413
東経　140°01′37″.3206
所在地　東田川郡庄内町大字立谷沢*1
三角点道　山形自動車道月山ICから旧国道112号、県道114号線を走り、月山リフト下駅に駐車する。リフト上駅から木道を歩き牛首から岩場道を登り神社のある山頂に出る。三角点は祠の奥にある。

6-03.
点名 以東ヶ岳（いとうがたけ）　山名 以東岳（いとうたけ）

標高　1771.92m
基準点コード　TR15739461701
選点　明治28年（1895）　　地上埋設
1/5万図名　大鳥池　　本点
北緯　　38°20′34″.6346
東経　139°50′56″.6246
所在地　鶴岡市大字大鳥字深谷現[1]
三角点道　山形自動車道庄内あさひICから県道349号線を走り、高岡で林道に入り泡滝（あわたき）ダムに駐車。吊り橋を2度渡り急登して大鳥池に。小屋から尾根をひたすらに高度を稼ぎ展望のよい山頂に出る。

6-04.
点名 飯森山（いいもりやま）　山名 飯森山（いいもりさん）

標高　1595.39m
基準点コード　TR15639577401
選点　明治25年（1892）　　地上埋設
1/5万図名　熱塩
北緯　　37°48′49″.8901
東経　139°55′32″.1607
所在地　西置賜郡飯豊町広河原見立外[1]
三角点道　磐越西線喜多方駅から県道333号線を走り、日中ダムの駐車場に駐車。道標で登山口からすぐに急登して地蔵で視界が開ける。厳しく長い登り下りを繰り返し湿地帯から急登して山頂に出る。

6-05.
点名 舟形山（ふながたやま）　山名 船形山

標高　1500.12m
基準点コード　TR15740544901
選点　明治21年（1888）　　地上埋設
1/5万図名　関山峠　　本点
北緯　　38°27′19″.6076
東経　140°37′11″.5184
所在地　尾花沢市大字鶴子字御所山[1]
三角点道　東北自動車道大和ICの西の県道147号線を走り、旗坂のキャンプ場の先、小荒沢沿いの大滝キャンプ場に駐車。登山口からブナ林を急登し尾根に乗り、尾根筋の御来光岩を辿り山頂に出る。

6-06.
点名 葉山(はやま)　山名 葉山

標高　1462.06m
基準点コード　TR15740613601
選点　明治26年(1893)　地上埋設
1/5万図名　月山　本点
北緯　38°31′45″.3438
東経　140°12′37″.8802
所在地　村山市大字山ノ内字三町平[*1]
三角点道　山形自動車道西川ICから国道458号線を走り、十部一峠から林道に入り登山口に駐車。沢筋を登り尾根に乗ってトンボ沼から奥の院へ急登し稜線に乗る。更に稜線を辿り山頂に出る。

6-07.
点名 三躰山(さんたいさん)　山名 合地峰(がっちみね)

標高　1293.25m　高難度
基準点コード　TR15739176001
選点　明治28年(1895)　地上埋設
1/5万図名　手ノ子
北緯　38°08′13″.0586
東経　139°53′14″.3563
所在地　長井市大字寺泉字合地沢[*1]
三角点道　米坂線羽前椿駅から県道10号、252号線を走り、管野ダムを過ぎて合地沢のヘアピンカーブ付近に駐車。送電線鉄塔から尾根を目指して急登し、三角点手前のガレ場を左に進み山頂に出る。

6-08.
点名 火打岳(ひうちだけ)　山名 火打岳

標高　1237.76m
基準点コード　TR15840230501
選点　明治21年(1888)　地上埋設
1/5万図名　羽前金山　本点
北緯　38°50′24″.7553
東経　140°26′54″.5032
所在地　新庄市大字萩野字伽室外2[*1]
三角点道　山形新幹線新庄駅から県道307号線を走り、火打新道口に駐車。吊り橋を渡り一の坂を急登し二の坂で視界が開け、続く三の坂で西火打の尾根に出て一旦下り登り返し展望のよい山頂に出る。

6-09.
点名 **麻耶山**(まやさん)　山名 **摩耶山**(まやさん)

標高　1019.84m
基準点コード　TR15739652801
選点　明治28年(1895)　　地上埋設
1/5万図名　温海
北緯　38°31′12″.6981
東経　139°43′40″.2632
所在地　鶴岡市大字越沢字郷清水*1
三角点道　羽越本線鼠ヶ関駅から国道345号線を走り、関川登山口に駐車。林間コースを採り、避難小屋を経てロープが設置された鼻くぐり坂を急登し、六体地蔵と奥の院を見ながら三角点山頂に出る。

6-10.
点名 **白鷹山**(しらたかやま)　山名 **白鷹山**

標高　986.60m
基準点コード　TR15740217301
選点　明治21年(1888)　　地上埋設
1/5万図名　荒砥　　本点
北緯　38°13′36″.2744
東経　140°09′53″.0923
所在地　西置賜郡白鷹町大字中山字九*1
三角点道　山形新幹線山形駅の西、県道17号線を走り、県民の森から林道で嶽原登山口に駐車。鳥居からジグザグと登り虚空蔵神社の山頂に出る。三角点は北西に900m先の白鷹山レーダー脇にある。

6-11.
点名 **大洞山**(おおほらやま)　山名 **大洞山**

標高　737.20m
基準点コード　TR15740018701
選点　明治25年(1892)　　地上埋設
1/5万図名　赤湯
北緯　38°04′28″.3011
東経　140°12′55″.3035
所在地　東置賜郡高畠町大字二井宿*1
三角点道　奥羽本線中川駅の南、川樋から大洞の農道を走り、ゲート前に駐車。農道を歩き尾根に向かい急登すると大洞山と高ツムジ山の峠に乗る。更に北へ向かって尾根筋を急登すると三角点山頂。

6-12.
点名 　與蔵峠（よぞうとうげ）　　山名　（なし）

標高　　702.58m
基準点コード　　TR15840200901
選点　明治27年（1894）　　地上埋設
1/5万図名　清川　　本点
北緯　　38°50′07″.4134
東経　　140°06′46″.0016
所在地　　酒田市大字山元字奥山[*1]
三角点道　　奥羽本線羽前豊里駅から県道58号、315号線を走り、羽根沢温泉で山元林道に入り駐車。羽根沢登山口から与蔵沼の道を辿り、途中の「一等三角点」の道標に従い三角点の山頂に出る。

6-13.
点名　中之沢山（なかのさわやま）　　山名　出ヶ峰（だしがみね）

標高　　694.24m
基準点コード　　TR15639778101
選点　明治24年（1891）　　地上埋設
1/5万図名　玉庭
北緯　　37°59′20″.7182
東経　　139°53′58″.9096
所在地　　西置賜郡飯豊町大字高峯字柴[*1]
三角点道　　米坂線手ノ子駅から県道4号線を走り、白川ダムに向かい林道途中に駐車。林道を歩いて出ヶ峰の北側に急登して尾根に乗る。登山道で尾根筋を南に踏み跡を辿り狭い山頂の三角点に出る。

6-Lo.　山形県で最も低い一等三角点
点名　飯森山（いいもりやま）　　山名　飯森山

標高　　41.55m
基準点コード　　TR15839266601
選点　明治27年（1894）　　地上埋設
1/5万図名　酒田
北緯　　38°53′27″.1333
東経　　139°49′30″.9038
所在地　　酒田市大字宮野浦字飯森山下[*1]
三角点道　　陸羽西線酒田駅の南に飯森山文化公園がある。公園の道標に従い園内を歩いて飯森山山頂に出る。一等三角点には陶器製の説明板、近くには経緯度観測点や土門拳記念館等がある。

7 福島県

*1 「点の記」にはこの後にも記載があるが本書では省略した。

1. 県内の一等三角点は25点で、標高500m以上が22点ある。
2. 県内の最も高い一等三角点は会津駒ヶ岳2132.56mで、会津駒の名で親しまれている。
3. 県内の最も低い一等三角点は下神白46.25mで、いわき市小名浜の三崎公園にある。

7-01. 福島県で最も高い一等三角点
点名 岩駒ヶ岳(いわこまがたけ)　山名 会津駒ヶ岳(あいづこまがたけ)

標高　2132.56m
基準点コード　TR15539425801
選点　明治25年(1892)　地上埋設
1/5万図名　檜枝岐　本点
北緯　37°02′51″.3594
東経　139°21′13″.6716
所在地　南会津郡檜枝岐村大字檜枝岐(ひのえまた)[*1]
三角点道　会津鉄道会津高原駅から国道352号線を走り、桧枝岐温泉から林道で滝沢登山口に入り駐車。登山口の階段を登り樹林帯を急登し、水場を辿り駒の小屋を経て、湿原の木道を歩き山頂に出る。

7-02.
点名 飯豊山(いいでさん)　山名 飯豊山

(▲ 喜多方市山都町一ノ木)

標高　2105.15m　要健脚
基準点コード　TR15639652601
選点　明治24年(1891)　地上埋設
1/5万図名　飯豊山　本点
北緯　37°51′17″.3924
東経　139°42′25″.5953
所在地　喜多方市大字一ノ木▲字飯豊山[*1]
三角点道　磐越西線山都駅から県道459号、385号線を走り、途中で林道に入り終点の川入に駐車。原生林の長い尾根を登り地蔵山から三国岳を経て切合小屋で泊り、草履塚から飯豊山の三角点に出る。

7-03.
点名 吾妻山（あづまやま）　山名 一切経山（いっさいきょうやま）

標高　1949.10m
基準点コード　TR15640418901
選点　明治24年（1891）　　地上埋設
1/5万図名　吾妻山　本点
北緯　　37°44′07″.3115
東経　140°14′39″.6343
所在地　福島市大字町庭坂字空沢[*1]
三角点道　福島駅から県道70号線を走り、磐梯吾妻スカイラインの浄土平に駐車。横木階段を登り酢ガ平避難小屋を経て、噴火口を見ながら岩と砂礫のガレ場を登り、五色沼を望む山頂に出る。

7-04.
点名 七ッヶ岳（ななだけ）　山名 七ヶ岳（ななつがだけ）

（▲ 南会津町田島）

標高　1635.80m
基準点コード　TR15539554201
選点　明治25年（1892）　　地上埋設
1/5万図名　糸沢
北緯　　37°07′27″.4030
東経　139°39′26″.9350
所在地　南会津郡田島町▲糸沢七ヶ岳[*1]
三角点道　会津鉄道七ヶ岳登山口駅から七森橋を渡って林道を走り、羽塩登山口に駐車。程窪沢沿いの白樺の道を歩き途中の滝を経て尾根へ急登し、賽の河原を辿り展望はよいが狭い山頂に出る。

7-05.
点名 博士山（はかせやま）　山名 博士山

標高　1481.87m
基準点コード　TR15639053701
選点　明治24年（1891）　　地上埋設
1/5万図名　宮下　本点
北緯　　37°21′47″.3948
東経　139°42′53″.1032
所在地　大沼郡昭和村大字小野川字九[*1]
三角点道　只見線滝谷駅から県道32号線を走り、大成沢から林道に入り博士沢沿いから道海泣き尾根登山口に駐車。尾根に取り付き急登し石楠花洞門をくぐってやせ尾根を登り、展望のよい山頂に出る。

7-06.
点名 大戸山（おおとやま）　山名 大戸岳

標高　　1415.89m
基準点コード　TR15639070601
選点　明治25年（1892）　　地上埋設
1/5万図名　若松
北緯　　37°20′12″.2718
東経　139°57′11″.7765
所在地　会津若松市大戸町大字高川*1
三角点道　会津鉄道芦ノ牧温泉駅から林道に入り闇川に駐車。林道を歩いて大戸岳登山口から橋を渡り樹林帯の尾根を登り、水場から急登して風ノ三郎を経て、更に尾根筋を辿り展望のよい山頂に出る。

7-07.
点名 猫摩岳（ねこまだけ）　山名 猫魔ヶ岳（ねこまがだけ）

標高　　1403.64m
基準点コード　TR15640303201
選点　明治25年（1892）　　地上埋設
1/5万図名　磐梯山
北緯　　37°36′41″.9024
東経　140°01′42″.1754
所在地　耶麻郡北塩原村大字桧原字猫*1
三角点道　磐越西線磐梯町駅から磐梯山ゴールドラインを走り、八方台駐車場に駐車。道標に従ってブナ林の登山道を登り、尾根筋を辿り横木階段上で視界が開け露岩を登り展望のよい山頂に出る。

7-08.
点名 貍ヶ森（むじながもり）　山名 貉ヶ森山（むじながもりやま）

標高　　1315.05m
基準点コード　TR15639135201
選点　明治28年（1895）　　地上埋設
1/5万図名　只見
北緯　　37°27′59″.2642
東経　139°24′23″.0258
所在地　大沼郡金山町大字本名字御神*1
三角点道　只見線本名駅の本名ダムから新潟県に抜ける林道を走り、県境の塩ノ倉峠に駐車。雨量自動観測所から藪を漕いで尾根伝いで北峰に登り、主峰の方向へ更に、藪を漕いで三角点山頂に出る。

7-09.
点名　大博多山（だいはたやま）　　山名　大博多山（だいはかだやま）

標高　1314.84m
基準点コード　TR15539636901
選点　明治27年（1894）　　地上埋設
1/5万図名　小林
北緯　37°13′20″.9681
東経　139°29′35″.8700
所在地　南会津郡南郷村▲大字和泉田*1
三角点道　会津鉄道会津田島駅から国道289号、401号線を走り、青柳地区から久川沿いの林道終点に駐車。沢筋に入り尾根に向かって急登して、稜線から起伏を繰り返し展望のよい山頂に出る。

（▲ 南会津町和泉田）

7-10.
点名　栗子山（くりこやま）　　山名　栗子山

標高　1217.01m　中難度
基準点コード　TR15640624101
選点　明治24年（1891）　　地上埋設
1/5万図名　関
北緯　37°52′27″.6364
東経　140°16′11″.8823
所在地　福島市飯坂町大字茂庭字茂庭*1
三角点道　東北新幹線福島駅から国道13号線を走り、米沢スキー場から西の砕石林道に入って駐車。林道を栗子トンネルまで歩き、トンネル左側の踏み跡を辿って藪を漕いで灌木が茂る山頂に出る。

7-11.
点名　大滝根山（おおたきねやま）　　山名　大滝根山

標高　1192.10m　基地内
基準点コード　TR15640052601
選点　明治24年（1891）　　地上埋設
1/5万図名　常葉　本点
北緯　37°21′17″.6365
東経　140°42′05″.9917
所在地　田村郡常葉町▲大字早稲川*1
三角点道　磐越東線大越駅から県道112号線を走り、八升栗の先から自衛隊専用道路を走り基地正門に駐車。航空自衛隊大滝根山分屯基地に事前申請し許可を得る。隊員に案内されて三角点に着く。

（▲ 田村市常葉町）

7-12.
点名 高籏山（たかはたやま）　山名 高旗山

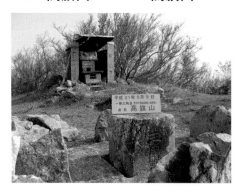

標高　967.93m
基準点コード　TR15640014601
選点　明治24年（1891）　　地上埋設
1/5万図名　猪苗代湖　　本点
北緯　　37°22′26″.4839
東経　140°12′15″.4935
所在地　郡山市三穂田町大字富岡字高[1]
三角点道　東北新幹線郡山駅から県道6号線を走り、山田原に向かい林道に入り源田温泉を経て登山口に駐車。鳥居をくぐり広く緩やかな登山道を登り三角点のある山頂に出る。山頂に天測点と祠がある。

7-13.
点名 蓬田岳（よもぎだだけ）　山名 蓬田岳

標高　951.95m
基準点コード　TR15540741201
選点　明治25年（1892）　　地上埋設
1/5万図名　小野新町
北緯　　37°15′56″.8758
東経　140°32′05″.1302
所在地　郡山市田村町大字糠塚字岳山[1]
三角点道　水郡線谷田川駅から国道49号線を走り、蓬田新田からジュピアランドへ向かい駐車場に駐車。登山口の鳥居から稜線手前の岩場を越え神社のある山頂に出る。三角点は先の電波塔の近く。

7-14.
点名 羽山（はやま）　山名 麓山（はやま）

標高　896.56m
基準点コード　TR15640247901
選点　明治24年（1891）　　地上埋設
1/5万図名　川俣
北緯　　37°33′46″.0084
東経　140°37′26″.6068
所在地　安達郡東和町▲大字戸沢字北羽[1]
三角点道　東北本線二本松駅から国道459号、349号線を走り、下田から林道に入り羽山神社の登山口に駐車。鳥居をくぐり百段坂を急登して羽山神社の山頂に出る。三角点はその先小高い草地にある。

（▲ 二本松市戸沢）

7-15.
点名 屹兎屋山（きっとややま）　山名 屹兎屋山（きっとやさん）

標高　874.64m
基準点コード　TR15540665901
選点　明治25年（1892）　　地上埋設
1/5万図名　川前
北緯　　37°12′38″.2456
東経　140°52′02″.8788
所在地　いわき市小川町大字上小川[*1]
三角点道　磐越東線小川郷駅から国道399号、県道249号線を走り、途中で屹兎屋山への林道に入りゲート前に駐車。電波塔管理道路を登り高い木々に囲まれた狭い山頂に出る。標石が標準より大きい。

7-16.
点名 半田山（はんだやま）　山名 半田山

標高　862.96m
基準点コード　TR15640636801
選点　明治24年（1891）　　地上埋設
1/5万図名　関
北緯　　37°53′13″.0216
東経　140°29′11″.1063
所在地　伊達郡桑折町大字北半田字行[*1]
三角点道　東北本線桑折駅から県道353号線を走り、半田から半田山自然公園に向かい登山口広場に駐車。道標に従い登山道の整備されたなだらかな道を登ると展望のよい山頂で、祠と三角点がある。

7-17.
点名 二ッ石山（ふたついしやま）　山名 二ッ石山

標高　750.75m
基準点コード　TR15540457901
選点　明治24年（1891）　　地上埋設
1/5万図名　平　　本点
北緯　　37°03′58″.6584
東経　140°44′54″.8075
所在地　いわき市遠野町上根本[*1]
三角点道　常磐線いわき駅から国道49号線を走り、入藪に向かい林道に入り駐車。林道を歩き灌木帯の尾根道を急登して、木々に囲まれ展望のない山頂に出る。標石が標準サイズより2cmほど大きい。

7-18.

点名 妙見山(みょうけんやま)　山名 妙見山

標高　674.54m
基準点コード　TR15540446201
選点　未記入　　地上埋設
1/5万図名　竹貫
北緯　37°03′28″.5711
東経　140°31′50″.1544
所在地　東白川郡鮫川村大字石井草[*1]
三角点道　水郡線磐城浅川駅から県道71号線を走り、鮫川村で林道に入り石井草川沿いの三角点妙見山入口の道標で駐車。道は民家の庭先道を経て、裏山への小道を登り木々に囲まれた三角点に出る。

7-19.

点名 日隠石(ひかげいし)　山名 日隠山(ひがくれやま)

標高　600.89m
基準点コード　TR15640076201
選点　明治25年(1892)　　地上埋設
1/5万図名　浪江
北緯　37°23′24″.1405
東経　140°54′15″.9737
所在地　双葉郡大熊町大字大川原字日[*1]
三角点道　常磐線大野駅から県道166号線を走り、坂下ダム湖の日隠山登山口に駐車。鳥居をくぐり植樹林の整備された登山道で啼き啼き坂を急登して、展望地から天狗岩を経て三角点山頂に出る。

7-20.

点名 女神山(めがみやま)　山名 女神山

標高　599.26m
基準点コード　TR15640445501
選点　明治25年(1892)　　地上埋設
1/5万図名　保原
北緯　37°42′30″.9709
東経　140°34′01″.8874
所在地　伊達郡月舘町▲大字上手渡字女[*1]
三角点道　福島駅から国道114号線を走り、羽田から県道269号線の案内板で登山口に駐車。桑畑の小径を歩き林道を横断して、樹林を抜けると視界が開け尾根筋を登って展望のよい山頂に出る。

(▲ 伊達市月舘町)

7-21.
点名 **鳥屋山**(とやさん)　山名 **鳥屋山**

標高　580.54m
基準点コード　TR15639350601
選点　明治25年（1892）　　地上埋設
1/5万図名　野沢
北緯　　37°35′04″.1684
東経　139°42′34″.7094
所在地　耶麻郡西会津町大字束松字鳥*¹
三角点道　磐越西線荻野駅から看板に従って鳥屋山への林道に入り駐車。漆窪登山口からカタクリの群生地を登り、林道を横断して展望台、水場を経て横木階段を登り展望のよい三角点山頂に出る。

7-22.
点名 **毘沙目木**(びしゃめき)　山名 **毘沙目木**(びしゃめぎ)

（▲ 南相馬市原町区片倉）

標高　522.70m
基準点コード　TR15640277101
選点　明治25年（1892）　　地上埋設
1/5万図名　原町
北緯　　37°33′57″.8396
東経　140°53′22″.3535
所在地　相馬郡小高町▲大字片倉字行津*¹
三角点道　常磐線原ノ町駅から県道34号線で大穴に走り、林道に入って奥の駐車場に駐車。大穴登山口から鳥居をくぐり樹林帯の登山道を登り、鉄塔展望所、懸の森のピークを経て三角点山頂に出る。

7-Lo.　福島県で最も低い一等三角点
点名 **下神白**(しもがじろ)　山名 **（なし）**

標高　46.25m
基準点コード　TR15540372301
選点　明治25年（1892）　　地上埋設
1/5万図名　小名浜
北緯　　36°56′18″.5490
東経　140°55′11″.8591
所在地　いわき市小名浜下神白字大作*¹
三角点道　常磐線泉駅から県道15号線を走り、小名浜の広い三崎公園に入り駐車。三角点は公園最上部のレストラン前の芝生広場にある。三角点標石は、標準サイズ18cmより2cmほど大きい。

8 茨城県

*1 「点の記」にはこの後にも記載があるが本書では省略した。

1. 県内の一等三角点は22点で、標高500m以上が6点ある。
2. 県内の最も高い一等三角点は八溝山1021.97mで、八溝山塊の主峰で久慈川の源流がある。
3. 県内の最も低い一等三角点は稲村20.48mで、取手市市役所敷地内にある。
4. つくば市に三角点などの基準点を管理する国土地理院があり、院内には「地図と測量の科学館」や筑波原点がある。

8-01. 茨城県で最も高い一等三角点
点名　八溝山（やみぞやま）　　山名　八溝山（やみぞさん）

標高　1021.97m
基準点コード　TR15540321101
選点　明治24年（1891）　　地上埋設
1/5万図名　塙　本点
北緯　36°55′48″.5426
東経　140°16′22″.7577
所在地　久慈郡大子町大字上野宮字八*1
三角点道　水郡線下野宮駅から県道28号、248号線を走り、八溝山頂直下の駐車場に駐車。駐車場から山頂の展望台が見え数分で広い山頂の八溝神社、お城風展望台、ケルン前の三角点に出る。

8-02.
点名　栄蔵室（えいぞうむろ）　　山名　栄蔵室

標高　881.32m
基準点コード　TR15540244801
選点　明治25年（1892）　　地上埋設
1/5万図名　川部
北緯　36°52′26″.8844
東経　140°36′11″.3393
所在地　北茨城市関本町大字小川字和*1
三角点道　常磐道高萩ICから県道111号線を走り、柳沢で林道に入ると各林道支線には鎖ゲートがあり、鎖の無い支線入口に駐車。支線を歩くと栄蔵室の道標があり、それに従い登ると三角点に出る。

8-03.
点名 筑波山(つくばさん)　山名 筑波山

標高　875.66m
基準点コード　TR15440207801
選点　明治11年(1878)　　地上埋設
1/5万図名　真壁　　本点
北緯　　36°13′31″.3961
東経　140°06′24″.1480
所在地　つくば市大字筑波1番地
三角点道　常磐道土浦北ICから国道125号、県道14号、42号線を走り、ロープウエー下に駐車。登山道が整備されしっかりした道で展望のよい山頂に出る。社裏の大岩に三角点が埋設されている。

8-04.
点名 頃藤(ころふじ)　山名 男体山(なんたいさん)

標高　653.67m
基準点コード　TR15540036301
選点　明治25年(1892)　　地上埋設
1/5万図名　大子
北緯　　36°43′27″.1460
東経　140°25′10″.8614
所在地　久慈郡大子町大字頃藤国有林[*1]
三角点道　水郡線西金駅から県道322号線を走り、湯沢温泉から林道に入り登山口に駐車。一般と健脚コースがあり、健脚コースで急峻な岩山に取り付き長い鎖場を登り展望のよい山頂に出る。

8-05.
点名 高鈴山(たかすずやま)　山名 高鈴山

標高　622.95m
基準点コード　TR15440744701
選点　明治25年(1892)　　地上埋設
1/5万図名　日立　　本点
北緯　　36°37′15″.5291
東経　140°35′16″.2225
所在地　日立市大字東河内町字高鈴[*1]
三角点道　常磐線日立多賀駅から県道37号線を走り、大平田で林道に入り山頂に駐車。一段高い広場の中央に三角点が頭を少し見せている。周辺には電波塔、雨量観測設備、天測点などがある。

8-06.

点名 吾国山（わがくにやま）　山名 吾国山（わがくにさん）

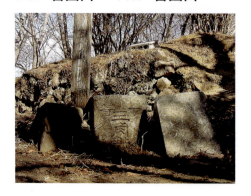

標高　518.23m
基準点コード　TR15440318601
選点　明治29年(1896)　　地上埋設
1/5万図名　真壁
北緯　36°19′18″.7154
東経　140°12′03″.9619
所在地　笠間市大字福原字田上6132番地
三角点道　水戸線笠間駅から県道42号線を走り、道祖神峠から林道経由で登山口に駐車。灌木で展望のない登山道を直登で高度を稼ぎ、田上神社に出る。神社は石垣に囲まれ、その間に三角点がある。

8-Lo.　茨城県で最も低い一等三角点

点名 稲村（いなむら）　山名 （なし）

標高　20.48m
基準点コード　TR15340609302
選点　昭和62年(1987)　　地上埋設
1/5万図名　龍ヶ崎
北緯　35°54′39″.7085
東経　140°02′58″.8100
所在地　取手市大字寺田5139番地
三角点道　常磐線取手駅から国道294号線を走り、取手市役所駐車場に駐車。市役所敷地内の取手総合ボランティア支援センター事務所前に、コンクリートと保護石に守られた三角点がある。

《登山とＧＰＳの活用》

　全地球測位システム（Global Positioning System）と呼ばれ、地球上を周回する24個の人工衛星を利用して現在の位置を測定するシステムのことである。現在では、自動車用カーナビゲーションとしてよく知られている。最近の登山者には、ハンディGPSを持ち歩き、その機能を活用している人が多く見かけられる。その機能は、GPSに目的地を入力しておくことで、画面の地図上に現在地や目的地の方向と距離、また歩いた軌跡などが表示される。三角点は時として草に覆われたり土に埋もれたり、別のピークに埋設されたりしていて設置場所が判らないことがある。このようなとき、GPSの経緯度表示値と本書に記載されている北緯と東経値を見比べ、表示値が本書記載の数値に近づくよう移動することで、目的の三角点を容易に見つけることができる。

　また、単独登山者のよきパートナーとして携帯し、帰宅後パソコンに接続して歩行経路や時間などを確認することで、各自の山行記録やアルバム作りを楽しむことができよう。

9　栃木県

*1 「点の記」にはこの後にも記載があるが本書では省略した。

1. 県内の一等三角点は11点で、標高500m以上が5点ある。
2. 県内の最も高い一等三角点は男体山2484.15mで、日光二荒山神社の御神体となっている。
3. 県内の最も低い一等三角点は磯山104.60mで、真岡市東大島の磯山公園にある。

9-01. 栃木県で最も高い一等三角点
点名　**男体山**（なんたいざん）　　山名　**男体山**（なんたいさん）

標高　2484.15m
基準点コード　TR15539131901
選点　明治25年（1892）　地上埋設
1/5万図名　男体山　本点
北緯　36°45′54″.5034
東経　139°29′26″.9840
所在地　日光市大字日光2478番地
三角点道　日光線日光駅から国道120号線を走り、二荒山神社に駐車。初穂料を払い参拝門から杉林内の舗装林道を直登して五合目で登山道に至り、ガレ場を急登し展望のよい山頂に出る。

9-02.
点名　**三倉山**（みくらやま）　　山名　**三本槍岳**（さんぼんやりだけ）

（▲ 那須塩原市板室）

標高　1916.90m
基準点コード　TR15539578601
選点　明治24年（1891）　地上埋設
1/5万図名　那須岳　本点
北緯　37°09′00″.5118
東経　139°57′41″.0902
所在地　黒磯市▲大字板室字大倉山ノ内*1
三角点道　東北本線黒磯駅から県道17号線を走り、那須岳登山口に駐車。鳥居をくぐって峰の茶屋跡から1900mピークに乗り、清水平に一旦下る。木道を歩き登り返して展望のよい山頂に出る。

9-03.
点名 高原山(たかはらやま) 山名 釈迦ヶ岳(しゃかがたけ)

標高　1795.04m
基準点コード　TR15539267201
選点　明治25年(1892)　　地上埋設
1/5万図名　塩原　　本点
北緯　　36°53′59″.8729
東経　139°46′36″.3379
所在地　塩谷郡塩谷町大字上寺島字釈[*1]
三角点道　東北本線矢板駅から県道30号、56号線を走り、八方ヶ原の大間々登山口に駐車。樹林帯の中を登り、剣が峰を経てシロヤシオが咲く登山道を登って釈迦尊像がある三角点山頂に出る。

9-04.
点名 羽賀場山(はがばやま) 山名 羽賀場山

標高　774.45m
基準点コード　TR15439755201
選点　明治25年(1892)　　地上埋設
1/5万図名　鹿沼
北緯　　36°37′40″.8252
東経　139°39′30″.4457
所在地　鹿沼市板荷ムジナアナ5845番地
三角点道　東武日光線新鹿沼駅から県道14号線を走り、手洗の長安寺先に駐車。杉林で暗い登山道を登り送電線鉄塔下で明るくなるが、再び暗い登山道をアップダウンして三角点だけの山頂に出る。

9-05.
点名 黒岩(くろいわ) 山名 大鳥屋山(おおとやさん)

標高　693.01m
基準点コード　TR15439547201
選点　明治26年(1893)　　地上埋設
1/5万図名　栃木
北緯　　36°28′33″.2889
東経　139°31′34″.6388
所在地　安蘇郡田沼町▲大字白岩字黒岩[*1]
三角点道　東武佐野線田沼駅から県道201号線を走り、小日向から宮原バス停で登山口に入り駐車。林道終点から暗い樹林帯に取り付き直登で稜線に乗り、なおも稜線を辿り木々が茂る山頂に出る。

(▲ 佐野市白岩町)

9-Lo. 栃木県で最も低い一等三角点

点名 磯山（いそやま）　山名 磯山

標高　104.60m
基準点コード　TR15440409101
選点　昭和54年(1979)　　地上埋設
1/5万図名　真岡
北緯　　36°24′45″.7065
東経　140°01′18″.2624
所在地　真岡市東大島字磯山1646
三角点道　真岡鉄道寺内駅から県道187号、186号線を走り、東大島地区の磯山公園に入り駐車。丘陵地全体が公園であるが、一番高い所が灌木林で道はなく、雑草に覆われた中に三角点がある。

《ICタグ付き三角点の効用》

　最近、標石の上面に小さな丸い金属標が埋め込まれた三角点を目にすることがある。この金属標はICタグと呼ばれ、キャッシュカードなどに貼り付けてある金属と同様なものである。このICタグには、三角点の観測や維持などを効率よく行うため、三角点の基準点コードや位置情報などを書き込んで記憶させている。したがって観測者がICタグリーダーを持ち移動すると、ICタグに書き込まれた情報がICタグリーダーに読み込まれ、三角点の所在位置を把握することができる。ICタグには、電源はなくてタグリーダーからの発信で情報を返送するタイプと、電源を内蔵して常に情報を発信しているタイプの二つがあるが、維持管理とコストの面から電源のないタイプが多用されている。将来このシステムが携帯GPSに組み込まれれば、効果的な三角点探索が可能となろう。
　写真は、岐阜県岐阜市にある如来ヶ岳の一等三角点「点名：檜峠」標石（→P.149）に埋め込まれているICタグの例である。

一等三角点「檜峠 276.00m」のICタグ

10　群馬県

*1「点の記」にはこの後にも記載があるが本書では省略した。

1. 県内の一等三角点は9点で、標高500m以上が7点ある。
2. 県内の最も高い一等三角点は武尊山2157.99mで、前武尊に日本武尊の像がある。
3. 県内の最も低い一等三角点は上城山197.80mで、根古屋城の城跡にある。
4. 原三角測点の白髪岩が一等三角点「赤久縄山」からほど近い所にあり、一見の価値がある（P.160）。

10-01．群馬県で最も高い一等三角点
点名　武尊山（ほたかさん）　山名　武尊山

標高　2157.99m
基準点コード　TR15539116001
選点　明治26年（1893）　地上埋設
1/5万図名　追貝
北緯　36°48′18″.6799
東経　139°07′57″.3631
所在地　利根郡川場村大字川場湯原*1
三角点道　上越線湯檜曽駅から県道63号線を走り、武尊橋から林道に入り武尊神社登山口に駐車。灌木林の沢筋から尾根を登り避難小屋から連続する鎖場を越えて、稜線を辿り展望のよい山頂に出る。

10-02．
点名　袈裟丸山（けさまるやま）　山名　袈裟丸山

（▲ みどり市東町）

標高　1878.28m
基準点コード　TR15439725601
選点　明治26年（1893）　地上埋設
1/5万図名　足尾
北緯　36°37′39″.6063
東経　139°19′45″.7951
所在地　勢多郡東村▲大字小中字袈裟丸*1
三角点道　わたらせ渓谷鉄道小中駅から県道268号線を走り、折場登山口に駐車。熊笹の中を登り賽の河原に着き、小丸山から避難小屋を経て熊笹と白樺が続く道を辿り展望のよい山頂に出る。

10-03.
点名 赤城山（あかぎやま）　山名 地蔵岳（じぞうだけ）

（▲ 前橋市富士見町）

標高　　　1674.00m
基準点コード　TR15439614401
選点　　　明治25年（1892）　　地上埋設
1/5万図名　沼田　　本点
北緯　　　36°32′27″.5972
東経　　　139°10′38″.4630
所在地　　勢多郡富士見村▲大字赤城山*1
三角点道　上越線渋川駅から国道353号、県道16号線を走り、小沼に駐車。熊笹が茂る木道をジグザグに登り、山頂に電波塔が林立する三角点に出る。山頂から大沼、赤城山最高峰黒檜山を望む。

10-04.
点名 赤久縄（あかくな）　山名 赤久縄山（あかぐなやま）

（▲ 神流町塩沢）

標高　　　1522.67m
基準点コード　TR15438167701
選点　　　明治26年（1893）　　地上埋設
1/5万図名　万場
北緯　　　36°08′37″.1607
東経　　　138°50′35″.8379
所在地　　多野郡万場町▲大字塩沢字赤*1
三角点道　八高線児玉駅から国道462号線の万場で塩沢峠に走り、御荷鉾（みかぼ）林道で赤久縄山登山口に駐車。灌木の茂る登山道をひと登りで三角点山頂に出る。2km程北には白髪岩原三角測点がある。

10-05.
点名 榛名富士（はるなふじ）　山名 榛名富士

（▲ 高崎市榛名山町）

標高　　　1390.54m
基準点コード　TR15438577001
選点　　　明治26年（1893）　　地上埋設
1/5万図名　榛名山
北緯　　　36°28′36″.9561
東経　　　138°52′41″.8278
所在地　　群馬郡榛名町▲大字榛名山*1
三角点道　上越線渋川駅から県道33号線を走り、榛名山ロープウェイ榛名高原駅に駐車。ロープウェイで榛名山頂駅に着く。整備された参道の階段を登り朱色の本殿があり展望のよい山頂に出る。

10-06.
点名 **子持山**（こもちやま）　山名 **子持山**

(▲ 渋川市小野子)

標高　1296.23m
基準点コード　TR15438771901
選点　明治26年（1893）　　地上埋設
1/5万図名　沼田
北緯　　36°35′31″.0468
東経　138°59′51″.6899
所在地　北群馬郡小野上村▲大字小野子[*1]
三角点道　上越線敷島駅から国道17号線を走り、伊熊で子持神社への林道に入り6号橋登山口に駐車。登山口から灌木の沢筋を登って獅子岩に至り、岩場を越えると切れ落ちた岩峰の山頂に出る。

10-07.
点名 **高田山**（たかだやま）　山名 **高田山**

標高　1212.15m
基準点コード　TR15438768201
選点　明治26年（1893）　　地上埋設
1/5万図名　中之条
北緯　　36°39′03″.6118
東経　138°46′39″.5058
所在地　吾妻郡中之条町大字四万[*1]
三角点道　吾妻線中之条駅から国道353号線を走り、駒岩公民館に駐車。登山口の柵を開き、杉林の中をジグザグに尾根に乗り、やせ尾根から谷川連峰が望める岩尾根を辿り展望のよい山頂に出る。

10-Lo.　群馬県で最も低い一等三角点
点名 **上城山**（かみじょうやま）　山名 **（無名峰）**

標高　197.80m
基準点コード　TR15439304101
選点　明治26年（1893）　　地上埋設
1/5万図名　高崎
北緯　　36°17′00″.2375
東経　139°01′23″.5017
所在地　高崎市山名町字赤岩山国有林[*1]
三角点道　上信電鉄山名駅西の山上碑古墳前駐車場に駐車。案内板に上城山の文字はなく城址が表記されている。樹林の中を城址まで万葉集の歌碑が立つ山道を歩き、広い城跡にある三角点に出る。

11　埼玉県

*1 「点の記」にはこの後にも記載があるが本書では省略した。

1. 県内の一等三角点は10点で、標高500m以上が2点ある。

2. 県内の最も高い一等三角点は城峯山1037.76mで、歴史と伝説が秘めいる。

3. 県内の最も低い一等三角点は根岸6.15mで、マンホールの中にある。

11-01. 埼玉県で最も高い一等三角点
点名　城峯山（じょうみねやま）　山名　城峯山

標高　1037.76m
基準点コード　TR15439101001
選点　明治26年（1893）　　地上埋設
1/5万図名　寄居
北緯　　36°05′51″.3043
東経　139°00′27″.5894
所在地　秩父郡皆野町大字上日野沢[1]
三角点道　八高線児玉駅から国道462号線で西へ走り、下久保ダムから城峯神社に向かい登山口に駐車。登山口からすぐによく整備された横木階段をひと登りして山頂に出る。山頂からの展望がよい。

11-02.
点名　堂平山（どうだいらやま）　山名　堂平山（どうだいらさん）

（▲ ときがわ町大野）

標高　875.91m
基準点コード　TR15439010501
選点　明治23年（1890）　　地上埋設
1/5万図名　寄居　　本点
北緯　　36°00′20″.7060
東経　139°11′24″.2539
所在地　比企郡都幾川村▲大字大野[1]
三角点道　八高線明覚駅から県道172号線を走り、白石峠から林道で天文台ゲート前に駐車。間伐材チップが敷かれた登山道を天文台を目指して登り、三角点山頂に出る。天文台は一段低い所にある。

11-Lo. 埼玉県で最も低い一等三角点

点名 **根岸**(ねぎし) 山名 （なし）

標高　6.26m
基準点コード　TR15339651801
選点　平成18年（2006）　地下埋設
1/5万図名　大宮
北緯　35°50′47″.7518
東経　139°43′38″.6379
所在地　川口市大字新井宿700番地[*1]
三角点道　埼玉高速鉄道新井宿駅から徒歩10分の川口市立グリーンセンターに向かう。グリーンセンターに入場。根岸台の民家から移設された三角点は、公園中央の築山前のマンホールの中にある。

《基準点コードとは？》

　基準点は地形図を作成するに当たって、地球上の位置や標高および距離を示す重要かつ不可欠なもので、その種類は三角点だけではなく、**水準点**、**電子基準点**、**多角点**など数多くある。そしてそれらの基準点にはすべて固有番号と言うべき「基準点コード」が付けられている。これは各基準点を識別するために割り振られたコードのことで、例えば電子基準点では「EL」、水準点は「LO」、三角点は「TR」で始まる番号で、それらはすべて13桁の数字で表わされている。

　本書を開くと各三角点について、標高の次に示されているTRで始まる13桁の「基準点コード」が目につく。これはその項目で取り上げている三角点の固有番号で、一等三角点に限らず、全等級の三角点に付けられている。例えば長野県の一等三角点最高峰「赤石岳」を取り上げると、その基準点コードは「TR15338115201」で示されている(P.133)。ここで、最初の3文字「TR1」は一等三角点を表わす。もし仮に二等三角点ならば「TR2」と表わされる。続く10桁の数字は始めの8桁が標準地域メッシュコード、次の2桁が連番と呼ばれるもので、4文字「5338」はこの三角点が存在する20万分の1地勢図「甲府」を表わし、続く4文字「1152」は2万5千分の1の地形図「赤石岳」を指す。また最後の2文字「01」は2万5千分の1地形図に記載されている三角点の内で1番目という意味を持っている。

　このようにこの基準点コードは単なる三角点の連番を表わすものではなく、20万分の1地勢図、5万分の1地形図、2万5千分の1地形図の名称やその地形図内での一等三角点としての順番も表わしている。したがってこの基準点コードはパソコンなどを使って「点の記」を検索して国土地理院に交付申請をする場合などに利用すると、大変便利である。

12　千葉県

*1 「点の記」にはこの後にも記載があるが本書では省略した。

1. 県内の一等三角点は25点で、標高500m以上はない。多くの一等三角点があるなかで、500m以上がないのは全国で千葉県と沖縄県だけである。
2. 県内の最も高い一等三角点は鹿野山352.27mで、君津市鹿野山測地観測所にある。
3. 県内の最も低い一等三角点は片貝3.41mで、伊能忠敬翁の生家が近くにある。

12-Lo.　千葉県で最も低い一等三角点
点名　**片　貝**（かた　がい）　山名　（なし）

標高　3.41m
基準点コード　TR15340234601
選点　明治29年（1896）　　地上埋設
1/5万図名　東金
北緯　35°32′27″.8899
東経　140°27′21″.2274
所在地　山武郡九十九里町大字小関*1
三角点道　東金線東金駅から県道25号線を走り、片貝漁港に駐車。三角点は片貝漁港脇の一般道に囲まれた松林の中にある。松林は藪化がひどく、どこから入っても藪漕ぎを強いられて三角点に出る。

《三角点の種類はいくつあるのか？》

　本書で取り上げているのは一等三角点のみであるが、現在使用されている**三角点には一等から五等**までがある。そのうち一等三角点はもっとも精密に位置が測定されており、これを基準にして順次に二等・三等・四等・五等三角点が設置されている。また標石は大部分が花崗岩製の四角柱であるが、最近では金属標もみられる。

　各等級別の設置点数や寸法などは巻末の〔付表1〕と111ページのコラムに記したが、これらの三角点の設置されている間隔は、**一等三角点**が約45km（本点）と25km（補点）、**二等三角点**が約8～10km、**三等三角点**が約3～4km、**四等三角点**が1.5～2kmである。なお現在では、一等三角点の本点と補点とは特に区別して取り扱われていない。そのほか、明治時代に設置されたと言われる五等三角点が、沖縄県に三点現存している。

13　東京都

*1 「点の記」にはこの後にも記載があるが本書では省略した。

1. 都内の一等三角点は12点で、標高500m以上が2点ある。
2. 都内の最も高い一等三角点は雲取山2017.13mで、「日本百名山」の一つである。
（雲取山は東京府が明治34年多摩川水域を囲む水源地保全として山梨県から購入した水域にある）
3. 都内の最も低い一等三角点は、港区麻布台の東京（大正）25.36mとする。
（太平洋上にある日本最東端の南鳥島、日本最南端の沖ノ鳥島は、成果表に標高の開示がなく、また伊豆鳥島55.30mと近年北硫黄島2.68mが新設されたが国の管理下にあって会員の上陸が叶わず、本書では東京（大正）を東京都の最も低い一等三角点とする）

13-01. 東京都で最も高い一等三角点
点名　雲取山（くもとりやま）　　山名　雲取山

標高　2017.13m
基準点コード　TR15338672501
選点　明治15年（1882）　　地上埋設
1/5万図名　三峰
北緯　35°51′19″.8286
東経　138°56′38″.0885
所在地　西多摩郡奥多摩町大字日原*1
三角点道　青梅線奥多摩駅から国道411号線を走り、鴨沢で林道に入って最深部の登山者用駐車場に駐車。樹林帯を登り七ッ石山で石尾根に乗り、尾根を辿り奥多摩小屋から小雲取山を経て山頂に出る。

13-02.
点名　大島（おおしま）　　山名　三原山（みはらやま）

標高　603.38m　大島
基準点コード　TR15239038001
選点　明治38年（1905）　　地上埋設
1/5万図名　大島
北緯　34°44′26″.5994
東経　139°22′57″.1200
所在地　大島町大字元町字上山622番*1
三角点道　東海道新幹線熱海駅からバスで熱海港へ。ジェット船で大島に渡り、バスに乗り三原山山頂口で下車。バス停から御神火茶屋を経て、火口展望台を辿り外輪山ピークの三角点に出る。

13-Lo. 東京都で最も低い一等三角点
点名　**東京(大正)**　　山名　（なし）

標高　25.36m
基準点コード　TR15339358902
選点　記載なし　　地下埋設
1/5万図名　東京西南部
北緯　　35°39′28″.3686
東経　139°44′31″.7784
所在地　港区麻布台2丁目2番1号[*1]
三角点道　日比谷線神谷町駅からロシア大使館脇を入る。右に日本経緯度原点があり、明治21年東京天文台が作られ日本の基準となる原点を定めている。左の築山には地下埋設された三角点がある。

《三角点の標石の大きさは？》

　三角点の種類には一等から四等まであることを109ページのコラムで記したが、ではそれら標石の**形状**と**寸法**はどうなのだろう？　通常の三角点標石は地中に埋設されていてその一部しか見ることができないので、本当の寸法が掴みにくい。測量法施行規則には、(測量標の形状) 第一条でこれら標石の寸法が次のように記されている。なお、規則改正前に設置された測量標は、改正後の規則に基づいて「設置したものとみなす」という法により、明治時代などに設置された大きさの違う三角点標石は現在も規則どおりに生きているのである。

区　　分	柱　　　石					盤　石	
種　類	A	B	C	D	E	F	G
一等三角点標石	18	21	61	21	82	41	12
二等三角点標石	15	18	61	18	79	36	11
三等三角点標石	15	18	61	18	79	36	11
四等三角点標石	12	15	48	15	63	30	9

(「測量法施行規則」から抜粋)　　　　　　　　　(単位：センチ)

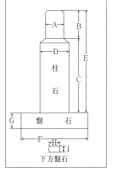

(注)　一等三角点標石には、盤石の下にさらに9×9×4.5センチの下方盤石がある。

14　神奈川県

*1 「点の記」にはこの後にも記載があるが本書では省略した。

1. 県内の一等三角点は8点で、標高500m以上が2点ある。
2. 県内の最も高い一等三角点は丹沢山1567.01mで、首都圏に近く登山者が多い。
3. 県内の最も低い一等三角点は座間村74.90mで、地図の基線となった一等三角点である。

（「この三角点は、相模野基線南端で、南端と北端間の距離を基線として地図が作られた」と石碑に明記され、平成22年「相模野基線」（P.75）として土木遺産に認定された）

14-01. 神奈川県で最も高い一等三角点
点名　丹沢山（たんざわやま）　　山名　丹沢山（たんざわさん）

標高　　1567.01m
基準点コード　TR15339116301
選点　明治12年（1879）　　地上埋設
1/5万図名　秦野　　本点
北緯　　35°28′27″.4552
東経　　139°09′45″.6477
所在地　足柄上郡山北町大字玄倉字大*1
三角点道　小田急線秦野駅から県道70号線を走り、ヤビツ峠の先の塩水橋付近に駐車。天王寺尾根下の塩水川沿いを歩き丹沢山へ向かい、林間ルートの樹林の中を辿って、鉄階段を登り山頂に出る。

14-02.
点名　冠ヶ岳（かんむりがたけ）　　山名　神山（かみやま）

標高　　1437.66m
基準点コード　TR15239608101
選点　明治16年（1883）　　地上埋設
1/5万図名　小田原
北緯　　35°14′00″.2547
東経　　139°01′15″.1405
所在地　足柄下郡箱根町大字元箱根*1
三角点道　箱根登山鉄道宮ノ下駅から国道1号、県道75号線を走り、箱根駒ヶ岳ロープウエー駐車場に駐車。山頂駅から樹林の中を一旦下り、平坦で視界のない登山道を歩き登り返して山頂に出る。

14-Lo. 神奈川県で最も低い一等三角点

点名 **座間村**(ざまむら)　　山名 （なし）

標高　74.90m　　私有地
基準点コード　TR15339138401
選点　明治15年（1882）　　地上埋設
1/5万図名　藤沢　　本点
北緯　35°29′24″.6775
東経　139°26′03″.3558
所在地　座間市ひばりが丘一丁目[*1]
三角点道　相鉄線さがみ野駅から北へ2km程歩き、南林間入口交差点で東に進み相模野基線南端に着く。三角点は医院の建物と一般道の間にあり、三角点脇に地図の基線となるとの碑がある(→P.75)。

《三角点の標石文字の書体は？》

　山頂に登って何の気なしに四角い三角点の標石を目にしたとき、標石に彫られた「一等三角点」の文字に興味を抱くかもしれない。概ね南に向かって彫られたその標石の文字を見ると、現在使われている漢字と少し違うことに気がつく。その漢字は、昭和21年（1946）に制定された1850字の「当用漢字表」にも含まれていない。すなわち、その標石には下の写真のように、等は「芋」、角は「肏」、点は「點」と彫られている。

　これらの見慣れない字体は一体どういうものなのか。これらは文字体系五体の篆書(てんしょ)・隷書(れい)・楷書・行書・草書のうちの一つで**隷書体**である。中国秦の時代に小篆が単純化、簡素化され、さらに二つの古隷体と八分体に区分された。標石に彫られている文字はその八分体である。この隷書の八分が使われたのは後漢時代（25〜220年）で、この文字で石碑が流行した。なお、近年に改埋された標石には**現代の文字**が左書きで彫られているが、これらを明治の初期に埋設された一等三角点の標石と見比べるのも、山頂での楽しみのひとつであろう。

隷書体の標石（兵庫・御岳山）
(→ P.172)

現代の書体の標石（滋賀・深溝村）
(→ P.163)

15　新潟県

*1 「点の記」にはこの後にも記載があるが本書では省略した。

1. 県内の一等三角点は29点で、標高500m以上が19点ある。
2. 県内の最も高い一等三角点は妙高山2445.80mで、新潟県を代表する山である。
3. 県内の最も低い一等三角点は黒井4.54mで、上越市黒井神社境内にある。
4. 上越市柿崎区米山山頂の薬師堂前に、数少ない貴重な原三角測点がある。

15-01．新潟県で最も高い一等三角点
点名　妙高山（みょうこうさん）　　山名　妙高山

標高　2445.80m
基準点コード　TR15538207901
選点　明治25年（1892）　　地上埋設
1/5万図名　妙高山　　本点
北緯　36°53′33″.7671
東経　138°06′47″.5195
所在地　妙高市大字関山国有林26*1
三角点道　信越本線関山駅から県道39号線を走り、燕温泉の駐車場に駐車。燕温泉から沢沿いの硫黄臭が漂う中を登り天狗堂で尾根に乗り、尾根からクサリ場と岩場を越えて展望のよい山頂に出る。

15-02．
点名　苗場山（ないばやま）　　山名　苗場山（なえばさん）

標高　2145.23m
基準点コード　TR15538251501
選点　明治26年（1893）　　地上埋設
1/5万図名　苗場山
北緯　36°50′45″.3712
東経　138°41′25″.1540
所在地　南魚沼郡湯沢町大字三国字苗*1
三角点道　飯山線津南駅から国道405号線を走り、小赤沢温泉で左折し登山口に駐車。登山口から樹林帯を登り、七合目胸突き八丁を急登して大湿原に出て、木道を辿り山荘遊仙閣脇の三角点に着く。

15-03.
点名 越駒ヶ岳（えちこまがだけ）　山名 駒ヶ岳

標高　2002.73m　要健脚
基準点コード　TR15539504601
選点　明治27年（1894）　　地上埋設
1/5万図名　八海山
北緯　　37°07′25″.0317
東経　139°04′30″.8971
所在地　南魚沼市荒山351番1
三角点道　上越線小出駅から国道352号線を走り、枝折峠（しおり）駐車場に駐車。樹林帯に入り小倉山から長い尾根筋の木道を歩き、岩場を越え駒の小屋に着く。小屋から雪田を登り稜線を辿り山頂に出る。

15-04.
点名 谷川富士（たにがわふじ）　山名 一ノ倉岳（いちのくらだけ）

標高　1974.14m
基準点コード　TR15538271302
選点　明治26年（1893）　　地上埋設
1/5万図名　越後湯沢
北緯　　36°50′49″.5978
東経　138°55′27″.7071
所在地　南魚沼郡湯沢町大字土樽字西[*1]
三角点道　上越線土合駅からロープウエー駐車場に駐車。ロープウエーで天神平に乗り、天神尾根を登って谷川岳トマノ耳から稜線を辿りオキノ耳を経て一の倉岳に出る。三角点は熊笹の中にある。

15-05.
点名 割引山（わりびきやま）　山名 割引岳（われびきだけ）

標高　1930.75m　要健脚
基準点コード　TR15538377601
選点　明治25年（1892）　　地上埋設
1/5万図名　越後湯沢
北緯　　36°58′58″.6392
東経　138°57′17″.0721
所在地　南魚沼郡塩沢町▲大字清水字清[*1]
三角点道　上越線六日町駅から国道291号線を走り、清水で林道に入り桜坂に駐車。樹林帯を登り詰めニセ巻機山を越えて避難小屋に一旦下り雪田を登り巻機山の稜線から北西に向かい割引岳に出る。

（▲ 南魚沼市清水）

15-06.

点名 浅草岳（あさくさだけ）　山名 浅草岳

標高　1585.44m
基準点コード　TR15639011801
選点　明治27年(1894)　　地上埋設
1/5万図名　守門岳　本点
北緯　37°20′36″.9165
東経　139°14′00″.8658
所在地　魚沼市大白川字浅草岳国有林[1]
三角点道　只見線田子倉駅前の国道252号線を渡り、田子倉登山口に駐車。駐車場から浅草岳が仰げ、登山口から沢沿いのブナ林を急登して剣ヶ峰に出る。更に急登して田子倉湖を望む山頂に出る。

15-07.

点名 鉾ヶ岳（ほこがたけ）　山名 鉾ヶ岳

標高　1316.29m
基準点コード　TR15538403201
選点　明治27年(1894)　　地上埋設
1/5万図名　高田西部
北緯　37°01′43″.1913
東経　138°01′35″.2342
所在地　糸魚川市大字大平1347番
三角点道　北陸本線名立駅から県道246号、377号線を走り、島道鉱泉に駐車。鉱泉から植林帯を登り溝尾コースに入り、金冠山の岩場のロープ場からやせ尾根の岩稜を大沢岳を経て山頂に出る。

15-08.

点名 黒姫山（くろひめやま）　山名 黒姫山

標高　1221.46m
基準点コード　TR15537367301
選点　明治27年(1894)　　地上埋設
1/5万図名　小滝
北緯　36°58′35″.8601
東経　137°47′24″.2524
所在地　西頸城郡青海町▲大字田海字黒[1]
三角点道　北陸本線青海駅から県道155号線を走り、工場脇の青梅川沿いの清水倉登山口に駐車。沢筋の杉林を登り一本杉から水場を辿り鞍部に乗る。更に尾根筋を登り展望のよい山頂に出る。

(▲ 糸魚川市田海)

15-09.
点名 菱ヶ岳（ひしがたけ）　山名 菱ヶ岳

標高　1129.18m
基準点コード　TR15538433901
選点　明治26年（1893）　　地上埋設
1/5万図名　高田東部
北緯　　37°01′55″.7937
東経　138°29′35″.8235
所在地　上越市安塚区菱ヶ岳国有林74[*1]
三角点道　北越急行虫川大杉駅から県道43号、国道403号線を走り、西口登山口に駐車。登山口から少し急な登りの樹林帯を一旦谷筋へ下り、登り返して山道に従い登り展望のよい山頂に出る。

15-10.
点名 日本平（にっぽんだいら）　山名 日本平山（にっぽんだいらやま）

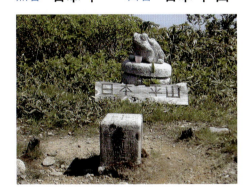

標高　1081.01m　要健脚
基準点コード　TR15639324701
選点　明治27年（1894）　　地上埋設
1/5万図名　御神楽岳　本点
北緯　　37°37′20″.6963
東経　139°20′43″.3696
所在地　東蒲原郡阿賀町大字谷花[*1]
三角点道　磐越西線三川駅の揚川発電所から県道17号線を走り、谷沢川沿いの林道で中山登山口に入り駐車。杉林の道でゆるやかに高度を稼ぎ、大池から水場を経て木々に囲まれた山頂に出る。

15-11.
点名 米山（よねやま）　山名 米山

標高　992.52m
基準点コード　TR15538734801
選点　明治25年（1892）　　地上埋設
1/5万図名　柿崎　本点
北緯　　37°17′22″.3415
東経　138°29′02″.2107
所在地　上越市柿崎区下牧字米山薬師[*1]
三角点道　信越本線柿崎駅から県道25号線を走り、米山寺から林道で終点の駐車場に駐車。整備された灌木林の登山道は急登の連続で高度を上げそのまま山頂に出る。米山薬師前に原三角測點がある。

15-12.

点名 **松平山**(まつだいらやま)　　山名 **松平山**

標高　953.87m
基準点コード　TR15639528801
選点　明治27年(1894)　　地上埋設
1/5万図名　津川
北緯　　37°49′11″.9998
東経　139°21′37″.3410
所在地　阿賀野市勝屋字大荒川山[*1]
三角点道　磐越自動車道安田ICから国道290号線、細江で県道509号線を走り、終点の魚止滝に駐車。沢沿いを歩きブナ林を急登すると山葵山(わさびやま)で視界が開け、起伏を繰り返すと山頂に出る。

15-13.

点名 **武那ヶ平**(ぶながたいら)　　山名 **山毛欅ヶ平山**(ぶながひらやま)

標高　947.14m
基準点コード　TR15738235601
選点　明治28年(1895)　　地上埋設
1/5万図名　鷲崎　　本点
北緯　　38°12′57″.1743
東経　138°27′06″.4760
所在地　佐渡市歌見字ブナカ平600番
三角点道　新潟港からフェリーで佐渡島両津港に渡る。県道45号線で北へ走り、黒姫から林道に入り黒姫越に駐車。林道を5km程で登山口に着き、丸太の道標で自然林の中の道を登り山頂に出る。

15-14.

点名 **新保岳**(しんぼだけ)　　山名 **新保岳**

(▲ 村上市浜新保)

標高　852.10m
基準点コード　TR15739443001
選点　明治28年(1895)　　地上埋設
1/5万図名　勝木
北緯　　38°21′40″.0906
東経　139°30′38″.9352
所在地　岩船郡山北町▲大字浜新保字東[*1]
三角点道　羽越本線府屋駅から国道7号線で塩野町に走り、塩野町川沿いの林道で登山口に駐車。登山口の横木階段を登りブナ林の尾根筋を急登して稜線に乗り、更にブナ林を辿り山頂に出る。

15-15.
点名 鋸山(のこぎりやま)　山名 鋸山

標高　765.07m
基準点コード　TR15638077401
選点　明治28年(1895)　　地上埋設
1/5万図名　長岡
北緯　　37°23′54″.9596
東経　138°56′06″.7812
所在地　長岡市栖吉字貝坂7306番地
三角点道　信越本線長岡駅から国道352号線を走り、国道終点に駐車。花立ハイキングコースを登る。赤土の滑り易い山腹の登山道を登り花立峠に出て、峠から尾根筋を登り展望のよい山頂に出る。

15-16.
点名 土埋山(どうつみやま)　山名 土埋山(つちうめやま)

標高　696.43m
基準点コード　TR15639345301
選点　明治27年(1894)　　地上埋設
1/5万図名　野沢
北緯　　37°37′33″.1599
東経　139°32′47″.6654
所在地　東蒲原郡阿賀町大字栄山[1]
三角点道　磐越西線津川駅から国道49号線を走り、矢木沢で林道に入り土埋山登山口に駐車。登山口から杉林を急登して藪を漕いで尾根に乗り、灌木林の尾根筋を辿り展望のよい三角点山頂に出る。

15-17.
点名 経塚山(きょうづかやま)　山名 経塚山(きょうづかさん)

標高　635.96m
基準点コード　TR15638731101
選点　明治27年(1894)　　地上埋設
1/5万図名　赤泊
北緯　　37°55′57″.6329
東経　138°23′55″.2559
所在地　佐渡市竹田字経塚1858番8
三角点道　佐渡島両津港から県道81号線を走り、小倉川上流の集落はずれの登山口に駐車。日陰で暗い赤土の登山道を登ると林道に出て、林道の先に避難小屋と電波塔が見えると三角点山頂に出る。

15-18.
点名 弥彦山（やひこやま）　山名 多宝山（たほうざん）

標高　633.72m
基準点コード　TR15638466501
選点　明治27年（1894）　　　地上埋設
1/5万図名　弥彦　　本点
北緯　37°43′06″.8737
東経　138°48′58″.7560
所在地　西蒲原郡弥彦村大字弥彦字弥[*1]
三角点道　弥彦線弥彦駅から県道2号線を走り、案内板で弥彦山スカイラインに入り多宝山登山口に駐車。駐車場から整備された登山道を登ると、レーダドームから眼下に日本海が望める山頂に出る。

15-19.
点名 有倉（ありくら）　山名 有倉山（ありくらやま）

標高　632.83m
基準点コード　TR15538457301
選点　明治26年（1893）　　　地上埋設
1/5万図名　松之山温泉
北緯　37°03′58″.6323
東経　138°40′01″.3712
所在地　十日町市宮中4068番
三角点道　飯山線越後田沢駅の北、宮中ダムから林道を走り、鰕池峠に向かい三角点近くの側道広場に駐車。未舗装の林道を歩くと植樹記念碑があり、そこから左側へ藪を漕いで三角点山頂に出る。

15-Lo.　新潟県で最も低い一等三角点
点名 黒井（くろい）　山名 （なし）

標高　4.54m
基準点コード　TR15538622101
選点　昭和38年（1963）　　　地上埋設
1/5万図名　柿崎
北緯　37°11′28″.0214
東経　138°16′09″.6560
所在地　上越市大字黒井字土屋639番地
三角点道　信越本線黒井駅から北の県道122号線で黒井神社前に着く。境内にある三角点を中心に南に社、東に消防小屋、北に住宅、西に大きな樹木があり、視界がなく偏心点（→P.18）が北側ビル屋上にある。

16　富山県

*1 「点の記」にはこの後にも記載があるが本書では省略した。

1. 県内の一等三角点は7点で、標高500m以上が5点ある。
2. 県内の最も高い一等三角点は立山2991.76mで、山岳信仰の日本三霊山の一つである。
3. 県内の最も低い一等三角点は岨之景17.30mで、下新川郡入善町の園家山にある。

16-01. 富山県で最も高い一等三角点
点名　立山(たてやま)　　山名　雄山(おやま)

標高　2991.76m
基準点コード　TR15437648901
選点　明治27年（1894）　　地上埋設
1/5万図名　立山
北緯　36°34′21″.2431
東経　137°37′02″.8775
所在地　中新川郡立山町大字芦峅寺外*1
三角点道　富山駅から乗り継いで室堂平バスターミナルに入る。石畳を歩き立山、室堂、一ノ越のメインルートを登る。岩道で一ノ越から雄山の三角点に出る。その先の山頂は雄山神社の領域となる。

16-02.
点名　金剛堂山(こんごうどうやま)　　山名　金剛堂山(こんごうどうさん)

（▲ 南砺市利賀村）

標高　1637.84m
基準点コード　TR15437406401
選点　明治26年（1893）　　地上埋設
1/5万図名　白木峰　　本点
北緯　36°23′00″.5605
東経　137°03′00″.4304
所在地　東砺波郡利賀村▲大字上百瀬*1
三角点道　城端線福野駅から国道471号線を走り、百瀬簡易局で百瀬川沿いの林道に入り登山口に駐車。沢筋から尾根に取り付き尾根筋を急登し前金剛の三角点に出る。山頂の金剛堂山は先にある。

16-03.
点名　六谷山（ろくたにやま）　山名　六谷山（ろくたんやま）

（▲ 富山市大山）

標高　　1397.53m
基準点コード　TR15437525401
選点　明治27年（1894）　　地上埋設
1/5万図名　有峰湖
北緯　　36°27′49″.3954
東経　137°18′31″.2133
所在地　上新川郡大山町▲大字長棟字ダ*1
三角点道　神岡鉄道茂住駅前の高原川を渡り林道に入り茂住峠に駐車。峠から反射板巡視路で刈り込まれた登山道を登りブナ林を抜けて一旦下り、稜線の笹原道を登り返して三角点山頂に出る。

16-04.
点名　濁谷山（にごりだにやま）　山名　濁谷山

標高　　1237.93m
基準点コード　TR15537046001
選点　明治27年（1894）　　地上埋設
1/5万図名　黒部
北緯　　36°43′02″.9248
東経　137°30′05″.7971
所在地　中新川郡上市町大字伊折外六*1
三角点道　北陸本線滑川駅から県道51号、143号線と走り、小早月川沿いの太平山登山口に入り駐車。樹林の中ゆるやかな登りで大平山を経て、一旦下り登り返し尾根道を辿り小広場の山頂に出る。

16-05.
点名　高坂山（たかさかやま）　山名　蔵王山（ざおうさん）

標高　　507.52m
基準点コード　TR15536376901
選点　明治26年（1893）　　地上埋設
1/5万図名　氷見　　本点
北緯　　36°58′01″.2168
東経　136°59′19″.5726
所在地　氷見市平字坂山91
三角点道　氷見線氷見駅から国道160号、県道306号線を走り、北上して平集落に入り駐車。高坂剣主神社脇の林道に入り、途中で尾根に取り付き高坂山東尾根に登り尾根筋を辿り三角点山頂に出る。

16-Lo. 富山県で最も低い一等三角点
点名 **岨之景**(そのけ) 山名 **園家山**(そのけやま)

標高　17.30m
基準点コード　TR15537331501
選点　明治27年（1894）　　地上埋設
1/5万図名　三日市　　本点
北緯　36°55′50″.0507
東経　137°26′38″.3530
所在地　下新川郡入善町大字下飯野[1]
三角点道　北陸本線西入善駅から県道2号線を西へ2kmほど走り、海側の園家山キャンプ場駐車場に駐車。三角点への道標に従って松林の砂道を歩き、小高い丘の上にある整備された三角点に出る。

《選点100年目に設置された劒岳の三角点》

　北アルプス・劒岳の三角点が計画されてからやっと100年目に設置されたと聞けば、驚く人も少なくはないであろう。つまり明治40年（1907）7月13日に選点されたものの、三角点が設置されたのは平成16年（2004）8月24日なのである。登頂の経緯は新田次郎の『劒岳　点の記』に書かれ、2009年映画化もされた。劒岳は弘法大師が草鞋千足を費やしても登頂できなかったと言われるほどの峻嶮な山だけに、当時の陸軍参謀本部陸地測量部測量官、柴崎芳太郎氏が三等三角点の設置を試みたが、達成できなかった。当時の運搬手段は人力に頼るしか方法がなく、標柱と盤石共で重さ約100kgの重量物を山頂まで担ぎ上げるのは不可能だった。そして結局は標石が不要な四等三角点を設置したのであった。このほど柴崎測量官登頂100周年を記念して、標石は室堂から2km先の雷鳥沢キャンプ場までは高校生が背負い、後はヘリコプターで山頂まで運ばれて念願の三等三角点が設置されたのである。

劒岳（富山県）の三等三角点

17　石川県

*1 「点の記」にはこの後にも記載があるが本書では省略した。

1. 県内の一等三角点は16点で、標高500m以上が6点ある。
2. 県内の最も高い一等三角点は白山2702.14mで、「ハクサン」の花が咲く「花の百名山」である。
3. 県内の最も低い一等三角点は専光寺4.74mで、金沢市緑小学校の校庭にある

17-01. 石川県で最も高い一等三角点
点名　**白山**（はくさん）　　山名　**御前峰**（ごぜんがみね）

（▲ 白山市白峰）

標高　2702.14m
基準点コード　TR15436168101
選点　明治26年（1893）　地上埋設
1/5万図名　白山　　本点
北緯　36°09′18″.2272
東経　136°46′17″.2158
所在地　石川郡白峰村▲大字白峰29号1*1
三角点道　京福電鉄勝山駅から国道157号、県道33号線を走り、市ノ瀬で駐車。バスに乗換え登山口から吊り橋を渡り砂防新道で甚之助小屋を経て木道を歩き、室堂センターから三角点御前峰に出る。

17-02.
点名　**大笠山**（おおがさやま）　　山名　**大笠山**

（▲ 白山市瀬波）

標高　1821.80m
基準点コード　TR15436368301
選点　明治27年（1894）　地上埋設
1/5万図名　白川村
北緯　36°19′13″.6193
東経　136°47′22″.5184
所在地　石川郡吉野谷村▲大字瀬波字奥*1
三角点道　城端線砺波駅から国道156号線を走り、庄川のであい橋を渡り境川ダムの桂湖登山口に駐車。吊り橋と三連のハシゴを経て鎖場から稜線に乗り、稜線をアップダウンして展望のよい山頂に出る。

17-03.
点名 富士写ヶ岳（ふじしゃがたけ）　山名 富士写ヶ岳

（▲ 加賀市山中温泉枯淵町）

標高　942.00m
基準点コード　TR15436222901
選点　明治26年（1893）　　地上埋設
1/5万図名　大聖寺
北緯　36°11′18″.7915
東経　136°21′50″.2755
所在地　江沼郡山中町▲枯淵町は乙3番
三角点道　北陸本線大聖寺駅から国道364号線を走り、我谷ダム近くに駐車。赤い吊り橋を渡り、樹林帯の長い尾根を急登する。一旦下り更に急坂を登り三角点山頂に出る。山頂から日本海が望める。

17-04.
点名 医王山（いおうぜん）　山名 奥医王山（おくいおうぜん）

標高　939.07m
基準点コード　TR15436661301
選点　明治26年（1893）　　地上埋設
1/5万図名　城端
北緯　36°30′45″.9503
東経　136°47′45″.6452
所在地　金沢市菱池小原町リ2番1
三角点道　金沢兼六園から県道10号、209号線を走り、小菱池町から林道に入り夕霧峠に駐車。鳥居をくぐって見返りの大杉で一旦下り龍神池に出て、登り返して展望台のある三角点山頂に出る。

17-05.
点名 宝達山（ほうだつさん）　山名 宝達山

標高　637.11m
基準点コード　TR15536163501
選点　明治26年（1893）　　地上埋設
1/5万図名　石動　　本点
北緯　36°46′54″.9098
東経　136°48′46″.9278
所在地　羽咋郡宝達志水町上田外字11[*1]
三角点道　七尾線免田駅から県道75号線を走り、宝達山頂公園を目指し公園駐車場に駐車。公園から管理道を電波塔が林立している急坂を登ると、遠く北アルプスや眼下に日本海を望む山頂に出る。

17-06.

点名 **鉢伏山**（はちぶせやま）　山名 **鉢伏山**

標高　543.55m
基準点コード　TR15636075701
選点　明治27年（1894）　　　地上埋設
1/5万図名　輪島
北緯　37°22′39″.9140
東経　136°58′15″.3129
所在地　鳳珠郡能登町北河内字一字26番
三角点道　能登半島輪島市から国道249号線を走り、大野町から林道に入り電波塔が建つ高洲山を横目に、鉢伏山山頂下の登山口に駐車。案内標識に従ってブナ林の道を登り15分程で山頂に出る。

17-Lo.　石川県で最も低い一等三角点

点名 **専光寺**（せんこうじ）　山名 **（なし）**

標高　4.74m　学校内
基準点コード　TR15436648702
選点　昭和53年（1978）　　　地上埋設
1/5万図名　金沢　　本点
北緯　36°34′09″.3231
東経　136°35′27″.8574
所在地　金沢市みどり一丁目166番
三角点道　北陸本線野々市駅の国道8号線を走り、金沢西交差点から西1kmにある緑小学校へ。駐車場に入り小学校の受付で許可を得る。三角点はグラウンド周囲にある樹緑帯の中にある。

《水準点とはなにか？》

　三角点は経度・緯度などの「位置の基準点」であり、標高をcmの単位で表わす。一方、**水準点**は「高さの基準点」であり、標高をmmの単位で表わす。地形図では三角点は△の記号で表わし、水準点は⊡の記号で表わす。そして三角点における標高は、この水準点を基にして決められている。

　水準点には国土地理院が設置・管理する「○等水準点」と、地方の公共団体が設置・管理する「○級水準点」とがあり、国会議事堂前庭にある「**日本水準原点**（標高24.3900m）」（→P.156）を基準にし、全国の主要な国道や県道に沿って約2kmごとに設置されている。一般に柱石あるいは金属標が埋設され、その数は一等から四等を合わせると、約1万9千点にも及び、これらをもとに各地の高さが計測される。

　一等水準点で特に重要な水準点を「**基準水準点**」と称し、全国に84箇所ある。この水準点は特に重要なものであるので、恒久的に保存できるよう堅固な構造になっている。

18 福井県

*1 「点の記」にはこの後にも記載があるが本書では省略した。

1. 県内の一等三角点は7点で、標高500m以上が6点ある。
2. 県内の最も高い一等三角点は荒島岳1523.37mで、大野富士と呼ばれ「日本百名山」の一つである。
3. 県内の最も低い一等三角点は矢良巣岳472.60mで、武生市別所にある。

18-01. 福井県で最も高い一等三角点
点名 荒島山（あらしまやま）　　山名 荒島岳（あらしまだけ）

標高　　1523.37m
基準点コード　TR15336742801
選点　明治27年（1894）　　地上埋設
1/5万図名　荒島岳
北緯　　35°56′03″.4405
東経　136°36′04″.5833
所在地　大野市大字佐開字荒島山
三角点道　越美北線勝原駅から勝原スキー場に向かい登山口に駐車。ゲレンデを直登しリフト終点からブナ林の中を急階段で登り、石楠花平を経て前荒島岳を越えて尾根筋を急登して山頂に出る。

18-02.
点名 木地山（きぢやま）　　山名 百里ヶ岳（ひゃくりがだけ）

標高　　931.41m
基準点コード　TR15335067401
選点　明治17年（1884）　　地上埋設
1/5万図名　熊川　　本点
北緯　　35°23′30″.4371
東経　135°48′36″.3473
所在地　小浜市大字上根来字大谷18番地
三角点道　小浜線東小浜駅から県道35号線の終点まで走り、林道で上部の登山口に駐車。樹林帯の登山道を登り根来坂峠に乗る。峠から尾根筋を辿り県境尾根分岐のブナ林を急登して山頂に出る。

18-03.
点名 野坂岳（のさかだけ）　山名 野坂岳

標高　913.34m
基準点コード　TR15336300101
選点　明治17年（1884）　地上埋設
1/5万図名　敦賀　　本点
北緯　　35°35′22″.6986
東経　136°01′28″.5047
所在地　敦賀市大字野坂第17号南ヶ谷1-1
三角点道　小浜線粟野駅から野坂いこいの森で林道に入り終点に駐車。整備された登山道を栃の木地蔵から一の岳展望地を経て、二の岳を辿り、三の岳を登りブナ林から展望のよい山頂に出る。

18-04.
点名 星峠（ほしとうげ）　山名 一乗山（いちじょうざん）

標高　740.73m
基準点コード　TR15336726601
選点　明治27年（1894）　地上埋設
1/5万図名　大野
北緯　　35°58′25″.9281
東経　136°19′58″.7488
所在地　福井市大字浄教寺町40号*1
三角点道　越美北線一乗谷駅から県道18号線を走り、浄教寺で林道に入り一乗滝経由で登山口に駐車。道標はなく林道を歩き、山頂手前で左側の尾根に取り付き藪を漕いで登り三角点に出る。

18-05.
点名 国見岳（くにみだけ）　山名 国見岳

標高　655.90m
基準点コード　TR15436009601
選点　明治26年（1893）　地上埋設
1/5万図名　福井　　本点
北緯　　36°04′45″.3572
東経　136°05′02″.2458
所在地　福井市上一光町45字西谷1-1*1
三角点道　京福電鉄西長田駅から西へ県道10号、3号線を走り、奥平町で林道に入り国見岳森林公園に駐車。駐車場から舗装林道を横断して小高い丘に登り三角点に出る。近くに天測点がある。

18-06.
点名 **久須夜ヶ岳**(くすやがたけ)　山名 **久須夜ヶ岳**

標高　618.54m
基準点コード　TR15335256801
選点　明治17年(1884)　地上埋設
1/5万図名　鋸崎
北緯　35°33′26″.8062
東経　135°44′01″.4933
所在地　小浜市堅海字広瀬山第89号1[*1]
三角点道　小浜市小浜駅から国道162号、県道107号線を走り、エンゼルラインを乗り継いで第一駐車場に駐車。登山道入口の鎖ゲートからの急坂を登り、電波塔が林立する展望のよい山頂に出る。

18-Lo. 福井県で最も低い一等三角点
点名 **矢良巣岳**(やらずだけ)　山名 **矢良巣岳**

標高　472.60m
基準点コード　TR15336601601
選点　明治26年(1893)　地上埋設
1/5万図名　鯖江
北緯　35°50′34″.1433
東経　136°05′06″.3116
所在地　武生市下別所町▲7号字倉谷28[*1]
三角点道　北陸本線王子保(おうしお)駅から県道205号線で西へ走り、中津原町で林道に入り山頂直下に駐車。急な舗装道を登ると灌木に囲まれ草が茂る三角点山頂に出る。山頂を一段下ると若狭湾が望める。

(▲ 越前市下別所町)

《地形図の「北」とは？》

　山登りに欠かせないのが地図だが、通常は国土地理院が発行する地形図が利用される。地形図にはいろいろあるが、一般には25,000分の1地形図か50,000分の1地形図がよく利用されている。そのどちらの地形図も「北」を上にして作られている。北には本当の北、つまり地球の自転軸の北端を指す北「**真北**(しんぼく)」と、方位磁石（コンパス）が指す「**磁北**(じほく)」とがあり、現在の磁北はカナダの北極点から11度ほどずれた地点にある。その磁北と真北とのズレを「磁気偏角」といい、札幌では9度、東京では7度、鹿児島では6度程度である。
　地形図には真北が採用されており、方位磁石（コンパス）で磁北に地形図を合わせたときこのズレが生じる。例えば25,000分の1上高地地形図には「磁針方位は西偏約7°0′」と記載されているので、この数値を磁北から東方向に地形図を傾けることで真北に地形図が正置される。このズレは北へ行くほど大きくなるので、特に北方の山に行くときには注意が必要である。日本では南鳥島を除いてすべての地域で西偏している。

19 山梨県

*1 「点の記」にはこの後にも記載があるが本書では省略した。

1. 県内の一等三角点は6点で、標高500m以上が5点ある。
2. 県内の最も高い一等三角点は国師岳Ⅰ 2591.92mで、素晴らしい「夢の庭園」がある。
3. 県内の最も低い一等三角点は塩崎村348.16mで、赤坂台総合公園隣りの駐車場にある。

19-01. 山梨県で最も高い一等三角点
点名　國師岳Ⅰ　　山名　国師ヶ岳

(▲ 山梨市三富)

標高　2591.92m
基準点コード　TR15338654301
選点　明治17年(1884)　　地上埋設
1/5万図名　金峰山
北緯　35°52′15″.0043
東経　138°40′22″.6777
所在地　東山梨郡三富村▲大字上釜口*1
三角点道　中央本線石和温泉駅から国道140号線の窪平で県道238号線を走り、県道の延長林道で大弛峠に駐車。道標で大弛小屋から整備された灌木林の登山道を登り岩場の三角点山頂に出る。

19-02.
点名　小金沢山　　山名　黒岳

(▲ 大月市大月町)

標高　1987.58m
基準点コード　TR15338462801
選点　明治17年(1884)　　地上埋設
1/5万図名　丹波
北緯　35°41′18″.6641
東経　138°51′35″.2583
所在地　大月市大字瀬戸▲字小金沢3064*1
三角点道　中央本線甲斐大和駅から県道218号線を走り、林道に入り湯の沢峠に駐車。峠に避難小屋と水場があって、ゆるやかな笹原の尾根道を辿り三角点黒岳に出る。小金沢山は3km先にある。

19-03.
点名 大(おお)峠(とうげ)　山名 大峠

(▲ 富士川町平林)

標高　1908.25m
基準点コード　TR15338226901
選点　明治17年(1884)　　地上埋設
1/5万図名　鰍沢
北緯　　35°33′10″.7450
東経　138°21′45″.2485
所在地　南巨摩郡増穂町▲大字平林字烏[*1]
三角点道　身延線波高島駅から県道37号線で奈良田に走り、丸山林道で源氏山登山口に駐車。道標はなく尾根筋の刈り払い道を登り源氏山に向かい、平坦な草原の山道から離れ踏み跡を辿り山頂へ。

19-04.
点名 黒(くろ)岳(だけ)　山名 黒岳

(▲ 富士河口湖町)

標高　1792.68m
基準点コード　TR15338256901
選点　明治17年(1884)　　地上埋設
1/5万図名　都留
北緯　　35°33′07″.4552
東経　138°44′57″.9709
所在地　南都留郡河口湖町▲大字大石[*1]
三角点道　中央本線石和温泉駅の南、県道36号線を走り、芦川村に入り駐車。キャンプ場から灌木林の中をジグザグに登り稜線に乗り、稜線を急登して木々に囲まれて広々とした三角点山頂に出る。

19-05.
点名 御(み)正(しょう)体(たい)山(やま)　山名 御正体山

標高　1681.35m
基準点コード　TR15338178401
選点　明治17年(1884)　　地上埋設
1/5万図名　山中湖
北緯　　35°29′12″.9251
東経　138°55′53″.7857
所在地　南都留郡道志村字久保平11929[*1]
三角点道　富士五湖の山中湖から犬伏峠に走り駐車。峠から山腹を登り石割り分岐で稜線に乗る。稜線の起伏の道を辿り三角点山頂に出る。広々とした山頂に祠と皇太子殿下の登頂記念柱がある。

19-Lo. 山梨県で最も低い一等三角点
点名 **塩崎村**（しおざきむら）　山名 （なし）

標高　348.16m
基準点コード　TR15338441001
選点　平成14年(2002)　　　地上埋設
1/5万図名　御岳昇仙峡
北緯　35°40′33″.3409
東経　138°30′15″.5435
所在地　北巨摩郡双葉町▲字下今井2879[*1]
三角点道　中央本線塩崎駅から国道20号線を走り、赤坂台総合公園入口交差点で左折し公園駐車場に駐車。隣接する結婚式場の広い駐車場隅に三角点がある。また一段高い植栽の中に天測点がある。

（▲ 甲斐市下今井）

《《 富士山がなぜ二等三角点なのか？ 》》

　三角点には一、二、三、四、五等の種類があり、全国に約109,400点が設置されている。その中で、富士山には日本一標高の高い3775.51mの三角点が設置されているが、しかしそれは二等三角点である。なぜ、一等三角点が設置されなかったのであろうか？

　その理由として挙げられることは、富士山は明治中頃の一等三角点測量では三角網に入らず、一等三角点は設置されなかった。富士山は周辺の山々より標高の高い独立峰であるため水平角の測量で高低差による誤差が多くなり、さらに当時は測量機材や人の装備、移動や宿泊等困難だったこともあり、測量当初から一等三角点の三角網には入れて貰えなかったのである。因みに富士山は、山梨県の黒岳(1793m)、御正体山(1681m)、神奈川県の神山(1438m)、静岡県の毛無山(1945m)、愛鷹山(1188m)、羽鮒山(321m)など6つの一等三角点峰に取り囲まれている。なお、現在は本点と補点との区別はされていない。

二等三角点の「富士山　3775.51m」

20　長野県

*1 「点の記」にはこの後にも記載があるが本書では省略した。

1. 県内の一等三角点は33点で、標高500m以上が31点ある。
2. 県内の最も高い一等三角点は赤石岳3120.53mで、日本でも最高所の一等三角点である。
3. 県内の最も低い一等三角点は基線西端353.01mで、須坂市小河原の畑の中にある。

20-01．長野県（日本）で最も高い一等三角点
点名　赤石岳（あかいしだけ）　　山名　赤石岳

標高　　3120.53m
基準点コード　TR15338115201
選点　明治14年（1881）　地上埋設
1/5万図名　赤石岳　本点
北緯　　35°27′40″.3432
東経　138°09′26″.4954
所在地　下伊那郡大鹿村大字大河原シ*1
三角点道　大井川鉄道井川駅から県道60号線を走り、畑薙ダム駐車場に駐車。専用バスで椹島（さわらじま）登山口に。樹林の尾根筋を登り、赤石小屋を経て富士見平から稜線に乗り日本一高い一等三角点山頂に着く。

20-02．
点名　穂高岳（ほだかだけ）　　山名　前穂高岳（まえほたかだけ）

（▲ 松本市安曇）

標高　　3090.48m
基準点コード　TR15437353201
選点　明治26年（1893）　地上埋設
1/5万図名　上高地　本点
北緯　　36°16′55″.1228
東経　137°39′38″.0668
所在地　南安曇郡安曇村▲大字上高地*1
三角点道　バスに乗り上高地に入る。河童橋を渡り岳沢に入り岳沢ヒュッテを経て重太郎新道を登る。岩場の急峻な登山道で高度を稼ぎ、紀美子平から前穂高山頂に出る。山頂から大展望が満喫できる。

20-03.
点名 御岳山（おんたけさん）　山名 御嶽山（おんたけさん）

（▲ 木曽町三岳）

標高　3063.61m
基準点コード　TR15337637801
選点　明治26年（1893）　　地上埋設
1/5万図名　御嶽山　本点
北緯　35°53′35″.1438
東経　137°28′50″.3247
所在地　木曽郡三岳村▲（黒沢御岳国有*1
三角点道　中央本線木曽福島駅から県道20号、256号線を走り、林道で田ノ原駐車場に駐車。樹林帯を抜けると岩道をジグザグに高度を稼ぐ。王滝神社を経て鞍部から展望のよい剣ヶ峰山頂に出る。

20-04.
点名 甲駒ヶ嶽（かいこまがだけ）　山名 甲斐駒ヶ岳

（▲ 伊那市長谷）

標高　2965.50m
基準点コード　TR15338510801
選点　明治15年（1882）　　地上埋設
1/5万図名　市野瀬　本点
北緯　35°45′28″.5225
東経　138°14′12″.4867
所在地　上伊那郡長谷村▲大字黒河*1
三角点道　中央本線竜王駅から県道20号線を走り、夜叉神峠駐車場に駐車。バスに乗り広河原で乗り継いで北沢峠に着く。峠から稜線を登り岩峰の駒津峰を一旦下り、白い砂礫道を登り山頂に出る。

20-05.
点名 信駒ヶ岳（しんこまがだけ）　山名 木曾駒ヶ岳（きそこまがたけ）

標高　2956.14m
基準点コード　TR15337564401
選点　明治27年（1894）　　地上埋設
1/5万図名　赤穂
北緯　35°47′22″.3795
東経　137°48′16″.4673
所在地　上伊那郡宮田村（黒川山国有*1
三角点道　飯田線駒ヶ根駅から県道75号線を走り、黒川平に駐車。バスとロープウエーを乗り継いで千畳敷に乗る。稜線までカールの中を高度を稼ぎ中岳を巻いて展望のよい岩場の駒ヶ岳山頂に出る。

20-06.
点名 **白馬岳**（しろうまだけ）　山名 **白馬岳**

標高　2932.33m
基準点コード　TR15537161001
選点　昭和34年（1959）　地上埋設
1/5万図名　白馬岳　本点
北緯　36°45′30″.6367
東経　137°45′30″.7964
所在地　北安曇郡白馬村大字北城字松[*1]
三角点道　大糸線白馬駅からバスで猿倉に入る。猿倉から白馬大雪渓を登り、雪渓を登り切って稜線に乗る。白馬山荘からやせ稜線を歩き展望のよい山頂に出る。山頂に丸く大きな風景指示盤がある。

20-07.
点名 **赤　岳**（あかだけ）　山名 **赤　岳**

（三角点標石の前に丸い陶器が埋設されている）

標高　2899.36m
基準点コード　TR15338726901
選点　明治27年（1894）　地上埋設
1/5万図名　八ヶ岳
北緯　35°58′14″.8704
東経　138°22′12″.2400
所在地　茅野市豊平字東岳4733番[*1]
三角点道　中央本線茅野駅から県道196号線を走り、八ヶ岳農場から美濃戸口に入り駐車。樹林帯を歩き美濃戸山荘、行者小屋から岩場道で文三郎尾根を急登して稜線に乗り、稜線を辿り山頂に出る。

20-08.
点名 **常念岳**（じょうねんだけ）　山名 **前常念岳**（まえじょうねんだけ）

（▲ 安曇野市堀金烏川）

標高　2661.90m
基準点コード　TR15437358901
選点　明治27年（1894）　地上埋設
1/5万図名　上高地
北緯　36°19′22″.9190
東経　137°44′17″.1674
所在地　南安曇郡堀金村▲大字岩原字常[*1]
三角点道　大糸線穂高駅から県道432号線を走り、烏川橋で林道に入り一の沢駐車場に駐車。樹林帯の中を一の沢を急登し常念乗越から常念岳の山腹を巻き前常念岳避難小屋裏手の三角点山頂に出る。

20-09.
点名 蓼科山(たてしなやま)　山名 蓼科山

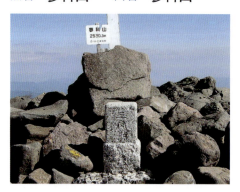

標高　2530.74m
基準点コード　TR15438122301
選点　明治25年(1892)　地上埋設
1/5万図名　蓼科山　本点
北緯　36°06′13″.4261
東経　138°17′42″.2570
所在地　北佐久郡立科町大字芦田字蓼*1
三角点道　中央本線茅野駅から国道152号線を走り、白樺湖、蓼科牧場経由で御泉水に入り駐車。樹林の沢筋を登り蓼科山荘から大岩を乗り越え、展望のよい広い山頂に出る。山頂に展望指示盤がある。

20-10.
点名 国師岳2(こくしだけ)　山名 三宝山(さんぽうやま)

標高　2483.49m
基準点コード　TR15338750801
選点　明治24年(1891)　地上埋設
1/5万図名　金峰山　本点
北緯　35°55′03″.4442
東経　138°43′40″.1941
所在地　南佐久郡川上村東毛木場山1*1
三角点道　小海線信濃川上駅から県道68号線を走り、梓山駐車場に駐車。沢沿いの道を歩き千曲川源流に向かい鞍部に乗り、稜線を辿り甲武信ヶ岳に着く。甲武信ヶ岳を一旦下り三宝山の三角点に出る。

20-11.
点名 鉢盛山(はちもりやま)　山名 鉢盛山

標高　2446.59m
基準点コード　TR15437160001
選点　明治27年(1894)　地上埋設
1/5万図名　塩尻
北緯　36°05′11″.9368
東経　137°45′17″.4564
所在地　木曾郡木祖村大字小木曾字味*1
三角点道　松本電鉄新村駅から県道48号、298号線を走り、朝日村役場で鍵を借用して、ゲートを開き林道に入り登山口で駐車。樹林の中を急登して水場を経て湿地帯から祠がある三角点山頂に出る。

20-12.
点名 岩菅山（いわすげやま）　山名 岩菅山

標高　2295.33m
基準点コード　TR15538049401
選点　明治25年(1892)　　地上埋設
1/5万図名　岩菅山　本点
北緯　　36°44′31″.3462
東経　138°33′34″.2855
所在地　下高井郡山ノ内町若菅国有林[*1]
三角点道　長野電鉄湯田中駅から国道292号、県道471号線を走り、一の瀬の先で側道広場に駐車。登山口から用水路脇を歩き急坂の稜線のノッキリに乗る。更に熊笹道から稜線を辿り山頂に出る。

20-13.
点名 篭塔山（かごのとうやま）　山名 東籠ノ塔山（ひがしかごのとうやま）

（▲ 東御市滋野）

標高　2227.91m
基準点コード　TR15438530501
選点　明治27年(1894)　　地上埋設
1/5万図名　上田
北緯　　36°25′09″.4993
東経　138°26′49″.8035
所在地　小県郡東部町▲大字滋野字北[*1]
三角点道　小海線小諸駅からチェリーパークラインを走り、車坂峠から高峰温泉に駐車。登山口から稜線を登り、水の塔を経てなおも岩場の道を辿り岩峰の東籠ノ塔山に出る。浅間山の全容が望める。

20-14.
点名 摺小木山（すりこぎやま）　山名 摺古木山（すりこぎやま）

標高　2168.89m
基準点コード　TR15337353901
選点　明治27年(1894)　　地上埋設
1/5万図名　妻籠
北緯　　35°36′46″.4325
東経　137°44′15″.3414
所在地　木曾郡大桑村(伊那川国有林[*1]
三角点道　飯田線飯田駅から県道8号線を走り、大平から荒れた林道を走り終点の避難小屋脇に駐車。灌木林を急登して平坦な笹原道を辿り摺古木山に出る。広い山頂には御料局三角点もある。

20-15.
点名 猫岳（ねこだけ）　山名 根子岳（ねこだけ）

標高　　2128.28m
基準点コード　TR15438636101
選点　明治25年（1892）　地上埋設
1/5万図名　須坂　　本点
北緯　　36°33′13″.1733
東経　138°23′29″.9800
所在地　須坂市大字仁礼字仁礼山3164[1]
三角点道　長野電鉄須坂駅から国道406号線を走り、菅平高原の牧場ふれあい広場に駐車。牧場を一直線に登り熊笹、ダケカンバの森林限界から岩場の根子岳に登り、一旦下り小根子岳の三角点に出る。

20-16.
点名 武石嶺（たけいしとうげ）　山名 武石峰（たけいしみね）

（▲ 上田市武石上本入）

標高　　1972.92m
基準点コード　TR15438209601
選点　明治27年（1894）　地上埋設
1/5万図名　和田
北緯　　36°14′49″.7496
東経　138°05′07″.0876
所在地　小県郡武石村▲大字上本入[1]
三角点道　しなの鉄道大屋駅から国道152号の武石沖で県道62号線を走り、武石峰駐車場に駐車。道標でひざ丈ほどの一面の熊笹原の中を歩き、小高い山頂に石積みされた観音様前の三角点に出る。

20-17.
点名 鬼面山（きめんさん）　山名 鬼面山（きめんざん）

（▲ 飯田市上村）

標高　　1889.79m
基準点コード　TR15337179901
選点　明治27年（1894）　地上埋設
1/5万図名　時又
北緯　　35°29′31″.2411
東経　137°59′24″.5804
所在地　下伊那郡上村▲（程野山国有林[1]
三角点道　飯田線駒ヶ根駅から県道49号線を分杭峠から国道152号線を走り、地蔵峠の側道広場に駐車。道標で登山道に入り峠から灌木林のやせ尾根を登り、山頂前の木の根道を急登して山頂に出る。

20-18.

点名 戸倉山（とくらやま）　　山名 戸倉山

（▲ 伊那市長谷市野瀬）

標高　　1680.97m
基準点コード　　TR15338409401
選点　明治27年（1894）　　地上埋設
1/5万図名　　市野瀬
北緯　　35°44′42″.1303
東経　　138°03′07″.0975
所在地　上伊那郡長谷村▲大字市野瀬[1]
三角点道　飯田線駒ヶ根駅から県道49号線の落合に走り、戸倉山キャンプ場に駐車。整備された登山道に導かれ八合目の金明水を経て庚申塚の西峰を越え、鞍部から避難小屋を過ぎ三角点山頂に出る。

20-19.

点名 熊伏山（くまふせやま）　　山名 熊伏山（くまぶしやま）

（▲ 飯田市南信濃八重河内）

標高　　1653.67m
基準点コード　　TR15237771101
選点　明治27年（1894）　　地上埋設
1/5万図名　　満島
北緯　　35°15′47″.6661
東経　　137°53′41″.6153
所在地　下伊那郡南信濃村▲（青崩国有）[1]
三角点道　飯田線水窪駅から国道152号線を走り、草木トンネル南口で林道に入り、舗装道終点で駐車。植林帯で暗い苔むした古道「塩の道」を登り、青崩峠から灌木林の中を登り広い山頂に出る。

20-20.

点名 守屋山（もりやさん）　　山名 守屋山

標高　　1650.64m
基準点コード　　TR15338706701
選点　明治27年（1894）　　地上埋設
1/5万図名　　高遠
北緯　　35°58′03″.0592
東経　　138°05′36″.2608
所在地　諏訪市大字湖南字日向入山[1]
三角点道　中央本線茅野駅から国道152号線で杖突峠に走り、その先の守屋山駐車場に駐車。唐松林に熊笹が茂った登山道を登り、岩場で展望のよい守屋山東峰に乗り、稜線を辿り西峰の三角点に出る。

20-21.
点名 **四方原**（よごはら）　山名 **四方原山**（よもはらやま）

標高　1631.77m
基準点コード　TR15438141701
選点　明治26年（1893）　　地上埋設
1/5万図名　十石峠
北緯　36°05′44″.8032
東経　138°35′46″.9846
所在地　南佐久郡北相木村字川越石[*1]
三角点道　小海線小海駅から県道2号、124号線を走り、白岩で林道に入り登山口に駐車。案内板でトワタニ沢を登り詰めて尾根に乗り、灌木林の平坦な道を辿り展望のない三角点山頂に出る。

20-22.
点名 **長倉山**（ながくらやま）　山名 **留夫山**（とめぶやま）

標高　1590.83m
基準点コード　TR15438457201
選点　明治26年（1893）　　地上埋設
1/5万図名　軽井沢
北緯　36°23′45″.9036
東経　138°39′07″.3700
所在地　北佐久郡軽井沢町大字峠字碓[*1]
三角点道　長野新幹線軽井沢駅から県道133号線で峠町に走り、鼻曲山登山口の側道広場に駐車。樹林帯で暗くゆるやかな登山道でピーク1419mに乗り、一旦下り登り返して木々の茂る山頂に出る。

20-23.
点名 **聖山**（ひじりやま）　山名 **聖山**

標高　1447.17m
基準点コード　TR15438508101
選点　明治25年（1892）　　地上埋設
1/5万図名　坂城　　本点
北緯　36°29′03″.1227
東経　138°01′17″.0941
所在地　東筑摩郡麻績村字坊平8977番地
三角点道　篠ノ井線聖高原駅から国道403号線を走り、聖湖で県道501号線に入り樋知（ひじり）神社から林道で聖山山頂に駐車。三角点は山頂中央にあり、パノラマ展望を写真パネルで紹介した看板がある。

20-24.
点名 斑尾山（まどろさん）　山名 斑尾山（まだらおやま）

標高　　1381.50m
基準点コード　TR15538220101
選点　明治27年（1894）　　地上埋設
1/5万図名　飯山
北緯　　36°50′14″.6255
東経　138°16′27″.5256
所在地　上水内郡信濃町大字古海字斑*1
三角点道　信越本線妙高高原駅から県道96号、504号線を走り、万坂峠登山口に駐車。ゆるやかなスキー場ゲレンデの中を直登し、リフト終点から樹林帯に入り一つコブを登り返して山頂に出る。

20-25.
点名 八風山（はっぷうざん）　山名 八風山

標高　　1315.41m
基準点コード　TR15438343701
選点　明治25年（1892）　　地上埋設
1/5万図名　御代田　　本点
北緯　　36°16′46″.7880
東経　138°35′50″.7465
所在地　北佐久郡軽井沢町大字発地*1
三角点道　長野新幹線軽井沢駅から県道43号線、妙義荒船スーパー林道を走り、八風山下の登山口に近い広場に駐車。樹林の中を15分程急登すると木々に囲まれた広い芝地の三角点山頂に出る。

20-26.
点名 陣場平（じんばだいら）　山名 陣場平山（じんばだいらやま）

（▲ 長野市戸隠祖山）

標高　　1257.35m
基準点コード　TR15438707601
選点　明治27年（1894）　　地上埋設
1/5万図名　長野
北緯　　36°38′47″.9945
東経　138°04′35″.8603
所在地　上水内郡戸隠村▲大字祖山字峠*1
三角点道　篠ノ井線安茂里駅から国道19号線の笹平で県道86号線を走り、地蔵峠の広場に駐車。道標で灌木の登山道で雑草が茂るテニス場を横断し、広葉林のしっかりした道を登り三角点に出る。

20-27.
点名 権現山（ごんげんやま）　山名 権現山

（▲ 大町市美麻）

標高　1222.66m
基準点コード　TR15437760901
選点　明治27年（1894）　　地上埋設
1/5万図名　大町
北緯　　36°35′24″.7788
東経　137°51′58″.1569
所在地　北安曇郡美麻村▲字新行山飛*1
三角点道　大糸線北大町駅から県道31号線を走り、池ノ平入口で林道に入り駐車。山頂への取付点が判りにくいが、尾根に続く登山口を見付けて灌木が茂る尾根筋を辿ると、無線塔が建つ山頂に着く。

20-28.
点名 根岸（ねぎし）　山名 （無名峰）

標高　875.90m
基準点コード　TR15438236401
選点　明治26年（1893）　　地上埋設
1/5万図名　小諸
北緯　　36°13′14″.3184
東経　138°25′37″.0619
所在地　佐久市大字根岸字日向761番地
三角点道　小海線中込駅から国道254号線の野沢本町で県道145号線を走り、小宮山近くの十駄線林道に駐車。リンゴ畑に囲まれた林道を登り峠に出て、峠脇のカラマツ林の平な中の三角点に出る。

20-29.
点名 井上山（いのうえやま）　山名 大洞山（おおぼらやま）

標高　771.42m
基準点コード　TR15438724301
選点　明治25年（1892）　　地上埋設
1/5万図名　須坂　　本点
北緯　　36°37′17″.7976
東経　138°17′16″.3799
所在地　須坂市大字井上字本誓寺*1
三角点道　長野電鉄井上駅から県道58号線を走り、上八町で林道に入り峠に駐車。道標はなく尾根道を登り先の二俣を左に進み、一旦下り登り返して平坦地を辿り登山道に埋設された三角点に出る。

20-30.
点名 雁田山(かりたやま)　山名 雁田山

標高　759.27m
基準点コード　TR15538022701
選点　昭和54年(1979)　　地上埋設
1/5万図名　中野　　本点
北緯　　36°41′20″.3283
東経　138°20′23″.4262
所在地　上高井郡小布施町大字雁田[*1]
三角点道　長野電鉄小布施駅から県道358号線を走り、花公園交差点から浄光寺に向かい登山口に駐車。整備された灌木林の登山道を登り、途中の岩場で展望が開け、先のコナラ林を登り山頂に出る。

20-31.
点名 髻山(もとどりやま)　山名 髻山

標高　744.36m
基準点コード　TR15538016901
選点　明治25年(1892)　　地上埋設
1/5万図名　戸隠　　本点
北緯　　36°43′13″.3434
東経　138°14′36″.5140
所在地　長野市大字若槻西条字髻[*1]
三角点道　信越本線牟礼駅から県道60号線を走り、平出の案内板で登山口駐車場に駐車。リンゴ畑の農道を歩き、樹林の木々が密集した登山道をジグザグに登り、城跡の広々とした山頂に出る。

20-Lo.　長野県で最も低い一等三角点
点名 基線西端(きせんせいたん)　山名 （なし）

標高　353.01m　私有地
基準点コード　TR15538020401
選点　明治25年(1892)　　地上埋設
1/5万図名　中野　　本点
北緯　　36°40′28″.8916
東経　138°18′17″.9204
所在地　須坂市大字小河原字別府山[*1]
三角点道　長野電鉄北須坂駅から南西方向700m地点に着く。周囲が果樹園の一帯に、ジャガイモとネギ畑があり、畑の中に黄色の三角点標が立ちその横に三角点がある。北アルプスの山々が望める。

21　岐阜県

*1 「点の記」にはこの後にも記載があるが本書では省略した。

1. 県内の一等三角点は17点で、標高500m以上が16点ある。
2. 県内の最も高い一等三角点は乗鞍岳3025.73mで、コロナ観測所・宇宙線観測所がある。
3. 県内の最も低い一等三角点は如来ヶ岳276.00mで、岐阜市椿洞にある。

21-01. 岐阜県で最も高い一等三角点
点名 **乗鞍岳**(のりくらだけ)　山名 **乗鞍岳**

（▲ 高山市高根町野麦）

標高　3025.73m
基準点コード　TR15437142401
選点　明治27年(1894)　　地上埋設
1/5万図名　乗鞍岳
北緯　36°06′23″.3520
東経　137°33′13″.0809
所在地　大野郡高根村▲大字野麦字岳谷*1
三角点道　松本電鉄新島々駅から国道158号、県道84号線を走り、乗鞍観光センターに駐車。シャトルバスで畳平(標高2,700m)に着き、コロナ観測所の作業道から赤い岩の岩道を登り山頂に出る。

21-02.
点名 **恵那山**(えなさん)　山名 **恵那山**

標高　2190.28m
基準点コード　TR15337142801
選点　明治14年(1881)　　地上埋設
1/5万図名　中津川　　本点
北緯　35°26′25″.3451
東経　137°36′01″.7763
所在地　中津川市大字中津川字恵那山*1
三角点道　中央本線中津川駅から国道363号線を走り、川上で林道に入り黒井沢ゲート前に駐車。登山口から野熊の池を経て厳しく長い稜線を辿り山頂避難小屋に出る。三角点は小屋の南東にある。

21-03.
点名 **御前岳**（ごぜんだけ）　山名 **御前岳**

(▲ 高山市清見町)

標高　1816.24m　高難度
基準点コード　TR15436273601
選点　明治27年（1894）　　地上埋設
1/5万図名　白川村
北緯　36°11′53″.3701
東経　136°57′36″.6840
所在地　大野郡清見村▲大字森茂字一ノ[*1]
三角点道　東海北陸道清見ICから県道478号線を走り、林道入口に駐車。長い林道を森茂峠から崩壊林道を高巻きし三ノ谷に入り、沢筋を急登して藪漕ぎで大岩に、更に藪をかき分けて山頂に出る。

21-04.
点名 **大日ヶ岳**（だいにちがだけ）　山名 **大日ヶ岳**（だいにちがたけ）

(▲ 高山市荘川町)

標高　1709.00m
基準点コード　TR15436060701
選点　明治27年（1894）　　地上埋設
1/5万図名　白鳥
北緯　36°00′04″.9169
東経　136°50′16″.1455
所在地　大野郡荘川村▲大字尾上字大日[*1]
三角点道　長良川鉄道北濃駅から国道156号線を走り、ひるがのの登山口の駐車場に駐車。樹林帯を急登し尾根のいっぷく平主三角点に乗り、ゆるやかな稜線から展望がよい大日如来像のある山頂に出る。

21-05.
点名 **五善山**（ごぜんやま）　山名 **御前山**（ごぜんやま）

(▲ 下呂市萩原町)

標高　1646.50m
基準点コード　TR15337625101
選点　明治27年（1894）　　地上埋設
1/5万図名　御嶽山
北緯　35°52′35″.7327
東経　137°16′23″.8453
所在地　益田郡萩原町▲御前国有林168[*1]
三角点道　高山本線飛騨萩原駅から林道で桜洞登山口に入り駐車。道標で桜谷の沢筋を入り合目毎の観音様が安置された登山道を登る。七合目半の屏風岩を経て尾根に乗り、尾根筋を辿り山頂に出る。

21-06.
点名 兎馬場(うさぎばんば)　山名 川上岳(かおれだけ)

標高　　1625.49m
基準点コード　TR15437010101
選点　明治27年(1894)　　　地上埋設
1/5万図名　三日町
北緯　　36°00′29″.5694
東経　　137°08′58″.4880
所在地　益田郡萩原町▲山之口国有林173[*1]
三角点道　高山本線飛騨一ノ宮駅から県道98号線を走り、苅安峠で林道に入り宮村ゲート前に駐車。登山口の大木「大イチイ」から長い登りが続き、背丈ほどの笹原の中を登ると展望のよい山頂に出る。

(▲ 下呂市萩原町)

21-07.
点名 能郷白山(のうごうはくさん)　山名 能郷白山

標高　　1617.37m
基準点コード　TR15336541101
選点　明治26年(1893)　　　地上埋設
1/5万図名　能郷白山　　本点
北緯　　35°45′44″.6170
東経　　136°30′50″.5093
所在地　本巣郡根尾村▲大字能郷字比金谷[*1]
三角点道　樽見鉄道樽見駅から国道157号線を走り、温見峠(ぬくみとうげ)の登山口に駐車。ブナ林に入り県境稜線の急な尾根からゆるやかな稜線を登り、視界の開けた笹原の登山道を辿り三角点山頂に出る。

(▲ 本巣市根尾)

21-08.
点名 三階岳(さんかいだけ)　山名 三界山(さんがいさん)

標高　　1599.74m
基準点コード　TR15337339901
選点　明治27年(1894)　　　地上埋設
1/5万図名　妻籠
北緯　　35°39′52″.8787
東経　　137°29′51″.7530
所在地　恵那郡川上村▲字奥屋1052[*1]
三角点道　中央本線坂下駅から県道3号、411号線を走り、夕森公園に駐車。登山口から沢沿いの樹林で日が当たらず苔で滑り易い登山道を登り途中、崩壊、倒木の暗い道を登ると山頂に出る。

(▲ 中津川市川上)

21-09.
点名 大雨見山（おおあまみやま）　山名 大雨見山

（▲ 高山市上宝町）

標高　1336.28m
基準点コード　TR15437320301
選点　明治27年（1894）　　地上埋設
1/5万図名　船津
北緯　　36°15′12″.2243
東経　137°17′54″.5383
所在地　吉城郡上宝村▲蔵柱字大雨見*1
三角点道　高山本線飛騨国府駅から県道76号線を走り、飛騨天文台の看板で林道に入りゲート前に駐車。舗装林道を歩いて天文台に出て、天文台奥の登山道から笹とブナ林の中を登り三角点に出る。

21-10.
点名 三周岳（さんしゅうだけ）　山名 三周ヶ岳（さんしゅうがだけ）

（▲ 揖斐川町）

標高　1292.01m
基準点コード　TR15336422401
選点　明治27年（1894）　　地上埋設
1/5万図名　冠山
北緯　　35°41′01″.0848
東経　136°18′00″.3700
所在地　揖斐郡徳山村▲大字門入字門入*1
三角点道　北陸本線木之本駅から国道303号線を走り、川上で林道に入り池ノ又登山口に駐車。登山道で谷筋から山腹を登り、幽玄、昇龍の滝を見て夜叉ヶ池の稜線に乗り、熊笹道を辿り山頂に出る。

21-11.
点名 高賀山（こうがさん）　山名 高賀山

（▲ 関市洞戸高賀）

標高　1224.19m
基準点コード　TR15336460801
選点　明治26年（1893）　　地上埋設
1/5万図名　八幡
北緯　　35°40′18″.5468
東経　136°51′33″.4893
所在地　武儀郡洞戸村▲大字奥洞戸字宮*1
三角点道　長良川鉄道相生駅から国道256号線を走り、高賀神社の先、高賀の森自然公園に駐車。整備された沢沿いの登山道を急登して御坂峠に乗り、峠からは緩やかな尾根を辿り山頂に出る。

21-12.

点名 月夜谷山（つきよたにやま）　山名 タンポ

(▲ 揖斐川町)

標高　　1065.70m
基準点コード　TR15336341401
選点　明治26年（1893）　　地上埋設
1/5万図名　谷汲
北緯　　35°35′57″.3744
東経　136°33′43″.0206
所在地　揖斐郡久瀬村▲大字小瀬字高地*1
三角点道　名鉄揖斐線本揖斐駅から国道303号、県道268号線を走り、小津川沿いの林道ゲートに駐車。林道を南に回り込んで尾根に取り付き、踏み跡を辿り展望のよい山頂に出る。

21-13.

点名 大洞山（おおぼらやま）　山名 大洞山

(▲ 郡上市八幡町)

標高　　1034.63m
基準点コード　TR15337504301
選点　明治26年（1893）　　地上埋設
1/5万図名　下呂　　本点
北緯　　35°47′12″.6900
東経　137°02′25″.6346
所在地　郡上郡八幡町▲大字市島字大*1
三角点道　長良川鉄道郡上八幡駅から国道256号、県道323号線を走り、大月の森公園に駐車。林道終点から沢に取り付き踏み跡を辿り登り詰めて尾根に乗り、尾根筋を辿り展望のよい山頂に着く。

21-14.

点名 養老山（ようろうざん）　山名 養老山（ようろうさん）

標高　　858.90m
基準点コード　TR15236741101
選点　明治18年（1885）　　地上埋設
1/5万図名　津島
北緯　　35°15′47″.3469
東経　136°31′23″.9598
所在地　養老郡養老町大字小倉字小倉*1
三角点道　近鉄養老線養老駅から県道96号線を走り、養老の滝駐車場に駐車。駐車場手前の登山口から三方山に向かい、沢を渡り急登し三方山を経て、ゆるやかな灌木林の稜線を辿り三角点山頂に出る。

21-15.
点名 **屏風山**（びょうぶやま）　山名 **屏風山**（びょうぶさん）

（▲ 恵那市山岡町）

標高　794.37m
基準点コード　TR15337024601
選点　明治27年（1894）　　地上埋設
1/5万図名　恵那
北緯　　35°22′02″.5012
東経　137°19′31″.8925
所在地　恵那郡山岡町▲大字田代字大日[*1]
三角点道　中央本線釜戸駅から県道65号、66号線を走り、大草の看板で登山口に駐車。登山道は北道と南道があり、北道で杉林の中を急登して北屏風山に乗り、更に尾根筋を辿り山頂に出る。

21-16.
点名 **久田見山**（くたみやま）　山名 **（無名峰）**

標高　685.81m
基準点コード　TR15337212201
選点　明治26年（1893）　　地上埋設
1/5万図名　金山
北緯　　35°31′18″.4947
東経　137°09′43″.0316
所在地　加茂郡八百津町大字久田見字[*1]
三角点道　高山本線中川辺駅から国道418号、県道83号線を走り、長者屋敷への林道に入り集落奥に駐車。林道を急登し電波塔前に出、電波塔への階段を上り藪道に入り程なく山頂の三角点に出る。

21-Lo.　岐阜県で最も低い一等三角点
点名 **檜峠**（ひのきとうげ）　山名 **如来ヶ岳**（にょらいがたけ）

標高　276.00m
基準点コード　TR15336169101
選点　明治27年（1894）　　地上埋設
1/5万図名　岐阜
北緯　　35°29′57″.9331
東経　136°45′48″.9888
所在地　岐阜市大字椿洞字釣瓶落1189[*1]
三角点道　東海道本線岐阜駅から国道256号線を走り、粟野東で西に向かい途中に駐車。彦坂トンネル東口手前の送電線巡視路を利用して登り、2本の鉄塔を過ぎ尾根へ急登すると三角点山頂に（→P.103）。

22　静岡県

*1 「点の記」にはこの後にも記載があるが本書では省略した。

1. 県内の一等三角点は18点で、標高500m以上が11点ある。
2. 県内の最も高い一等三角点は大無間山2329.62mで、南アルプス深南部登山者憧れの山である。
3. 県内の最も低い一等三角点は上野巳新田33.63mで、磐田市京見塚公園の古墳上にある。

22-01．静岡県で最も高い一等三角点
点名　**大無間山**（だいむげんざん）　山名　**大無間山**

（▲ 川根本町）

標高　2329.62m　要健脚
基準点コード　TR15238710201
選点　明治14年（1881）　地上埋設
1/5万図名　井川　本点
北緯　35°15′21″.5235
東経　138°09′41″.5725
所在地　榛原郡本川根町▲大字千頭字千*1
三角点道　大井川鉄道井川駅から県道60号線を走り、田代で駐車。諏訪神社から杉林の尾根を登り前衛の小無間山に登り、更に長く厳しい尾根のアップダウンを繰り返し木々に囲まれた山頂に出る。

22-02．
点名　**黒法師岳**（くろぼうしだけ）　山名　**黒法師岳**

（▲ 川根本町）

標高　2068.09m
基準点コード　TR15238603201
選点　明治27年（1894）　地上埋設
1/5万図名　井川
北緯　35°11′46″.2037
東経　138°01′45″.8093
所在地　榛原郡本川根町▲大字地頭方字*1
三角点道　飯田線水窪駅から水窪川、戸中川沿いを走り、戸中川ゲート前に駐車。長い林道を歩き登山口から急登して稜線に着き、稜線を辿り三角点山頂に出る。唯一の「×」印の標石が見られる。

22-03.
点名 **毛無山**(けなしやま) 山名 **毛無山**

標高　1945.40m
基準点コード　TR15338049301
選点　明治14年(1881)　　地上埋設
1/5万図名　富士山　　本点
北緯　　35°24′50″.2736
東経　138°32′17″.7915
所在地　富士宮市字麓79
三角点道　富士急行河口湖駅から国道139号線を走り、朝霧高原猪之頭で林道に入り麓に駐車。樹林帯から急登して滝見の休憩所を経て稜線に乗り、更に稜線を辿り富士山の勇姿を望む山頂に出る。

22-04.
点名 **万城岳**(ばんじょうだけ) 山名 **万三郎岳**(まんざぶろうたけ)

(▲ 伊豆市地蔵堂)

標高　1405.63m
基準点コード　TR15239203001
選点　明治12年(1879)　　地上埋設
1/5万図名　伊東　　本点
北緯　　34°51′46″.2396
東経　139°00′06″.4913
所在地　伊豆市中地蔵堂▲字地蔵堂*1
三角点道　箱根から続く伊豆スカイラインを走り、終点で天城高原CCの登山者用駐車場に駐車。整備された登山道を登り、万二郎岳を経て石楠花のトンネルをくぐり三角点のある万三郎岳に出る。

22-05.
点名 **愛鷹山**(あしたかやま) 山名 **愛鷹山**

標高　1187.54m
基準点コード　TR15238663401
選点　明治12年(1879)　　地上埋設
1/5万図名　御殿場
北緯　　35°11′54″.5864
東経　138°48′27″.7968
所在地　沼津市大字宮本字愛鷹山*1
三角点道　東海道線沼津駅から北上県道405号線を走り、水神社手前で愛鷹林道に入り登山口に駐車。登山道から灌木林の尾根筋を登り愛鷹神社の鳥居階段を上ると富士山が聳える三角点山頂に出る。

22-06.

点名 竜爪山(りゅうそうざん)　山名 文殊岳(もんじゅだけ)

(▲ 静岡市葵区牛妻)

標高　1040.84m
基準点コード　TR15238530201
選点　明治14年(1881)　　地上埋設
1/5万図名　清水　　本点
北緯　　35°05′03″.2369
東経　138°24′03″.1598
所在地　静岡市大字牛妻▲字文珠ヶ岳[*1]
三角点道　東海道線草薙駅から県道201号線走り、登山口に駐車する。登山口から杉林の山腹を歩き杉の大木がある穂積神社に出る。神社裏の鉄階段を登り薬師岳を経て、尾根筋を辿り山頂に出る。

22-07.

点名 白倉山(しらくらやま)　山名 白倉山

(▲ 浜松市天竜区佐久間町)

標高　1027.40m
基準点コード　TR15237461101
選点　明治13年(1880)　　地上埋設
1/5万図名　佐久間　　本点
北緯　　35°00′35″.1097
東経　137°46′19″.8764
所在地　磐田郡佐久間町▲大字浦川(126[*1]
三角点道　天竜浜名湖鉄道二俣本町駅から秋葉ダム手前で県道361号線を走り、白倉峡登山口に駐車。道標に従い樹林で暗い登山道を山腹を登り尾根に乗り、更に尾根筋を辿って三角点山頂に出る。

22-08.

点名 達摩山(だるまやま)　山名 達磨山(だるまやま)

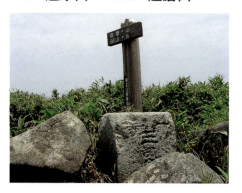

標高　981.83m
基準点コード　TR15238364701
選点　明治16年(1883)　　地上埋設
1/5万図名　修善寺
北緯　　34°57′17″.9606
東経　138°50′21″.4344
所在地　伊豆市修善寺町大字達磨山[*1]
三角点道　伊豆箱根鉄道修善寺駅から県道18号、127号線を走り、達磨山下の登山口に駐車。目の前の熊笹の横木階段を一気に登り360度展望が開ける三角点に出る。駿河湾の先に富士山を望む。

22-09.
点名 八高山(はっこうさん)　山名 八高山

(▲ 島田市高熊)

標高　832.30m
基準点コード　TR15238208402
選点　明治13年(1880)　　地上埋設
1/5万図名　家山　　本点
北緯　　34°54′26″.7683
東経　138°03′24″.0534
所在地　榛原郡金谷町▲大字高熊字八高*1
三角点道　大井川鉄道福用駅近くの駐車場に駐車。登山口の茶畑から樹林帯の中を登り馬王平に乗り、再び樹林帯の暗い登山道を急登して、白光神社奥宮を経て南アルプスと富士山を望む山頂に出る。

22-10.
点名 富巻山(とんまきやま)　山名 富幕山(とんまくやま)

(▲ 浜松市北区引佐町)

標高　563.49m
基準点コード　TR15237241601
選点　明治13年(1880)　　地上埋設
1/5万図名　三河大野　本点
北緯　　34°50′58″.5588
東経　137°35′13″.8862
所在地　引佐郡引佐町▲大字奥山(125林*1
三角点道　天竜浜名湖鉄道三ヶ日駅の北、県道68号線を走り、方広寺から林道に入り駐車。東海自然歩道の杉林を歩き幡教寺跡広場で林道に出て、道なりに進み急な階段を上り展望のよい山頂に出る。

22-11.
点名 岩科村(いわしなむら)　山名 暗沢山(くらさわやま)

標高　520.09m
基準点コード　TR15238065201
選点　明治16年(1883)　　地上埋設
1/5万図名　下田
北緯　　34°42′48″.1641
東経　138°46′59″.9657
所在地　賀茂郡松崎町大字岩科南側*1
三角点道　伊豆半島駿河湾側の国道136号線を走り、松崎町のマーガレットラインから林道に入り電波塔管理道前に駐車。電波塔管理道を歩いて登り電波塔裏の藪の中に入り三角点山頂に出る。

22-Lo. 静岡県で最も低い一等三角点
点名 **上野巳新田**(うわのみしんでん)　山名 **（なし）**

標高　**33.63m**
基準点コード　TR15237066701
選点　明治13年(1880)　　　地上埋設
1/5万図名　磐田　本点
北緯　　34°43′24″.3018
東経　137°50′20″.8671
所在地　磐田市梅原▲27番の9
三角点道　東海道線磐田駅から県道56号、国道1号線を走り、一言交差点近くの京見塚公園に駐車。宅地に囲まれた公園に大きな古墳があり、古墳上部の平坦地中央に角が取れ風化した三角点に出る。

(▲ 磐田市国府台)

《三角測量の始まりはいつごろか?》

　近代地図の発祥は明治に入ってからで、まず明治4年(1871)工部省工学寮に測量司を置いて英人5名を雇い入れ、全国測量が企画された。続いて東京府下の三角測量を開始して宮城内の富士見櫓に第1点を設置し、順次13点の三角点を置いて三角網を構成し、小規模ながら三角測量が始めて実施された。これが**近代測量・近代地図製作の始まり**と言われる。ついで明治7年(1874)にこの事業を**内務省地理寮**が引き継ぎ、明治8年(1875)に関東地区を中心に「関八州大三角測量」を開始したが、明治11年(1878)になってから**内務省地理局**(地理寮を改称)がこれを「**全国三角測量**」に改め、全国的な三角測量が開始された。そして明治15年(1882)には関東を中心に信越・中部地方までの約100箇所の選点が終わり、半数が測量されたと言われる。

　この測量は明治17年(1884)からは**陸軍省参謀本部測量局**が引き継ぎ、三角測量課・地形測量課・地図課などが開設され、全国的測量を本格化させた。この頃参謀本部では、8年間のドイツ留学から帰朝した田坂虎之助が現在の測量作業規定にあたる「三角測量説約」を完成させ、本格的な一等三角測量に着手した。この時点から、測量法はフランス式から**ドイツ式**に変更されている。なお内務省地理局が設置した三角点は後年参謀本部に引き継がれた時に新しい一等三角点の標石と交換されており、内務省時代の古い三角点「**原三角測點**」(→P.160)は、東京都の雲取山、新潟県の米山、群馬県の白髪岩の3箇所で確認されているのみである。

　また明治21年(1888)には**参謀本部陸地測量部**が設置され、測量局は廃止された。この陸地測量部は太平洋戦争の終結する昭和20年(1945)まで継続したが、終戦後は陸地測量部から**地理調査所**に生まれ変わり、そして昭和35年(1960)に地理調査所が改称されて現在の**国土地理院**が誕生したのである。

23　愛知県

*1 「点の記」にはこの後にも記載があるが本書では省略した。

1. 県内の一等三角点は8点で、標高500m以上が3点ある。
2. 県内の最も高い一等三角点は出来山1052.67mで、北設楽郡設楽町にある。
3. 県内の最も低い一等三角点は高根山55.14mで、高速道路名古屋南IC立体交差下にある。

23-01. 愛知県で最も高い一等三角点
点名　**出来山**(できやま)　山名　**出来山**

標高　　1052.67m
基準点コード　TR15237533501
選点　明治13年（1880）　　地上埋設
1/5万図名　足助
北緯　　35°06′36″.5930
東経　137°26′43″.3611
所在地　北設楽郡設楽町大字田峯字段(したら)*1
三角点道　飯田線大海駅から国道257号、県道33号線を走り、段戸(だんど)湖に駐車。道標はなく駐車場から西へ3km長い林道を歩き林道終点に着き、灌木林の小高い丘陵地に登り三角点山頂に出る。

23-02.
点名　**三本宮山**(みかわほんぐうさん)　山名　**本宮山**(ほんぐうさん)

（▲ 豊川市上長山町）

標高　　789.31m
基準点コード　TR15237239301
選点　明治13年（1880）　　地上埋設
1/5万図名　御油　　本点
北緯　　34°54′35″.2610
東経　137°25′14″.0723
所在地　宝飯郡一宮町▲大字上長山字本*1
三角点道　飯田線新城駅から国道301号、県道526号線を走り、本宮山スカイラインの最高所の駐車場に駐車。駐車場から整備されたハイキングコースを登り電波塔が林立している三角点山頂に出る。

23 愛知県——出来山(出来山)・三本宮山(本宮山) —— 155

23-03.

点名 猿投山（さなげやま）　山名 猿投山

標高　　628.98m
基準点コード　TR15237614301
選点　明治13年（1880）　　地上埋設
1/5万図名　瀬戸
北緯　　35°12′21″.2741
東経　137°10′00″.5644
所在地　豊田市猿投町字鷲取3-88番地
三角点道　愛知環状鉄道四郷駅から県道349号線を走り、猿投神社駐車場に駐車。林道を歩き水車小屋の先から登山道に入り、東宮の大きな鳥居を経て樹林帯を登り北側の展望のよい広い山頂に出る。

23-Lo.　愛知県で最も低い一等三角点

点名 高根山（たかねやま）　山名 高根山

標高　　55.08m
基準点コード　TR15236475501
選点　明治18年（1885）　　地上埋設
1/5万図名　名古屋南部
北緯　　35°02′49″.7840
東経　136°56′48″.4123
所在地　名古屋市緑区大高町字高根山*1
三角点道　東海道線共和駅の北1kmにある名古屋南ICの立体交差に近い、愛知用水の大高サイホン近くに駐車。高根山の周囲は造成地となり山裾が削られ、山頂と雑木が残った山の三角点に出る。

《日本水準原点はどこにあるのか？》

　「日本水準原点」は東京都千代田区永田町1-1、すなわち国会議事堂前の洋式庭園内にある。ここはかつて参謀本部陸地測量部があった所で、この水準点の標高を基準にして全国の水準点の高さが決められた。この原点の高さは当時東京湾に面していた荒川河口、霊岸島での量水表によって明治6年（1873）6月から12年12月までに行った験潮記録を解析して定めた東京湾平均海面を0mとした、精密水準測量の結果から日本水準点原点の零目盛りが24.5000mとなるよう作られた。地盤沈下を極力避けるべく基礎が地中深く岩盤まで達するよう綿密な設計が施されていたが、大正12年（1923）に起きた関東大震災では、建物自体は殆ど影響を受けなかったものの再測量によって86mm沈下したことが判った。そして水準点の標高は24.4140mになった。平成23年（2011）3月11日に発生した東北地方太平洋沖地震（東日本大震災）によって更に24mm沈下したため、現在の原点標高は24.3900mに改定されている。

24　三重県

*1 「点の記」にはこの後にも記載があるが本書では省略した。

1. 県内の一等三角点は11点で、標高500m以上が8点ある。
2. 県内の最も高い一等三角点は日出ヶ岳1695.12mで、「日本の秘境100選」に選ばれている。
3. 県内の最も低い一等三角点は大平尾村4.51mで、松阪市大平尾町の稲田の畔道にある。

24-01. 三重県で最も高い一等三角点
点名　**大台ヶ原山**（おおだいがはらやま）　山名　**日出ヶ岳**（ひのでがたけ）

（▲ 大台町）

標高　1695.12m
基準点コード　TR15136202801
選点　明治28年（1895）　地上埋設
1/5万図名　大台ケ原山　本点
北緯　34°11′06″.8184
東経　136°06′33″.1179
所在地　多気郡宮川村▲大字南大杉字堂*1
三角点道　近鉄吉野線大和上市駅から国道169号、県道40号線を走り、大台ヶ原ビジターセンターに駐車。道標に従い樹林帯の笹原の木道を歩き展望台のある山頂に出る。三角点は石積みの中にある。

24-02.
点名　**三嶺山**（みむねやま）　山名　**三峰山**（みうねやま）

（▲ 松阪市飯高町）

標高　1235.24m
基準点コード　TR15136513601
選点　明治20年（1887）　地上埋設
1/5万図名　高見山　本点
北緯　34°26′55″.3632
東経　136°12′22″.5466
所在地　飯南郡飯高町▲大字富永字三峰*1
三角点道　名松線伊勢奥津駅から国道368号線を走り、神末で林道に入り青少年旅行村駐車場に駐車。登り尾コースで杉林の中の尾根を登り、避難小屋を経て三畝峠（みうね）に乗り、稜線を辿り山頂に出る。

24-03.
点名 御在所山(ございしょやま)　山名 御在所山(ございしょやま)

標高　1209.41m
基準点コード　TR15236432301
選点　明治17年(1884)　　地上埋設
1/5万図名　御在所山　　本点
北緯　　35°01′13″6461
東経　136°25′07″2040
所在地　三重郡菰野町字藤内壁8501番[*1]
三角点道　近鉄湯の山線湯の山温泉駅から国道477号線を走り、中道登山口に駐車。ロープウェイに沿う西尾根に向かい急登し、山上公園駅から観光リフト山頂駅への道標に従い三角点に出る。

24-04.
点名 高小屋山(たかこややま)　山名 高峰山(たかみねさん)

標高　1045.03m
基準点コード　TR15136013101
選点　明治20年(1887)　　地上埋設
1/5万図名　尾鷲　　本点
北緯　　34°01′55″2112
東経　136°08′49″9611
所在地　尾鷲市大字尾鷲南浦字矢ノ川[*1]
三角点道　紀勢本線尾鷲駅から国道42号線を走り、矢ノ川トンネル北側から林道に入り、近くの広場に駐車。林道を暫く歩き矢ノ川峠に乗る。灌木林の尾根筋を辿り岩場で展望のよい三角点山頂に出る。

24-05.
点名 南亦(みなみまた)　山名 南亦山(みなみまたやま)

標高　981.84m
基準点コード　TR15136325501
選点　明治28年(1895)　　地上埋設
1/5万図名　長島
北緯　　34°17′53″1878
東経　136°18′52″6735
所在地　度会郡大内山村▲字奥唐子4-416
三角点道　紀勢本線大内山駅から千石越林道を走り、森林公園駐車場に駐車。道標に従い整備された灌木林の登山道で尾根筋を辿り三角点山頂に出る。標石の真上に観測櫓を兼ねた展望台がある。

(▲ 大紀町大内山)

24-06.

点名 子ノ泊山（ねのとまりやま）　山名 子ノ泊山

（▲ 熊野市紀和町）

標高　907.16m
基準点コード　TR15035575401
選点　明治20年（1887）　　地上埋設
1/5万図名　新宮　　本点
北緯　　33°47′40″.4832
東経　135°55′49″.6576
所在地　南牟婁郡紀和町▲大字和気字ナ*1
三角点道　紀勢本線新宮駅から熊野川沿いの県道740号線を走り、浅里で林道に入り桐原登山口に駐車。林道から鉄ハシゴを登り山腹の尾根に取り付く。厳しい登りが山頂まで続くと三角点に出る。

24-07.

点名 白岩峰（しろいわみね）　山名 七洞岳（ななほらだけ）

（▲ 大紀町野原）

標高　778.05m
基準点コード　TR15136444101
選点　明治20年（1887）　　地上埋設
1/5万図名　伊勢
北緯　　34°22′23″.0077
東経　136°30′56″.7081
所在地　度会郡大宮町▲大字野原字奥山*1
三角点道　紀勢本線栃原駅の南、野原から林道に入り舗装路終点に駐車。小合川沿いを歩き作業小屋で沢を渡り杉林の整備された登山道を登り鞍部に乗る。尾根筋を辿り展望のよい山頂に出る。

24-08.

点名 霊山（れいざん）　山名 霊山

（▲ 伊賀市下拓植）

標高　765.51m
基準点コード　TR15236128001
選点　明治17年（1884）　　地上埋設
1/5万図名　津西部
北緯　　34°49′01″.7556
東経　136°15′37″.7075
所在地　阿山郡伊賀町▲大字下拓植字道*1
三角点道　関西本線新堂駅から県道2号線を走り、川東で林道に入り田代池の野外活動センターに駐車。登山口から樹林の中の横木階段を登り稜線に出て、更に稜線を北へ辿り展望のよい山頂に出る。

子ノ泊山（子ノ泊山）・白岩峰（七洞岳）・霊山（霊山）　── 159

24-Lo. 三重県で最も低い一等三角点
点名 **大平尾村**（おおひらおむら） 山名 **（なし）**

標高　4.51m　私有地
基準点コード　TR15136741302
選点　明治20年（1887）　　地上埋設
1/5万図名　松阪
北緯　　34°35′41″.9891
東経　136°32′24″.2868
所在地　松阪市大平尾町181番地
三角点道　紀勢本線松坂駅から北へ2km程の国道23号線沿いの大平尾町に走り駐車。民家から送電線を目標に稲田の畦（あぜ）道（みち）を歩き三角点に出る。三角点は一段高い場所に保護石4個に囲まれている。

《原三角測點はどこにあるのか？》

　明治8年（1875）に**内務省地理寮**が関東地区を中心に「関八州大三角測量」を開始したが、その後明治11年（1878）に内務省地理局が「**全国三角測量**」と改称して、全国的に三角測量が実施され始めた。明治15年（1882）には関東を中心に信越・中部までの約100箇所の三角点選点を終了したが、約半数が測量された時点で、**陸軍参謀本部陸地測量部**の一等三角測量にその役割を引き継いだようである。内務省が設置した原三角點は50点程度と言われるが、この引き継ぎの時点で大半が処分されたらしく、現在確認されているのは、下の写真に示した**白髪岩**（群馬県）と**雲取山**（東京都）（→P.110）、そして**米山**（新潟県）（→P.117）の3箇所だけである。なお原三角測點の形状は台形で、白髪岩は上面一辺15cm角、地上高さ60cm、下辺25cmの寸法をなし、上面には「×印の対角線」が刻まれ、北面には「原三角測點」、西面には「内務省地理局」、東面には「明治十五年十月」と刻字されている。

白髪岩（群馬県）原三角測點の北面（左）と上面（右）

25　滋賀県

*1 「点の記」にはこの後にも記載があるが本書では省略した。

1. 県内の一等三角点は11点で、標高500m以上が5点ある。
2. 県内の最も高い一等三角点は伊吹山1377.33mで、歴史の舞台に数多く登場する。
3. 県内の最も低い一等三角点は深溝村86.76mで、琵琶湖湖岸の道の駅「しんあさひ風車村」近くにある。

25-01. 滋賀県で最も高い一等三角点
点名　伊吹山(いぶきやま)　　山名　伊吹山

(▲ 米原市上野)

標高　1377.33m
基準点コード　TR15336130201
選点　明治17年（1884）　地上埋設
1/5万図名　長浜　本点
北緯　35°25′04″.2087
東経　136°24′22″.8457
所在地　坂田郡伊吹町▲大字上野字伊吹[1]
三角点道　東海道線関が原駅から伊吹山ドライブウエーで山頂下の駐車場に駐車。横木階段を登り山頂手前の売店から広い台地状の高見に進むと気象測候所跡があり、展望のよい三角点に出る。

25-02.
点名　比良ヶ岳(ひらがだけ)　　山名　蓬萊山(ほうらいさん)

標高　1173.94m
基準点コード　TR15235675001
選点　明治17年（1884）　地上埋設
1/5万図名　北小松　本点
北緯　35°12′34″.3404
東経　135°53′08″.6444
所在地　大津市葛川坊村町白滝1番地[1]
三角点道　湖西線蓬莱駅の八屋戸から野離子川上流に走り、金比羅神社前に駐車。樹林の尾根道を登り山頂のスキー場に出て、ゲレンデの中をひと登りすると展望のよい広い三角点山頂に出る。

25-03.
点名 **比叡山**（ひえいざん）　山名 **大比叡**（おおひえい）

標高　848.10m
基準点コード　TR15235467601
選点　明治17年（1884）　　地上埋設
1/5万図名　京都東北部
北緯　35°03′56″.9897
東経　135°50′04″.0163
所在地　大津市坂本本町4220番
三角点道　湖西線西大津駅の北、県道30号線を走り、比叡山ドライブウエーで展望台駐車場に駐車。三角点は駐車場東の大比叡にあり、府県境の小高い山に向かって登ると樹林に囲まれた山頂に出る。

25-04.
点名 **羽子立山**（はごたてやま）　山名 **箱館山**（はこだてやま）

（▲ 高島市今津町）

標高　546.78m
基準点コード　TR15335171901
選点　明治17年（1884）　　地上埋設
1/5万図名　熊川　　本点
北緯　35°25′54″.5020
東経　135°59′20″.4175
所在地　高島郡今津町▲大字日置前字河[1]
三角点道　湖西線近江今津駅の北、県道534号線を走り、箱館山スキー場ゴンドラ下に着き、林道を山頂の裏側に回り込み駐車。リフト下を登り山頂に出て、一旦下り樹林の先の三角点に出る。

25-05.
点名 **呉枯ノ峰**（くれこのみね）　山名 **呉枯ノ峰**

（▲ 長浜市木之本町）

標高　531.83m
基準点コード　TR15336212801
選点　明治17年（1884）　　地上埋設
1/5万図名　敦賀
北緯　35°31′26″.7926
東経　136°13′49″.9638
所在地　伊香郡木之本町▲大字渋谷山[1]
三角点道　北陸本線木之本駅から坂口に走り、鳥居奥に駐車。管山寺の参道を登り分岐点に乗る。北の管山寺から南へ進み呉枯ノ峰への尾根筋のゆるい道を辿り余呉湖（よごのうみ）が見える三角点山頂に出る。

25-Lo. 滋賀県で最も低い一等三角点
点名　**深溝村**(ふかみぞむら)　山名　（なし）

（▲ 高島市新旭町）

標高　86.76m　私有地
基準点コード　TR15336002501
選点　明治17年(1884)　地上埋設
1/5万図名　竹生島　本点
北緯　35°21′25″.7761
東経　136°03′54″.8518
所在地　高島郡新旭町▲大字深溝字東釜*1
三角点道　湖西線新旭駅から琵琶湖湖岸道路を走り、道の駅「しんあさひ風車村」から700m程北の分譲別荘地に向かい駐車。三角点は琵琶湖畔に近く個人宅地の中に新しい標石で埋設されている。

《個人の家の宅地にある一等三角点》

　本物の一等三角点標石が自分の家の宅地にある、そういう人が本当にいるのだろうか？ところが、意外にもそのような三角点は実在している。

　その一つは本頁に紹介の「深溝村」で、JR湖西線新旭駅の東方約3km、琵琶湖西岸の湖岸道路沿いにある。かなり広い住宅地でまだ家は建てられていないが、その敷地の北側のほぼ中央辺り隣家のブロック塀沿いに設置されている。「点の記」を見ると、現在の標石は昭和57年(1982)に明治17年(1884)設置の古い標石と交換されたようで、左書き文字の美しい標石である。

　二つ目の例は神奈川県内にある。小田急小田原線相武台駅と小田急江ノ島線とのほぼ中間にある一等三角点「**座間村**」(→P.113)で、内科医院の宅地内に設置されている。下の写真のように前面道路からフェンス越しに眺めることができる。この標石は、明治15年(1882)に三角測量のために日本で始めて作られた言わば近代日本地図作成の原点をなす「**相模野基線**」を構成する重要な三角点のひとつ「基線南端」であり、存在の意義は高い。

宅地の庭先にある一等三角点
（滋賀・深溝村　86.76m）

内科医院の宅地にある一等三角点
（神奈川・座間村　74.90m）

*1 「点の記」にはこの後にも記載があるが本書では省略した。

1. 府内の一等三角点は7点で、標高500m以上が7点ある。全て500m以上は京都府と奈良県だけである。
2. 府内の最も高い一等三角点は地蔵山947.30mで、京都盆地の西、愛宕山の隣にある。
3. 府内の最も低い一等三角点は烏ヶ岳536.54mで、福知山市池部にある。

26-01. 京都府で最も高い一等三角点
点名　地蔵山(じぞうさん)　　山名　地蔵山

標高　947.30m
基準点コード　TR15235449901
選点　明治17年(1884)　　地上埋設
1/5万図名　京都西北部
北緯　35°04′31″.3692
東経　135°37′24″.4335
所在地　京都市右京区嵯峨樒原大字大*1
三角点道　山陰本線八木駅から国道477号、府道50号線を走り、越畑集落の側道広場に駐車。樹林の中を芦見峠に向かい、峠から南に杉林の山道を登り反射板跡地を過ぎ明るくなった先の山頂に出る。

26-02.
点名　長老ヶ岳(ちょうろうがたけ)　　山名　長老ヶ岳

標高　916.81m
基準点コード　TR15235736701
選点　明治17年(1884)　　地上埋設
1/5万図名　綾部
北緯　35°18′11″.6754
東経　135°28′26″.3510
所在地　船井郡和知町▲大字仏主(ほとす)字高山*1
三角点道　山陰本線和知駅から府道12号、51号線を走り、仏主集落の奥の林道に入り駐車。舗装路を歩き終点に綺麗なトイレがあり整備された登山道を登り、広く展望のよい三角点山頂に出る。

(▲ 京丹波町仏主)

26-03.
点名 **太鼓山**（たいこやま）　山名 **太鼓山**

標高　683.17m
基準点コード　TR15335413601
選点　明治19年（1886）　　地上埋設
1/5万図名　網野
北緯　35°41′42″.9639
東経　135°12′15″.2513
所在地　与謝郡伊根町大字野村字太鼓[1]
三角点道　北近畿タンゴ鉄道宮津線峰山駅から国道482号、府道57号線を走り、スイス村スキー場に着き駐車。右側リフト下を直登しリフト終点の三角点山頂に出る。風力発電の風車が建ち並ぶ。

26-04.
点名 **鷲峯山**（じゅうぶさん）　山名 **鷲峰山**（じゅぶせん）

標高　681.00m
基準点コード　TR15235270301
選点　明治17年（1884）　　地上埋設
1/5万図名　奈良　　本点
北緯　34°50′03″.7614
東経　135°54′54″.3510
所在地　綴喜郡宇治田原町大字奥山田[1]
三角点道　奈良線山城青谷駅から国道307号線を走り、宇治田原工業団地で駐車。茶宗（ちゃそうみょう）明神社から谷を渡り尾根を登ると金胎寺（こんたいじ）からの林道に合う。電波塔下から東に小高い所に登ると三角点に出る。

26-05.
点名 **磯砂山**（いさなごさん）　山名 **磯砂山**

（▲ 京丹後市峰山町）

標高　660.87m
基準点コード　TR15335205301
選点　明治19年（1886）　　地上埋設
1/5万図名　宮津　　本点
北緯　35°32′54″.7035
東経　135°02′17″.1896
所在地　中郡峰山町▲大字五箇字磯砂山[1]
三角点道　北近畿タンゴ鉄道峰山駅から国道312号線を走り、鱒留で林道に入り登山口に駐車。登山口に山頂までの階段数が表示され、それを登ると羽衣伝説のある見晴のよい三角点山頂に出る。

26-06.
点名　**多祢寺山**（たねじやま）　山名　**多祢寺山**

標高　556.25m
基準点コード　TR15335234001
選点　明治17年（1884）　　地上埋設
1/5万図名　丹後由良　　本点
北緯　　35°32′20″.0458
東経　135°22′51″.7466
所在地　舞鶴市大字多祢寺字大道62番
三角点道　小浜線東舞鶴駅から府道21号線を走り、多弥寺の駐車場に駐車。山頂への道標があり、登山道は整備され東と西廻りがあり山頂手前で合流して山頂に出る。広い山頂には天測点がある。

26-Lo. 京都府で最も低い一等三角点
点名　**烏ヶ岳**（からすがたけ）　山名　**烏ヶ岳**

標高　536.54m
基準点コード　TR15335010101
選点　明治21年（1888）　　地上埋設
1/5万図名　福知山　　本点
北緯　　35°20′03″.4750
東経　135°08′56″.1557
所在地　福知山市大字池部字烏ヶ岳4[*1]
三角点道　山陰本線福知山駅から府道74号線を走り、川北で報恩寺へ向かい林道に入り印内集落に駐車。舗装路を歩き登山口で動物対策の柵を開き、尾根を急登して電波塔がある展望のよい山頂に出る。

《電子基準点とは？》

　人工衛星からの電波を受信し、その位置を連続的に観測している基準点である。高さ5mほどの金属製タワー上部に受信装置があり、受信したデータをつくば市の国土地理院へ、リアルタイムデータ送信している。連続的に測定することで、各種測量の基準点への利用は勿論のこと、地震や火山などの地殻変動の監視が可能で、そのデータは調査研究などの基礎資料に利用されている。観測結果は、国土地理院のホームページで地殻変動情報として見ることができる。電子基準点の多くは、学校や公園などの身近な場所に全国20km間隔で全国約1300箇所に設置されている。高所では日本最高峰の富士山の剣ヶ峰や岐阜県乗鞍岳の宇宙線観測所や遠く島にも南鳥島、沖ノ鳥島にも設置されている。

　また将来予想される東海地震の予知研究のため、静岡県掛川市の東海機動観測基地から御前崎の間に、高精度の比高観測点が約1km間隔で20余点が設置されている。

27　大阪府

*1 「点の記」にはこの後にも記載があるが本書では省略した。

1. 府内の一等三角点は4点で、標高500m以上が2点ある。
2. 府内の最も高い一等三角点は葛城山865.60mで、春にツツジが咲き誇る。
3. 府内の最も低い一等三角点は日本一低い山の蘇鉄山6.97mで、堺市大浜公園にある。

27-01．大阪府で最も高い一等三角点
点名　葛城山（かつらぎさん）　　山名　葛城山

標高　865.60m
基準点コード　TR15135431501
選点　明治18年（1885）　地上埋設
1/5万図名　岸和田
北緯　　34°20′50″.7531
東経　135°26′33″.6563
所在地　岸和田市大沢町字太古2257[*1]
三角点道　阪和線久米田駅から府道40号線を走り、大威徳寺を経て葛城山無線中継所ゲート前に駐車。樹林帯に入り管理道路を登り林立する電波塔群に着き、最深部の電波塔まで歩き三角点に出る。

27-02．
点名　泉原山（せんげんやま）　　山名　石堂ヶ岡（いしどうがおか）

標高　680.12m　ゴルフ場
基準点コード　TR15235246001
選点　明治17年（1884）　地上埋設
1/5万図名　京都西南部
北緯　　34°53′13″.6769
東経　135°30′02″.5902
所在地　茨木市大字泉原字石堂ヶ岡[*1]
三角点道　阪急箕面線箕面駅から府道43号線を走り、石堂ヶ岡の茨木高原CCの駐車場に駐車。三角点はCC内にありフロントで許可を得てクラブハウス脇の小山に登り、水道施設裏の三角点に出る。

27-Lo. 大阪府で最も低い一等三角点
点名 **大浜公園**（おおはまこうえん）　山名 **蘇鉄山**（そてつやま）

標高　6.97m
基準点コード　TR15135639601
選点　昭和14年（1939）　　地上埋設
1/5万図名　大阪西南部
北緯　34°34′47″.8761
東経　135°27′41″.2104
所在地　堺市大浜北町▲4丁目3番50号[*1]
三角点道　南海電鉄堺駅で下車。西口の右手の神明神社を経由して大浜公園に向かい、道標で日本一低いと言われる山に登ると山頂の三角点に出る。神明神社で「蘇鉄山登山認定証」を発行している。

（▲ 堺市堺区大浜）

《大坂城に一等三角点があった！》

　大坂城に一等三角点があったと聞けばおどろきだが、実は本当の話である。下図に示す古い「点の記」には明治18年（1885）9月撰定と書かれ、点名は「大坂天守台」となっている。実際の埋設は翌19年で標石本体は地中に埋設され、地上には高さ約1.5mのレンガ柱を築き、その上部に指示標石を載せた三角櫓のような特殊な三角点だったらしい。しかし、昭和6年（1931）に大阪市の請求により、標石を引き抜き廃点にしたと記述されている。ここには現在の復興天守閣が再建されているので、多分そのために撤去されたのであろうが、場所が天下の名城の大坂城であっただけに、シンボルを失った感じで、なんとも残念なことである。

　現在の二等三角点「大阪城」は、昭和4年（1929）に補助点として新設された。ただ場所は天守閣ではなく、東北約100mの所にある見晴らし台で、金属蓋で覆われ地下に埋設されている。

現在の地下に埋設された二等三角点

旧一等三角点「大坂天守台」の「点の記」と撤去の経緯

28　兵庫県

*1 「点の記」にはこの後にも記載があるが本書では省略した。

1. 県内の一等三角点は21点で、標高500m以上が14点ある。
2. 県内の最も高い一等三角点は氷ノ山1509.77mで、天然記念物「イヌワシ」の生息地にある。
3. 県内の最も低い一等三角点は家島186.98mで、播磨灘の家島諸島西島にある。

28-01. 兵庫県で最も高い一等三角点
点名　氷ノ山（ひょうのやま）　　山名　氷ノ山（ひょうのせん）

（▲ 養父市大屋町）

標高　　　1509.77m
基準点コード　TR15334042101
選点　明治19年(1886)　　地上埋設
1/5万図名　村岡　　本点
北緯　　35°21'14".2529
東経　　134°30'49".8298
所在地　養父郡大屋町▲横行奥山国有林*1
三角点道　山陰本線八鹿駅から国道9号、県道87号線で西に走り、福定親水公園駐車場に入り駐車。沢沿いを登り、氷ノ山越の避難小屋に出て尾根筋を登り山頂に着く。山頂に水洗トイレがある。

28-02.
点名　暁晴山（ぎょうせいざん）　　山名　暁晴山

（▲ 神河町上小田）

標高　　　1077.11m
基準点コード　TR15234555201
選点　明治19年(1886)　　地上埋設
1/5万図名　山崎
北緯　　35°07'56".2088
東経　　134°39'24".0960
所在地　神崎郡大河内町▲大字上小田*1
三角点道　播但線寺前駅から県道8号線を走り、高倉から林道に入り峰山高原駐車場に入る。ゲートのある舗装路を歩き、電波塔管理道を登り山頂に着く。電波塔が建ち並ぶ中にある三角点に出る。

28 兵庫県——氷ノ山(氷ノ山)・暁晴山(暁晴山) —— 169

28-03.
点名 蘇武滝山(そぶたきやま) 山名 蘇武岳(そぶがたけ)

標高　1074.39m
基準点コード　TR15334156101
選点　明治19年(1886)　地上埋設
1/5万図名　村岡
北緯　　35°28′14″.8522
東経　134°38′16″.6732
所在地　美方郡村岡町▲大字村岡字空*1
三角点道　山陰本線八鹿駅から幹線林道妙見・蘇武線で蘇武岳山頂下の側道広場に駐車。林道脇の尾根筋に入り目前に山頂へと続く横木階段を登り、草原の地面に風景指示盤がある山頂に出る。

(▲ 香美町村岡区)

28-04.
点名 雛倉山(ひなくらさん) 山名 日名倉山(ひなくらさん)

標高　1047.09m
基準点コード　TR15234537201
選点　明治19年(1886)　地上埋設
1/5万図名　佐用
北緯　　35°08′52″.3717
東経　134°24′31″.1145
所在地　佐用郡作用町▲大字奥見字滝谷*1
三角点道　智頭急行大原駅から国道429号線を走り、案内看板でベルピール自然公園に駐車。結婚式会場脇から登山道を登り、自然公園に向かい尾根筋を登ると広々とした展望のよい山頂に出る。

(▲ 佐用町)

28-05.
点名 粟鹿山(あわがやま) 山名 粟鹿山

標高　962.33m
基準点コード　TR15234772301
選点　明治19年(1886)　地上埋設
1/5万図名　但馬竹田
北緯　　35°16′22″.0244
東経　134°54′55″.5375
所在地　朝来郡山東町▲大字与布土字奥*1
三角点道　山陰本線梁瀬駅から国道427号線を走り、青垣町市原から稲土川沿いの林道に入りゲート前に駐車。舗装路を終点まで歩き電波塔が林立する山頂に出る。『日本山嶽志』にワウシャク山で紹介。

(▲ 朝来市山東町)

28-06.

点名 笠形山(かさがたやま)　山名 笠形山

標高　939.22m
基準点コード　TR15234467601
選点　明治19年(1886)　　地上埋設
1/5万図名　生野　　本点
北緯　　35°03′50″.9735
東経　134°50′04″.9828
所在地　神崎郡神崎町▲大字根宇野字神[1]
三角点道　加古川線西脇市駅から県道34号線を走り、船坂トンネル西側の登山者用駐車場に駐車。笠形神社を経て稜線の笠ノ丸に乗り、一旦下り登り返して東屋のある山頂に出る。瀬戸内海が望める。

(▲ 神河町根宇野)

28-07.

点名 六甲山(ろっこうさん)　山名 六甲山

標高　931.28m
基準点コード　TR15235123102
選点　明治19年(1886)　　地上埋設
1/5万図名　大阪西北部　本点
北緯　　34°46′40″.8150
東経　135°15′49″.4669
所在地　神戸市北区大字有馬字六甲山[1]
三角点道　阪急今津線逆瀬川(さかせがわ)駅から県道16号線を走り、一軒茶屋の駐車場に駐車。灌木林の登山道を登り山頂に出る。阪神・淡路大震災で三角点の位置と標高が変わった。眼下に神戸市街が望める。

(後方の大石にモニュメント標が貼り付けてある)

28-08.

点名 床ノ尾山(とこのおやま)　山名 東床尾山(ひがしとこおさん)

標高　838.87m
基準点コード　TR15334170301
選点　明治19年(1886)　　地上埋設
1/5万図名　出石　　本点
北緯　　35°25′18″.7919
東経　134°54′57″.1052
所在地　朝来郡和田山町▲大字竹ノ内[1]
三角点道　山陰本線和田山駅から和田山トンネルの先で県道10号線を走り、糸井川沿いの林道で登山口に駐車。沢沿いを登り大カツラを過ぎ、精錬所跡を経て尾根を急登して東峰の三角点に出る。

(▲ 朝来市和田山町)

28-09.
点名 御岳山(みたけさん)　山名 三嶽(みたけ)

(▲ 篠山市火打岩)

標高　793.20m
基準点コード　TR15235515901
選点　明治17年(1884)　　地上埋設
1/5万図名　篠山　　本点
北緯　　35°07′38″.1499
東経　135°14′41″.6415
所在地　多紀郡西紀町▲大字御岳字大林[*1]
三角点道　福知山線篠山駅から篠山城跡の北、県道301号線を走り、大タワ駐車場に駐車。登山道入口から整備された道は見上げる程の階段が続き、その先のクサリ場を経て展望のよい山頂に出る。

28-10.
点名 諭鶴羽山(ゆづるはやま)　山名 諭鶴羽山(ゆづるはさん)

(▲ 南あわじ市灘)

標高　607.95m　淡路島
基準点コード　TR15134268501
選点　明治19年(1886)　　地上埋設
1/5万図名　由良　　本点
北緯　　34°14′05″.5124
東経　134°48′51″.0784
所在地　三原郡南淡町▲灘字黒岩474-1番地
三角点道　淡路島の国道28号線を走り、三原町の円行寺から諭鶴羽ダム駐車場に駐車。ダムを渡った登山口から杉林の暗い尾根を登ると明るい神倉神社に着く。明瞭な尾根道を辿り三角点山頂に出る。

28-11.
点名 千丈寺山(せんじょうじさん)　山名 千丈寺山

標高　589.54m
基準点コード　TR15235316701
選点　明治19年(1886)　　地上埋設
1/5万図名　三田
北緯　　34°58′02″.4956
東経　135°13′19″.0213
所在地　三田市大字乙原字南千丈寺887[*1]
三角点道　福知山線相野駅から県道309号線を走り、大堰橋を渡り駐車場に駐車。北浦の天満宮へ歩き境内脇から林道に入り、砂防ダムを経て尾根に乗り、急登ロープ場から岩場を過ぎて山頂に着く。

28-12.
点名 来日山(くるひざん)　山名 来日岳(くるひだけ)

標高　566.58m
基準点コード　TR15334363201
選点　明治19年(1886)　　地上埋設
1/5万図名　城崎　　本点
北緯　35°36′43″.0200
東経　134°47′07″.6361
所在地　豊岡市城崎町来日字嶽1918番2
三角点道　山陰本線玄武洞駅から県道3号線を北に走り、目指す山の頂に電波塔が見え来日川沿いの舗装林道に入る。そのまま林道終点まで走ると、お地蔵さんが並んだ三角点のある山頂に着く。

28-13.
点名 石戸山(いしどやま)　山名 石戸山

（▲ 丹波市氷上町）

標高　548.48m
基準点コード　TR15235502201
選点　明治19年(1886)　　地上埋設
1/5万図名　篠山
北緯　35°06′28″.5240
東経　135°01′56″.4014
所在地　氷上郡氷上町▲大字朝阪字内*1
三角点道　加古川線船町口駅から国道175号線を走り、井原から岩屋川沿いの石龕寺(せきがんじ)駐車場に駐車。山門をくぐり奥の院を経て鉄塔下から尾根筋を登り、金属鉱山跡から灌木の中を過ぎ山頂に出る。

28-14.
点名 田君谷山(たきみたにやま)　山名 三成山(みなるさん)

（▲ 新温泉町）

標高　536.08m
基準点コード　TR15334330601
選点　明治19年(1886)　　地上埋設
1/5万図名　浜坂　　本点
北緯　35°35′19″.7096
東経　134°27′00″.4276
所在地　美方郡温泉町▲竹田字糸城1971*1
三角点道　山陰本線浜坂駅から県道47号線を走り、七釜温泉の田君川沿いの側道広場に駐車。三成山直下まで林道を登り、終点の道標に従い尾根筋を辿り高い灌木に囲まれた三角点山頂に出る。

28-Lo. 兵庫県で最も低い一等三角点
点名 家島(いえしま) 山名 (なし)

標高　186.98m　家島諸島・西島
基準点コード　TR15134738701
選点　平成4年(1992)　　地上埋設
1/5万図名　寒霞渓
北緯　　34°39′08″.1653
東経　134°28′01″.1243
所在地　飾磨郡家島町▲真浦字高内2538番
三角点道　定期船がなく、姫路港から海上タクシーで家島諸島の西島に渡る。砕石場港から整備された構内道路を歩き山頂にある「コウナイの石」と呼ばれる奇岩を辿り展望のよい三角点に出る。

(▲ 姫路市家島町)

《日本経緯度原点はどこにあるのか？》

「日本経緯度原点」とは**日本国内の測量の基準点**、すなわち国土地理院地形図作成のための**位置原点**ともいうべきもので、東京都港区麻布台二丁目18-1に設置されている。金属標の十字が位置の原点で、当初の数値は北緯35°39′29″1572、東経139°44′28″8759であった。しかし、平成23年(2011)3月11日に発生した東北地方太平洋沖地震により日本経緯度原点も影響を受け、経度が0.0110″だけ東寄りに移動し、東経が139°44′28″8869に改正された。

　この地は明治7年(1874)に海軍水路寮が観象台を設置した後、明治25年(1892)に東京天文台（現国立天文台）に移され、明治25年(1892)に参謀本部陸地測量部が日本経緯度原点として定めた。その後大正12年(1923)の関東大震災で天文台の子午環（子午儀）が破壊したため、昭和36年(1961)に金属標を設置して経緯度原点を再現し、今日に至っている。そして、現在は国土地理院関東地方測量部の管轄となっている。

「日本経緯度原点」の金属標が埋め込まれた石盤・説明記念碑(左)と埋め込まれた原点金属標(右)

29 奈良県

*1 「点の記」にはこの後にも記載があるが本書では省略した。

1. 県内の一等三角点は8点で、標高500m以上が8点あり、500m以下がない。
2. 県内の最も高い一等三角点は釈迦ヶ岳1799.87mで、山頂に強力が担ぎ上げた釈迦如来像がある。
3. 県内の最も低い一等三角点は神野山618.37mで、山辺郡山添村の神野山自然公園にある。

29-01. 奈良県で最も高い一等三角点
点名 釈迦ヶ岳（しゃかがたけ）　山名 釈迦ヶ岳

標高　1799.87m
基準点コード　TR15135173201
選点　明治18年（1885）　地上埋設
1/5万図名　釈迦ヶ岳　本点
北緯　34°06′51″.5104
東経　135°54′11″.2523
所在地　吉野郡下北山村大字前鬼字釈*1
三角点道　和歌山線五条駅から国道168号線を走り、十津川村旭口で林道に入り峠の登山口に駐車。緩やかな尾根道が千丈平で方向を北に振り山頂に出る。山頂に青銅の釈迦如来像がある。

29-02.
点名 大峰山上（おおみねさんうえ）　山名 山上ヶ岳（さんじょうがたけ）

標高　1719.39m
基準点コード　TR15135370501
選点　明治20年（1887）　地上埋設
1/5万図名　山上ヶ岳
北緯　34°15′08″.6056
東経　135°56′27″.8083
所在地　吉野郡天川村大字洞川字神童子
三角点道　近鉄吉野線下市口駅から国道309号、県道48号線を走り、洞川温泉から清浄大橋に入り駐車。登山口の女人結界から覗谷出合を経て沢沿いに蓮華辻へ、稜線をひと登りして山頂に出る。

29-03.

点名 果無山(はてなしさん)　山名 冷水山(ひやみずやま)

標高　1262.31m
基準点コード　TR15035657201
選点　明治18年(1885)　　　地上埋設
1/5万図名　龍神
北緯　33°53′56″.7658
東経　135°39′10″.1458
所在地　吉野郡十津川村大字上湯川*1
三角点道　国道425号線の道の駅「水の郷日高川龍遊」から龍神村役場で丹生ノ川沿いの加財へ走り、坂泰隧道を抜け狭い道を走り安堵山下で駐車。尾根に取り付き平坦道を辿り冷水山に出る。

29-04.

点名 金剛山(こんごうさん)　山名 金剛山(こんごうざん)

標高　1111.89m
基準点コード　TR15135550401
選点　明治18年(1885)　　　地上埋設
1/5万図名　五條　　　本点
北緯　34°25′01″.1818
東経　135°40′38″.3380
所在地　御所市大字高天字金剛山475番1
三角点道　近鉄長野線河内長野駅から国道310号線を走り、金剛山ロープウエーの駐車場に駐車。金剛山駅から樹林の中を登り、展望台を経て緩かな稜線を辿ると電波塔近くの三角点に出る。

29-05.

点名 玉置山(たまきさん)　山名 玉置山(たまきやま)

標高　1076.80m
基準点コード　TR15035761601
選点　明治18年(1885)　　　地上埋設
1/5万図名　十津川
北緯　33°55′35″.7034
東経　135°49′53″.8217
所在地　吉野郡十津川村大字玉置川*1
三角点道　和歌山線五条駅から国道168号線を走り、十津川温泉で林道に入り玉置神社の駐車場に駐車。参道周辺の枕状溶岩堆積地を通り玉置神社に向かい、通り抜けて奥宮を経て祠のある山頂に出る。

29-06.
点名 竜門岳（りゅうもんだけ）　山名 竜門岳

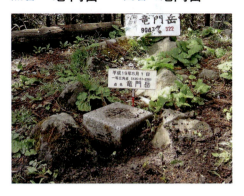

標高　904.11m
基準点コード　TR15135572101
選点　明治17年（1884）　　地上埋設
1/5万図名　吉野山
北緯　　34°26′26″.2750
東経　135°53′51″.6629
所在地　吉野郡吉野町大字山口字岳297[1]
三角点道　近鉄大阪線榛原駅から国道370号線を走り、道の駅「宇陀路・大宇陀」の先から林道に入り宮奥ダムに駐車。登山道で南北に走る稜線に乗り、笹の灌木道を急登して祠のある山頂に出る。

29-07.
点名 生駒山（いこまさん）　山名 生駒山（いこまやま）

標高　641.99m
基準点コード　TR15235051401
選点　明治17年（1884）　　地上埋設
1/5万図名　大阪東北部
北緯　　34°40′42″.4533
東経　135°40′44″.3796
所在地　生駒市菜畑町2312番1
三角点道　近鉄奈良線生駒駅からケーブルカーに乗り途中駅で乗り換え生駒山上駅に着く。山上には遊園地が開設され、園内のミニ機関車軌道内の大きな保護石4個に守られている三角点に出る。

29-Lo.　奈良県で最も低い一等三角点
点名 神野山（こうのさん）　山名 神野山（こうのやま）

標高　618.38m
基準点コード　TR15235070901
選点　明治17年（1884）　　地上埋設
1/5万図名　桜井
北緯　　34°40′04″.5246
東経　135°59′47″.7814
所在地　山辺郡山添村伏拝889番[1]
三角点道　関西本線奈良駅から県道80号線を走り、奥で神野山自然公園に入り駐車。鍋倉渓（なべくらけい）沿いの奇岩、岩石群を登り公園の上部から電波塔に着く。広々とした芝生の中を登り三角点山頂に出る。

30 和歌山県

*1 「点の記」にはこの後にも記載があるが本書では省略した。

1. 県内の一等三角点は14点で、標高500m以上が8点ある。
2. 県内の最も高い一等三角点は城ヶ森山1269.26mで、山頂にアメダスレーダー塔がある。
3. 県内の最も低い一等三角点は友ヶ島119.71mで、砲台跡や旧軍事施設がある。

30-01. 和歌山県で最も高い一等三角点
点名 城ヶ森（じょうがもり）　山名 城ヶ森山（じょうがもりやま）

標高　　1269.26m
基準点コード　　TR15135044001
選点　明治18年（1885）　　地上埋設
1/5万図名　伯母子岳　　本点
北緯　　34°02′10″.2817
東経　　135°30′29″.6565
所在地　田辺市龍神村龍神字亀谷1023*1
三角点道　和歌山線橋本駅から国道371号線を走り、箕峠から高野龍神スカイラインの笹の茶屋で林道に入り気象観測所下に駐車。舗装された展望のよい管理道路を登り、観測所脇の三角点に出る。

30-02.
点名 法師ノ森（ほうしのもり）　山名 法師山（ほうしやま）

標高　　1120.59m
基準点コード　　TR15035457301
選点　明治18年（1885）　　地上埋設
1/5万図名　栗栖川　　本点
北緯　　33°43′33″.3906
東経　　135°39′55″.2337
所在地　田辺市木守前の川（1003林班*1
三角点道　紀勢本線朝来駅から国道311号、371号線を走り、大峰で熊野川沿いの林道に入り板立峠の先の登山口に駐車。谷を挟んで東尾根の視界がない樹林帯を除々に高度を稼ぎ山頂に出る。

30-03.
点名 陣ヶ嶺（じんがみね）　山名 陣ヶ峰（じんがみね）

標高　　1106.20m
基準点コード　TR15135254001
選点　明治18年（1885）　　地上埋設
1/5万図名　高野山
北緯　　34°12′13″.9672
東経　135°38′04″.9296
所在地　伊都郡高野町大字大滝字北樋[*1]
三角点道　和歌山線橋本駅から国道371号線を走り、桜峠で県道53号線に入り天狗木峠に駐車。目の前の舗装された急斜面を登ると祠がある尾根に乗る。その先に南側の展望が開けた山頂に出る。

30-04.
点名 帽子石山（ぼうしいしやま）　山名 烏帽子山（えぼしやま）

標高　　909.54m
基準点コード　TR15035473201
選点　明治28年（1895）　　地上埋設
1/5万図名　新宮
北緯　　33°41′46″.0132
東経　135°54′03″.0329
所在地　新宮市大字高田字高山3052番地
三角点道　紀勢本線那智駅から県道46号線を走り、那智手前の曼陀羅の郷駐車場に駐車。谷に降りて陰陽、夜見、松尾の各滝を見て、尾根を急登し烏帽子岩に乗る。なおも尾根筋を登り山頂に出る。

30-05.
点名 生石山（おいしやま）　山名 生石ヶ峰（おいしがみね）

標高　　870.00m
基準点コード　TR15135122601
選点　明治18年（1885）　　地上埋設
1/5万図名　動木
北緯　　34°06′18″.2660
東経　135°20′02″.9685
所在地　有田郡清水町▲大字楠本字神出[*1]
三角点道　紀勢本線海南駅から国道370号、県道180号線を走り、小川宮で駐車。梅本川沿いを歩き大観寺、不動の辻を経て尾根道を登ると広い高原に乗る。巨岩の笠石から展望のよい三角点に出る。

（▲ 有田川町楠本）

30-06.
点名 槇山(まきやま)　山名 槇山

(▲ 田辺市中辺路町)

標高　796.13m
基準点コード　TR15035534701
選点　明治18年(1885)　　地上埋設
1/5万図名　田辺
北緯　　33°47′08″.1937
東経　135°28′24″.5120
所在地　西牟婁郡中辺路町▲大字西谷*1
三角点道　紀勢本線紀伊田辺駅から県道29号線を走り、上秋津で東の槇山無線中継所に向かいゲート前に駐車。電波塔管理道路を歩き電波塔広場から登山道に入りなだらかな稜線を辿って山頂に出る。

30-07.
点名 善司ノ森(ぜんじのもり)　山名 善司ノ森山(ぜんじのもりやま)

(▲ すさみ町)

標高　591.37m
基準点コード　TR15035341301
選点　明治18年(1885)　　地上埋設
1/5万図名　江住
北緯　　33°35′37″.2930
東経　135°32′49″.0041
所在地　西牟婁郡周参見町▲大字大附*1
三角点道　紀勢本線朝来駅から県道36号線を走り、大附診療所前広場に駐車。診療所脇の林道を登ると「善司の森」と書かれた小さな道標があり、なだらかな登山道を辿り山頂の三角点に出る。

30-08.
点名 真妻山(まづまやま)　山名 真妻山

標高　523.43m
基準点コード　TR15035626201
選点　明治18年(1885)　　地上埋設
1/5万図名　川原河
北緯　　33°53′16″.9706
東経　135°16′32″.5166
所在地　日高郡日高川町大字山野字滝*1
三角点道　紀勢本線和佐駅から県道25号線を走り、川辺町から林道に入り大滝川森林公園で駐車。登山口から灌木林の遊歩道を歩き、涼みの滝から尾根へ急登し鎖場を経て展望のよい山頂に出る。

30-Lo. 和歌山県で最も低い一等三角点
点名 **友ヶ島**（ともがしま）　山名（なし）

標高　119.71m　沖ノ島
基準点コード　TR15135303001
選点　明治18年（1885）　地上埋設
1/5万図名　和歌山
北緯　34°16′50″9161
東経　135°00′21″2704
所在地　和歌山市大字加太字苫ヶ沖島[*1]
三角点道　南海加太線加太駅の船発着場に入り駐車。加太港から30分で沖ノ島に渡る。港から高台の山に登ると、島の全容と紀伊水道が一望できる山頂に出る。三角点は円筒状の築山の上にある。

《日本最高位の三角点と最低位の三角点はどこに？》

　全国47都道府県のうち最高位の一等三角点は長野県の**赤石岳**3120.53m、そして最低位の一等三角点は北海道の**野付崎**1.87mである。では三角点の等級に拘らないならば、一体それらはどこにあるのだろう。

　最高位はやはり**富士山**3775.51m（二等三角点）だが、最低位は秋田県南秋田郡大潟村にある**大潟**−4.44m（三等三角点）なのである。ここは八郎潟を干拓した日本最大の干拓地で、三角点は用水路の傍にある。標高がマイナスになっているのが、珍しい。

日本最高位の二等三角点
「山梨・富士山 3775.51m」

日本最低位の三等三角点
「秋田・大潟 −4.44m」

31 鳥取県

*1 「点の記」にはこの後にも記載があるが本書では省略した。

1. 県内の一等三角点は12点で、標高500m以上が5点ある。
2. 県内の最も高い一等三角点は矢筈ヶ山1358.43mで、その眼前に伯耆大山の雄姿が聳える。
3. 県内の最も低い三角点は天神野54.02mで、天神野基線の北端にあたる。

31-01. 鳥取県で最も高い一等三角点
点名 二子山（ふたごやま）　山名 矢筈ヶ山（やはずがせん）

(▲ 大山町)

標高　1358.43m
基準点コード　TR15333046601
選点　明治20年(1887)　地上埋設
1/5万図名　大山　本点
北緯　35°23′12″.2114
東経　133°34′51″.2472
所在地　西伯郡中山町▲大字大流584[*1]
三角点道　山陰本線浦安から県道44号線を走り、一向平（いっこうがなる）キャンプ場に駐車。林道を進み加勢陀川の吊り橋を渡り、大滝から大休峠小屋を経て稜線を急登し山頂に出る。眼前に大山が大きく望める。

31-02.
点名 三国山（みくにやま）　山名 三国ヶ山（みくにがせん）

(▲ 鳥取市佐治町)

標高　1251.83m
基準点コード　TR15334002101
選点　明治19年(1886)　地上埋設
1/5万図名　鳥取南部　本点
北緯　35°21′25″.2325
東経　134°01′10″.2717
所在地　八頭郡佐治村▲大字オワイ[*1]
三角点道　因美線用瀬駅から国道482号線を走り、中で山王谷林道に入り登山口に駐車。道標に従い尾根に登り、主峰手前で右にトラバースし稜線に乗り、更に急登を繰り返し三角点山頂に出る。

31-03.
点名 花見山(はなみやま)　山名 花見山

標高　1188.08m
基準点コード　TR15233538201
選点　明治20年(1887)　　地上埋設
1/5万図名　上石見
北緯　35°09′08″.5859
東経　133°24′04″.3903
所在地　日野郡日南町大字花口字花口(はくびせんかみいわみ)[*1]
三角点道　伯備線上石見駅ら県道210号、111号線を走り、途中林道に入り花見山スキー場の林道終点に駐車。スキー場の林間コースを登り、遊歩道入口から更に樹林帯の道を登り山頂に出る。

31-04.
点名 半甲山(はんこうざん)　山名 仏ヶ仙(ほとけがせん)

(▲ 倉吉市関金町)

標高　743.47m
基準点コード　TR15233766001
選点　明治19年(1886)　　地上埋設
1/5万図名　奥津　　本点
北緯　35°18′29″.8825
東経　133°45′27″.4413
所在地　東伯郡関金町▲大字山口字浅井[*1]
三角点道　山陰本線下北条駅から国道313号線を走り、犬挟隧道から林道に入り峠登山口に駐車。樹林を急登して山頂に出る。岡山県と県境を接する中央分水嶺上の一等三角点であり、三冠王の標識がある。

31-05.
点名 洗足谷山(せんぞくたにやま)　山名 洗足山(せんぞくやま)

(▲ 鳥取市用瀬町)

標高　736.18m
基準点コード　TR15234717701
選点　明治19年(1886)　　地上埋設
1/5万図名　智頭
北緯　35°18′58″.6561
東経　134°13′04″.3754
所在地　八頭郡用瀬町▲大字金屋字ヨコ[*1]
三角点道　因美線鷹狩駅から国道482号線を走り、赤波で県道40号線を南下し板井原に駐車。神社脇の小道に入りその先から尾根に向かい直登して尾根に乗り、尾根筋を北へピークを越えて山頂に出る。

31-Lo. 鳥取県で最も低い一等三角点
点名 **天神野**（てんじんの）　山名 （なし）

標高　54.02m
基準点コード　TR15333160301
選点　平成10年（1998）　　地上埋設
1/5万図名　倉吉　本点
北緯　35°25′03″.7736
東経　133°47′40″.6225
所在地　倉吉市大字北野字タワノ上759[*1]
三角点道　山陰本線下北条駅から国道313号、県道327号線を走り、北野の元天神野入口バス停付近に駐車。この一等三角点は基線北端で黄色の見出し標脇にある。基線南端は直線道路の先にある。

《完全に地中に埋まった一等三角点》

　一等三角点の標石は、その標石の長さの約4分の1に当たる21cmが地上に出るように埋設されている。ところが、実際には地上に出ている標石の高さはまちまちで、ときには地表すれすれのものもよく見かける。これは最初からではなく埋設後なんらかの理由で土砂に埋まったものであろう。しかし、まだ上部から観察できるものはともかく、全く地中に埋まっている標石も結構ある。こうなると標石探索をしようと思っても、全く見つからないことになる。ここでは鹿児島県鹿屋市に設置されている「基線北端」「基線南端」（→P.75）という二つの一等三角点の状況を紹介する。

　その一つが「**笠野原基線**」である。この基線の南北両端に設置されている一等三角点が、両方共に地中に埋まっているのである。設置された時点では地表に頭を出していたのであろうが、その後の整地などで埋もれたものと推察される。

　なお「**基線北端**」は広い田園のなかにあり、「**基線南端**」は民家の庭先にある。「北端」は地表すれすれであるが、「南端」は30cmほど掘る必要がある。これらの三角点は現在の「点の記」では「停止」および「亡失」と記載されているが、実存している。

笠野原基線の「基線北端」（左）と「基線南端」（右）

32　島根県

*1 「点の記」にはこの後にも記載があるが本書では省略した。

1. 県内の一等三角点は13点で、標高500m以上が7点ある。
2. 県内の最も高い一等三角点は男三瓶山1125.75mで、噴火口跡を男、女、子、孫三瓶で囲む。
3. 県内の最も低い一等三角点は新山要害山281.20mで、鳥取県では「安田要害山」と呼ぶ。

32-01. 島根県で最も高い一等三角点
点名　三瓶山（さんべやま）　　山名　男三瓶山（おとこさんべさん）

標高　　1125.75m
基準点コード　　TR15232546901
選点　明治21年（1888）　　地上埋設
1/5万図名　三瓶山　　本点
北緯　　35°08′26″.0074
東経　　132°37′17″.5280
所在地　大田市三瓶町大字志学字大三[*1]
三角点道　山陰本線太田市駅から県道30号線を走り、三瓶温泉から北に半周し青年の家に駐車。北ノ原自然林の中を進み、女三瓶への分岐から稜線を急登して、高度を稼ぎ展望のよい男三瓶山に出る。

32-02.
点名　大江高山（おおえたかやま）　　山名　大江高山

標高　　807.89m
基準点コード　　TR15232437401
選点　明治21年（1888）　　地上埋設
1/5万図名　温泉津（にま）
北緯　　35°03′50″.0662
東経　　132°25′43″.2435
所在地　大田市大代町大字新屋字八代[*1]
三角点道　山陰本線仁万駅から県道31号、46号線を走り、飯谷から登山口に入り駐車。山辺八代姫命神社から杉林を直登し、山頂手前の稜線に乗り更に、稜線を辿り日本海が広がる山頂に出る。

32-03.
点名 **大満寺山**（だいまんじやま）　　山名 **大満寺山**（だいまんじさん）

(▲ 隠岐の島町布施)

標高　607.66m　隠岐の島（島後）
基準点コード　TR15433320601
選点　明治20年（1887）　　地上埋設
1/5万図名　西郷　　本点
北緯　　36°15′24″.3837
東経　133°19′49″.9116
所在地　隠岐郡布施村▲大字布施字小[1]
三角点道　境港から2時間半の船旅で隠岐の島西郷港に渡る。タクシーで登山口に入り、参道コースを石仏が番号で大満寺山まで案内してくれる。暗い樹林帯を登りなお尾根道を急登し山頂に出る。

32-04.
点名 **大摩山**（おおまやま）　　山名 **（無名峰）**

(▲ 浜田市三隅町)

標高　574.03m
基準点コード　TR15232108101
選点　明治21年（1888）　　地上埋設
1/5万図名　木都賀
北緯　　34°49′09″.1857
東経　132°01′03″.4841
所在地　那賀郡三隅村▲大字室谷字辻[1]
三角点道　山陰本線折居駅から県道303号線を走り、城浴で林道に入り寺屋敷の大麻神社に駐車。三角点は電波塔の建つ大麻山にはない。東側の小高い峰にあり、小道の薮を登り三角点東峰に出る。

32-05.
点名 **清久山**（せいきゅうさん）　　山名 **清久山**（せいきゅうざん）

(▲ 雲南市大東町)

標高　565.58m
基準点コード　TR15232773901
選点　明治20年（1887）　　地上埋設
1/5万図名　横田
北緯　　35°16′55″.8159
東経　132°59′50″.8153
所在地　大原郡大東町▲大字川井字清久[1]
三角点道　木次線出雲大東駅から県道25号線を走り、清久山の案内板で阿用川沿いに入り登山口に駐車。道標に従って竹林の山腹を登り、灌木林のやせ尾根からロープ場を急登して山頂に出る。

32-06.
点名 岩倉山(いわくらやま)　山名 韮草山(にらくさやま)

標高　543.65m
基準点コード　TR15131774101
選点　明治21年(1888)　　地上埋設
1/5万図名　日原
北緯　　34°37′21″.2298
東経　131°53′23″.1646
所在地　益田市大字岩倉380番地[*1]
三角点道　山陰本線益田駅から国道191号線を走り、大谷町で林道に入り韮草山登山口に駐車。竹林から沢沿いを登り尾根に乗り、灌木林の中の横木階段からアップダウン繰り返し山頂に出る。

32-07.
点名 鼻高山(はなたかせん)　山名 鼻高山

標高　536.25m
基準点コード　TR15332069001
選点　明治21年(1888)　　地上埋設
1/5万図名　今市
北緯　　35°24′45″.3877
東経　132°45′09″.5028
所在地　出雲市大字矢尾町字鼻高山[*1]
三角点道　一畑電車大社線高浜駅から神門谷で林道に走り、天王山キャンプ場に駐車。谷沿いの登山道で動物避け柵を抜け横木階段を登り、月廻り峠から三方界を辿り展望のよい山頂に出る。

32-Lo.　島根県で最も低い一等三角点
点名 新山要害山(にいやまようがいざん)　山名 要害山(ようがいさん)

(▲ 安来市伯太町)

標高　281.20m
基準点コード　TR15333025501
選点　明治20年(1887)　　地上埋設
1/5万図名　米子
北緯　　35°22′54″.7987
東経　133°19′09″.6954
所在地　能義郡伯太町▲大字安田関593[*1]
三角点道　山陰本線米子駅から県道102号、101号線を走り、安田関の長台寺に駐車。山門からなだらかな道に、点々とお地蔵さんが安置された登山道を登り山頂に出る。山頂からは大山が望める。

33 岡山県

*1 「点の記」にはこの後にも記載があるが本書では省略した。

1. 県内の一等三角点は13点で、標高500m以上が8点ある。
2. 県内の最も高い一等三角点は泉山1208.87mで、「のぞき岩」から原生林を覗く。
3. 県内の最も低い一等三角点は真鍋島120.42mで、平安、鎌倉時代と歴史豊な島にある。

33-01. 岡山県で最も高い一等三角点
点名 泉ヶ山（いずみがせん）　山名 泉山（いずみがせん）

（▲ 鏡野町奥津）

標高　1208.87m
基準点コード　TR15233674601
選点　明治20年（1887）　地上埋設
1/5万図名　奥津
北緯　35°12′08″.0166
東経　133°57′34″.4179
所在地　苫田郡奥津町▲大字奥津字芦原*1
三角点道　姫新線院庄（いんのしょう）駅から国道179号線を走り、奥津温泉から大規模林道に入り笠菅峠に駐車。林道を歩き登山口から樹林帯の中の横木階段を急登し笹原の稜線を登り、反射板を経て山頂に出る。

33-02.
点名 滝山（たきやま）　山名 滝山（たきやま）

標高　1196.47m
基準点コード　TR15234610201
選点　明治19年（1886）　地上埋設
1/5万図名　津山東部　本点
北緯　35°10′02″.9345
東経　134°09′02″.9830
所在地　勝田郡奈義町大字滝本字岩尾*1
三角点道　因美線高野駅から国道53号線を走り、滝本で林道に入り自衛隊日本原演習場道を経てみそぎ橋登山口に駐車。滝川の源流渓谷に沿って登り、滝神社を経て稜線から縦走路を辿り山頂に出る。

33-03.
点名 星山(ほしやま)　　山名 星山

（▲ 真庭市星山）

標高　　1030.27m
基準点コード　　TR15233557401
選点　　明治20年（1887）　　地上埋設
1/5万図名　　勝山　　本点
北緯　　　35°08′31″.4435
東経　　133°40′38″.4941
所在地　　真庭郡勝山町▲大字星山字源上[*1]
三角点道　　姫新線中国勝山駅から県道201号線を走り、星山で林道に入り星山登山口に駐車。谷間の登山道を登り、星山と天狗山を結ぶ鞍部に乗り、笹原の稜線を北に登り展望のよい山頂に出る。

33-04.
点名 天神山(てんじんやま)　　山名 天神山

（▲ 高梁市成羽町）

標高　　777.30m
基準点コード　　TR15233232401
選点　　明治21年（1888）　　地上埋設
1/5万図名　　新見
北緯　　　34°51′26″.9049
東経　　133°25′44″.0179
所在地　　川上郡成羽町▲大字坂本字上光[*1]
三角点道　　伯備線新見駅から県道33号線を走り、坂本登山口に駐車。登山道は中国自然歩道として整備されていて谷筋の道をジグザグに高度を稼ぎ尾根に乗り、林道を横断し尾根筋を登り山頂に出る。

33-05.
点名 大平山(おおひらやま)　　山名 大平山

（▲ 高梁市有漢町）

標高　　698.01m
基準点コード　　TR15233257601
選点　　明治21年（1888）　　地上埋設
1/5万図名　　呰部　　本点
北緯　　　34°53′56″.4901
東経　　133°42′24″.5792
所在地　　上房郡有漢町▲大字有漢字大平[*1]
三角点道　　伯備線木野山駅から国道313号、県道49号線を走り、上有漢(かみうかん)からやすらぎの里に入り駐車。樹林の電波塔管理道を登り大平山の電波塔に向かう。三角点は電波塔脇の展望のよい山頂にある。

33-06.
点名 両山寺山（りょうさんじやま）　山名 二上山（ふたかみさん）

（▲ 美咲町両山寺）

標高　688.89m
基準点コード　TR15233377101
選点　明治20年（1887）　地上埋設
1/5万図名　福渡
北緯　34°58′35″.4661
東経　133°53′40″.9206
所在地　久米郡中央町▲大字両山寺字笠*1
三角点道　津山線福渡駅から県道30号、70号、342号線を走り、両山寺駐車場に駐車。舗装路で両山寺山を廻り込むように登り西峰の山頂に出る。三角点は樹林に囲まれた電波塔フェンス前にある。

33-07.
点名 妙見山（みょうけんやま）　山名 妙見山（みょうけんざん）

（▲ 美作市上山）

標高　518.85m
基準点コード　TR15234216001
選点　明治20年（1887）　地上埋設
1/5万図名　周匝
北緯　34°53′22″.9352
東経　134°08′00″.3387
所在地　英田郡英田町▲大字上山字奥道*1
三角点道　山陽本線和気駅から国道374号、県道90号線を走り、金合から林道に入り大芦高原キャンプ場に駐車。舗装路を歩き道脇にある電波塔前の三角点に出る。低山ながら東屋からの展望がよい。

33-08.
点名 三山竜王山（みやまりゅうおうざん）　山名 龍王山（りゅうおうざん）

（▲ 井原市美星町）

標高　504.18m
基準点コード　TR15233043201
選点　明治21年（1888）　地上埋設
1/5万図名　高梁　本点
北緯　34°41′32″.5257
東経　133°32′11″.3615
所在地　小田郡美星町▲大字三山字竜王*1
三角点道　井原鉄道小田駅から県道48号線を走り、井原市役所美星支所から龍王山を目指し慰霊塔広場に駐車。慰霊塔を回り込んだ小高い広場の三角点に出る。近くに電波塔、祠、天測点がある。

33-Lo. 岡山県で最も低い一等三角点
点名 **真鍋島**（まなべじま）　山名　（なし）

標高　120.42m　真鍋島
基準点コード　TR15133442501
選点　明治21年（1888）　　　地上埋設
1/5万図名　寄島
北緯　　34°21′03″.7844
東経　133°34′25″.9650
所在地　笠岡市真鍋島字松尾2902番2
三角点道　山陽本線笠岡駅近くの笠岡港から1時間の船旅で真鍋島本浦港に渡る。港から海岸線を歩き天神鼻から尾根筋を登り、ふれあいパーク広場からクロマツを経て阿弥陀山の三角点に出る。

《三等標石を用いた土中の一等三角点》

　これは完全に土中に埋まり、しかも三等三角点の標石が使われているという、大変珍しい一等三角点である。場所は青森県七戸町天間東小学校の校庭の中央にある。もっとも現在の「点の記」は「停止（処理保留）」となっていて詳細は不明だが、現物は存在している。「鉢森平」48mという点名で明治30年(1897)に選点されているが、現在の標石は昭和47年(1972)に埋標された。標石は一辺が約40cmのコンクリート製の枡の中に埋めてあるが、標石との隙間が狭くかつ泥に覆われているので、直接標石の文字を読み取ることはできない。しかし標石の大きさは一等三角点の標石の寸法である一辺18cmよりも小さく、三等三角点の標石であることが判明した。いきさつは、以前小学校の校庭を造成するにあたり急遽標石を設置することになったが一等三角点の標石が間に合わず、いずれ取り替える予定で三等三角点の標石が埋設されたが、結局はそのまま現在に至ったもののようである。とにかく今となっては、校庭の土の下に埋もれた幻の一等三角点と言えよう。

三等標石で土中にある一等三角点（青森の天間東小学校の校庭にある「鉢森平」）

34　広島県

*1 「点の記」にはこの後にも記載があるが本書では省略した。

1. 県内の一等三角点は17点で、標高500m以上が15点ある。
2. 県内の最も高い一等三角点は冠山1338.86mで、「安芸冠山」と呼ばれ県民に親しまれている。
3. 県内の最も低い一等三角点は彦山429.70mで、福山市街西部の沼南アルプスにある。

34-01. 広島県で最も高い一等三角点
点名　冠山(かんむりやま)　　山名　冠山

(▲ 廿日市市吉和)

標高　　1338.86m
基準点コード　TR15132506601
選点　明治21年(1888)　　地上埋設
1/5万図名　津田　　本点
北緯　　34°28′07″.4325
東経　　132°04′33″.9539
所在地　佐伯郡吉和村▲字吉和西1584番*1
三角点道　山陽本線大竹駅から国道186号線を走り、中国自動車道吉和IC手前の潮原温泉(うしおはら)で林道に入り駐車。沢沿いを登りクルソン岩を経て、水場から尾根を辿りブナ林を急登して山頂に出る。

34-02.
点名　道後山(どうごやま)　　山名　道後山

(▲ 庄原市東城町)

標高　　1268.38m
基準点コード　TR15233418801
選点　明治20年(1887)　　地上埋設
1/5万図名　多里　　本点
北緯　　35°04′11″.8478
東経　　133°14′08″.6720
所在地　比婆郡東城町▲大字小奴可字道*1
三角点道　芸備線備後落合駅から国道183号線を走り、三坂から道後山高原スキー場の月見ヶ丘登山口に駐車。整備された登山道で岩樋山(いわひやま)を経て、一直線の笹原道で道後山山頂から三角点山頂に出る。

34-03.
点名 猿政山（さるまさやま）　山名 猿政山

(▲ 庄原市高野町)

標高　1267.65m
基準点コード　TR15232479701
選点　明治21年（1888）　地上埋設
1/5万図名　頓原
北緯　35°04′52″.7254
東経　132°58′03″.9928
所在地　比婆郡高野町▲大字上湯川字笹[*1]
三角点道　芸備線備後庄原駅から国道432号線を走り、王貫峠から真地で林道に入りゲート前に駐車。登山口で灌木林に入り急登してロープ場を経て尾根に乗り、尾根筋を辿り展望のよい山頂に出る。

34-04.
点名 苅尾山（かりおやま）　山名 臥龍山（がりゅうざん）

(▲ 北広島町)

標高　1223.24m
基準点コード　TR15232012501
選点　明治21年（1888）　地上埋設
1/5万図名　木都賀
北緯　34°41′24″.4343
東経　132°11′48″.3461
所在地　山県郡芸北町▲大字臥竜山231[*1]
三角点道　可部線可部駅から国道191号線を走り、道戦峠（どうせん）の先八幡原で菅原林道に入り終点に駐車。山頂が目の前の雪霊水（せつれいすい）から長い階段を登りブナ林を辿り、灌木に囲まれた大岩の山頂に出る。

34-05.
点名 阿佐山（あさやま）　山名 阿佐山

(▲ 北広島町)

標高　1218.28m
基準点コード　TR15232134001
選点　明治21年（1888）　地上埋設
1/5万図名　大朝　本点
北緯　34°47′09″.3556
東経　132°22′53″.0791
所在地　山県郡芸北町▲大字大暮字阿佐[*1]
三角点道　山陰本線浜田駅から国道186号、県道40号線を走り、大暮川沿いの林道に入り阿佐山橋に駐車。道標で沢筋を登り樹林帯の中を高度上げて二十丁峠に乗り、稜線の熊笹を漕いで山頂に出る。

34-06.
点名 鷹巣山（たかのすやま）　山名 鷹ノ巣山（たかのすざん）

（▲ 東広島市福富町）

標高　921.84m
基準点コード　TR15132657901
選点　明治21年（1888）　　地上埋設
1/5万図名　可部　　本点
北緯　　34°33′57″.5797
東経　132°44′45″.6508
所在地　賀茂郡福富町▲字鷹巣山503[*1]
三角点道　芸備線向原駅から県道29号線を走り、坂で山田川沿いに入り看板に従い登山口に駐車。杉林の尾根を登り鷹ノ巣山への鞍部に乗り、樹林帯の暗い道を急登して展望台のある山頂に出る。

34-07.
点名 堂床山（どうとこさん）　山名 堂床山（どうとこやま）

標高　859.57m
基準点コード　TR15132639901
選点　明治21年（1888）　　地上埋設
1/5万図名　加計
北緯　　34°34′41″.9556
東経　132°29′42″.4717
所在地　広島市安佐北区安佐町大字鈴張[*1]
三角点道　可部線可部駅から国道54号、県道253号線を走り、南原ダムの先で駐車。草地の遊歩道を歩き加賀津の滝から石段を登り、更に暗い杉林の道を辿り灌木林に囲まれた三角点山頂に出る。

34-08.
点名 星居山（ほしのこやま）　山名 星居山

標高　834.42m
基準点コード　TR15233019701
選点　明治21年（1888）　　地上埋設
1/5万図名　上下
北緯　　34°44′53″.3475
東経　133°13′18″.1724
所在地　神石郡神石高原町星居山国有林
三角点道　福塩線上下駅から県道27号、259号線を走り、亀山八幡宮で北上し星居山森林公園に入り駐車。森林公園内の展望台を目指し遊歩道を歩き、山門から目の前の階段を登ると三角点に出る。

34-09.
点名 **女亀山**（めんがめさん）　山名 **女亀山**（めんがめやま）

（▲ 三次市作木町）

標高　830.29m
基準点コード　TR15232353701
選点　明治21年（1888）　　地上埋設
1/5万図名　赤名
北緯　34°56′53″.2536
東経　132°43′13″.5841
所在地　双三郡作木村▲大字岡三淵字女[*1]
三角点道　芸備線三次駅から国道54号線を走り、赤名トンネルから神戸川沿い林道に入り登山口に駐車。登山道で杉林に入り神田川源流碑から横木階段を登り尾根に乗り、更に尾根筋を辿り山頂に出る。

34-10.
点名 **大黒目山**（おおくろめやま）　山名 **大黒目山**（おおくろめやま）

標高　801.50m
基準点コード　TR15233203701
選点　明治21年（1888）　　地上埋設
1/5万図名　庄原
北緯　34°51′59″.0482
東経　133°05′36″.8488
所在地　庄原市本村町大原平1092番地
三角点道　芸備線備後庄原駅から国道432号、県道23号、422号線を走り、篠津原池入口の林道に駐車。荒れた登山道で尾根筋の鞍部に出る。左の権現山を経て、笹道で石組みのある山頂に出る。

34-11.
点名 **野貝山**（のがいさん）　山名 **野貝原山**（のがいばらやま）

標高　719.18m
基準点コード　TR15132424101
選点　平成元年（1989）　　地上埋設
1/5万図名　広島
北緯　34°22′13″.8163
東経　132°16′11″.2161
所在地　廿日市市宮内字野貝山661-1
三角点道　山陽本線宮内串戸駅から国道433号、県道294号線を走り、河末に駐車。登山口から植林帯に入り泉水峠の尾根筋に乗り、のうが高原の電波塔群から山頂を目指し、藪中の三角点に出る。

34-12.

点名 小田山(こ た さん)　　山名 小田山

（▲ 東広島市黒瀬町）

標高　　718.82m
基準点コード　TR15132452101
選点　明治21年（1888）　　地上埋設
1/5万図名　海田市
北緯　　34°21′06″.3937
東経　132°38′28″.5999
所在地　賀茂郡黒瀬町▲大字津江字小田[1]
三角点道　呉線矢野駅から県道34号線を走り、黒瀬町で林道に入りイラスケ登山口に駐車。林道支線から植林の暗い登山道を登り送電鉄塔を経て尾根に乗り、尾根筋を辿り木々に囲まれた山頂に出る。

34-13.

点名 八幡竜王山(や わたりゅうおうさん)　　山名 龍王山(りゅうおうざん)

（▲ 三原市八幡町）

標高　　664.80m
基準点コード　TR15133504601
選点　明治21年（1888）　　地上埋設
1/5万図名　尾道
北緯　　34°27′20″.7356
東経　133°05′00″.2973
所在地　三原市▲本谷山国有林第2003林[1]
三角点道　山陽新幹線三原駅から県道25号線を走り、側道広場の八坂峠に駐車。登山道は中国自然歩道になっており横木階段で山頂まで3000段を登る。急登が続く階段を登ると山頂に出る。

34-14.

点名 岡田山(おか だ やま)　　山名 岡田山

標高　　638.48m
基準点コード　TR15232073401
選点　明治21年（1888）　　地上埋設
1/5万図名　三次
北緯　　34°41′55″.9171
東経　132°55′51″.1709
所在地　三次市上田町字寺山1364番地
三角点道　芸備線三次駅から国道375号、県道45号線を走り、上田町で岡田山の山頂下に駐車。舗装路を登り祠のある山頂に出る。三角点は西峰にあり祠裏から一旦下り登り返して三角点に出る。

34-15.
点名 **能美島**（のうみしま）　山名 **宇根山**（うねやま）

（▲ 江田島市能美町）

標高　**541.83m**
基準点コード　TR15132235301
選点　明治21年（1888）　　地上埋設
1/5万図名　厳島　　本点
北緯　34°12′58″.2068
東経　132°25′03″.5365
所在地　佐伯郡能美町▲大字麓410-2番地
三角点道　呉線呉駅から国道487号線を走り、音戸大橋、早瀬大橋を渡り西能美島に入る。永田川橋東詰から県道36号線の途中で林道に入り山頂下に駐車。道標で林に入り木々に囲まれた山頂に出る。

34-Lo.　広島県で最も低い一等三角点
点名 **彦山**（ひこやま）　山名 **彦山**（ひこさん）

標高　**430.70m**
基準点コード　TR15133523801
選点　明治21年（1888）　　地上埋設
1/5万図名　福山
北緯　34°26′39″.0331
東経　133°21′20″.1218
所在地　福山市彦山国有林第7林班ぬ[*1]
三角点道　山陽新幹線福山駅から県道22号、72号線を走り、志田原に駐車。バス停の先から送電線巡視路を登る。樹林の中に入り三本目の鉄塔で林道に出て、林道を道なりに登り三角点山頂に出る。

《点名が変えられた一等三角点》

　三角点の点名は人間で言えば戸籍上の名前、原則的には変わることはない筈。しかし、調べてみると、現実は一等三角点だけでも幾つかの点名が変えられており驚かされる。変更された理由は判然とはしないが、それらの殆どが三角点の位置を移し変えた際に変更されているので、例えば点名に設置場所の地名などが付けられていると、移転先の地名と合致しない場合があるので、やむを得ず変えられたものと推察される。しかし、長崎県の一等三角点「椛島」（かばしま）は移転もしないのに「樺島」（かばしま）という点名に変えられたのは、また別の理由によるものと思われるが、面白い話である。

宮城県――四方山 → 黒森山（昭和19）	茨城県――寶　山 → 弁天山（昭和18）
東京都――東　京 → 東京（大正）（大正13）	大阪府――御影山 → 大浜公園（昭和14）
長崎県――椛　島 → 樺島（大正 4）	

35 山口県

*1 「点の記」にはこの後にも記載があるが本書では省略した。

1. 県内の一等三角点は16点で、標高500m以上が12点ある。
2. 県内の最も高い一等三角点は十種ヶ峰988.64mで、徳佐盆地の長門富士と呼ばれている。
3. 県内の最も低い一等三角点は見嶋175.04mで、クロマグロの漁場として知られる。

35-01. 山口県で最も高い一等三角点
点名 徳佐ヶ峰（とくさがみね）　山名 十種ヶ峰（とくさがみね）

(▲ 山口市阿東)

標高　988.64m
基準点コード　TR15131552501
選点　明治21年（1888）　地上埋設
1/5万図名　徳佐中
北緯　34°26′18″.0025
東経　131°41′43″.0164
所在地　阿武郡阿東町▲字徳佐ヶ峯1589*1
三角点道　山口線徳佐駅から国道315号、県道332号線を走り、野外活動センターを経て八合目に駐車。笹原の幅広い登山道を登り、横木階段から熊野神社を経て展望のよい三角点山頂に出る。

35-02.
点名 馬糞ヶ岳（ばふんがだけ）　山名 馬糞ヶ岳

(▲ 岩国市錦町)

標高　985.27m
基準点コード　TR15131370101
選点　明治21年（1888）　地上埋設
1/5万図名　鹿野
北緯　34°15′02″.2340
東経　131°53′47″.0118
所在地　玖珂郡錦町▲大字広瀬字嶽ノ岡*1
三角点道　山陽新幹線徳山駅から国道315号、県道9号線を走り、山免（やまめん）の先で合ノ川沿いの林道で氷見神社に駐車。林道を歩き登山口から沢沿いを登り詰め尾根に乗り、尾根筋を急登して山頂に出る。

198 ── 35 山口県 ── 徳佐ヶ峰（十種ヶ峰）・馬糞ヶ岳（馬糞ヶ岳）

35-03.
点名 石ヶ岳(いしがたけ)　山名 石ヶ岳

（▲ 周南市巣山）

標高　924.06m
基準点コード　TR15131259901
選点　明治22年(1889)　　地上埋設
1/5万図名　長門峡　　本点
北緯　　34°14′42″.1466
東経　131°44′43″.0817
所在地　都濃郡鹿野町▲大字巣山字西深*1
三角点道　山陽新幹線徳山駅から国道315号、県道9号線を走り、杉ノ河内川沿いの林道で舗装終点に駐車。藪化した林道を登り詰め、灌木林に入り確かな踏み跡を辿り藪を分けて三角点山頂に出る。

35-04.
点名 駄艶山(だつややま)　山名 ダツヤ山(さん)

（▲ 萩市佐々並）

標高　746.31m　中難度
基準点コード　TR15131239601
選点　明治22年(1889)　　地上埋設
1/5万図名　山口
北緯　　34°14′48″.0779
東経　131°27′01″.4450
所在地　阿武郡旭村大字佐々並▲字駄艶*1
三角点道　山口線山口駅から県道62号線を走り、小吹峠を経て林道途中に駐車。ダツヤ浴(えき)に取り付き、落差のある滝の連続する巻道を急登して尾根に乗り、尾根筋の藪を漕いで三角点に出る。

35-05.
点名 天上ヶ岳(てんじょうがたけ)　山名 天井ヶ岳(てんじょうがだけ)

（▲ 長門市油谷河原）

標高　691.27m
基準点コード　TR15131307301
選点　明治22年(1889)　　地上埋設
1/5万図名　西市　　本点
北緯　　34°18′39″.6134
東経　131°02′34″.3912
所在地　大津郡油谷町▲大字河原字法師*1
三角点道　山陰本線人丸駅から国道491号線を走り、天井ヶ岳と一位ヶ岳の稜線の峠に駐車。天井ヶ岳への稜線に取り付きピーク561mへ急登して、先で急下降し登り返して三角点山頂に出る。

35-06.
点名 花尾山（はなおやま）　山名 花尾山

(▲ 美祢市秋芳町)

標高　669.02m
基準点コード　TR15131314701
選点　明治22年(1889)　　地上埋設
1/5万図名　西市
北緯　34°17′01″.9753
東経　131°13′15″.7017
所在地　美祢郡秋芳町▲大字別府字花尾山
三角点道　美祢線渋木駅から県道268号線を走り、市ノ尾に駐車。林道を歩き市ノ尾川沿いの登山道に入る。樹林帯の中の沢を登り詰めて尾根に乗り、尾根筋を急登して日本海を望む山頂に出る。

35-07.
点名 鳥ヶ尾山（とりがおやま）　山名 高照寺山（こうしょうじやま）

標高　645.10m
基準点コード　TR15132019202
選点　明治21年(1888)　　地上埋設
1/5万図名　岩国
北緯　34°04′31″.6426
東経　132°09′13″.7997
所在地　岩国市大字通津字鳥ヶ尾1-13[*1]
三角点道　山陽本線通津駅から県道115号線を走り、グリーンパークの看板で林道に入り公園駐車場に駐車。案内板脇の横木階段で灌木の中を登り、展望広場を経て山頂手前で脇道に入り三角点へ。

35-08.
点名 牟禮山（むれやま）　山名 大平山（おおひらやま）

標高　631.10m
基準点コード　TR15131058001
選点　明治22年(1889)　　地上埋設
1/5万図名　防府
北緯　34°04′24″.3183
東経　131°37′49″.2187
所在地　防府市牟礼山無番地
三角点道　山陽本線防府駅から太平山ロープウエイ山麓駅行きバスとロープウエイを乗り継ぎ太平山山頂駅に上り、山頂公園散策路で電波塔管理道を登り電波塔が林立する山頂の三角点に出る。

35-09.

点名 **吉見竜王山**（よしみりゅうおうざん）　山名 竜王山

標高　613.57m
基準点コード　TR15130078401
選点　明治22年（1889）　　地上埋設
1/5万図名　安岡
北緯　　34°04′06″.2701
東経　130°56′09″.0910
所在地　下関市大字内日上字深山398 *1
三角点道　山陰本線吉見駅から東の吉見竜王山登山口に走り駐車。鳥居をくぐり灌木林の中の石段を登り、中宮から木々のトンネルを抜けて上宮で尾根に乗り、尾根筋を辿り展望のよい山頂に出る。

35-10.

点名 **西谷ノ岡**（にしたにのおか）　山名 （なし）

（▲ 周南市譲羽）

標高　560.85m
基準点コード　TR15131160801
選点　明治21年（1888）　　地上埋設
1/5万図名　徳山
北緯　　34°05′18″.3146
東経　131°51′10″.2017
所在地　徳山市▲大字譲羽字平野22番地1
三角点道　山陽新幹線徳山駅から国道315号線を走り、杉ヶ崎トンネル北側で林道に入り南下して電源開発のゲート前に駐車。専用道路を登り電波塔に着き、電波塔脇の松林に入り三角点に出る。

35-11.

点名 **高山**（こうやま）　山名 高山

（▲ 萩市須佐）

標高　532.72m
基準点コード　TR15131748901
選点　明治21年（1888）　　地上埋設
1/5万図名　須佐　　本点
北緯　　34°39′07″.5277
東経　131°36′48″.2632
所在地　阿武郡須佐町▲大字須佐字高山 *1
三角点道　山陰本線須佐駅から県道305号線を走り、高山への案内看板で林道に入り山頂直下の駐車場に駐車。灌木が茂る横木階段を登ると山頂の三角点に出る。山頂付近に天然記念物の磁石石がある。

35-12.
点名 **室津山**(むろつやま) 山名 **皇座山**(おうざさん)

標高　526.31m
基準点コード　TR15032612101
選点　明治21年(1888)　地上埋設
1/5万図名　柳井　本点
北緯　33°51′11″.2419
東経　132°08′32″.4983
所在地　熊毛郡上関町大字室津字高盤[*1]
三角点道　山陽本線柳井駅から国道188号線を走り、宇佐木から室津スカイラインで皇座山稲荷神社前の駐車場に駐車。灌木のトンネル状の登山道を登り、程なくして萱原の三角点山頂に出る。

35-Lo. 山口県で最も低い一等三角点
点名 **見　嶋**(みしま) 山名 **（なし）**

標高　175.04m　見島・基地内
基準点コード　TR15231112101
選点　明治22年(1889)　地上埋設
1/5万図名　見島
北緯　34°46′19″.2789
東経　131°08′18″.7346
所在地　萩市見島東梯子377番地[*1]
三角点道　山陰本線東萩駅の萩港から定期船で1時間、見島木村港へ渡る。港から北西2kmを歩いて航空自衛隊見島分屯基地に向かう。事前の手続きで許可を得て隊員に案内されレーダサイト近傍に着く。

《一等三角点なのに、三等三角点の標石になっている》

一等三角点の標石には新字体や旧字体の違いはあるものの、必ず「一等」の文字が刻まれている。ところがどうしたことか、「三等三角点」と刻まれた標石の一等三角点が存在する。標石の寸法も一等三角点よりも勿論小さく、一等三角点の探訪を目的に来られた人ならともかく、ただ単に対面された人なら全く三等三角点として見るだろう。

写真は石川県の能登半島の北方約50km海上に浮かぶ小島(舳倉島(へくらじま))に設置されている一等三角点「点名：舳倉島」(12.51m)の標石である。しかしよく見ると、標石はなんと旧字体の三等三角点標石なのでさらに驚かされる。

「舳倉島」の標石（石川県）

36 徳島県

*1 「点の記」にはこの後にも記載があるが本書では省略した。

1. 県内の一等三角点は13点で、標高500m以上が8点ある。
2. 県内の最も高い一等三角点は剣山1954.95mで、祖谷秘境の信仰の山として知られる。
3. 県内の最も低い一等三角点は西林村35.94mで、阿波市の西林村基線となっている。
   (東林村31.4mは亡失のため、成果表が開示されず上記を最低点とする。)

36-01. 徳島県で最も高い一等三角点
点名 剣山(つるぎさん)　山名 剣山

標高　1954.95m
基準点コード　TR15034602701
選点　明治19年(1886)　　地上埋設
1/5万図名　剣山　　本点
北緯　33°51′12″.8741
東経　134°05′39″.4099
所在地　三好郡東祖谷山村▲大字菅生*1
三角点道　徳島線貞光駅から国道438号線を走り、見ノ越駐車場に駐車。リフトに乗り西島駅から尾根コースで刀掛けの木道階段に導かれ、展望のよい広い山頂に出る。三角点は石稜の中央にある。

(▲ 三好市東祖谷)

36-02.
点名 中津山(なかつやま)　山名 中津山(なかつざん)

標高　1446.81m
基準点コード　TR15033760701
選点　明治25年(1892)　　地上埋設
1/5万図名　川口
北緯　33°55′28″.6488
東経　133°50′38″.7519
所在地　三好郡池田町▲大字松尾字黒川*1
三角点道　土讃線大歩危駅から県道45号線を走り、道の駅「にしいや」先で林道に入り田ノ内登山口に駐車。道標で杉林を急登して尾根に乗り、ブナ林の尾根筋を辿り黄金の池の先で三角点山頂に出る。

(▲ 三好市池田町)

36-03.
点名 **高越山**(こおつさん)　山名 **高越山**(こおつざん)

(▲ 吉野川市山川町)

標高　1122.00m
基準点コード　TR15134012501
選点　明治19年(1886)　　地上埋設
1/5万図名　脇町　本点
北緯　34°01′05″.5714
東経　134°11′47″.6254
所在地　麻植郡山川町▲字木綿麻山5番*1
三角点道　徳島線阿波山川駅から県道248号線を走り、つつじ公園を過ぎ高越寺駐車場に駐車。山腹の参道を登り高越寺に着き、寺から左手の弘法大師像がある山頂に登り、尾根の先の三角点に出る。

36-04.
点名 **旭ノ丸山**(あさひのまるやま)　山名 **旭ヶ丸**(あさひがまる)

標高　1019.59m
基準点コード　TR15034734201
選点　明治19年(1886)　　地上埋設
1/5万図名　雲早山
北緯　33°57′05″.8969
東経　134°24′09″.4496
所在地　名東郡佐那河内村上字奥川股*1
三角点道　徳島駅から国道438号、県道18号線を走り、大川原高原に駐車。牧場脇の灌木で展望のない「四国みち」を辿って、コンクリートの展望台を経て登山道脇の木々に囲まれた三角点広場に出る。

36-05.
点名 **竜王山**(りゅうおうざん)　山名 **竜王山**

(▲ 美馬市美馬町)

標高　1012.70m
基準点コード　TR15134102301
選点　明治19年(1886)　　地上埋設
1/5万図名　脇町　本点
北緯　34°06′15″.7667
東経　134°02′27″.8407
所在地　美馬郡美馬町▲字入倉813番*1
三角点道　徳島線貞光から国道438号線を走り、野田ノ井トンネル手前で林道に入って無線中継所手前の林道支線で竜王峠に駐車。竜王峠の南側稜線登山道に入り程なく樹林の中の三角点に出る。

36-06.
点名 胴截山(どうぎりやま)　山名 胴切山(どうぎりやま)

(▲ 海陽町小川)

標高　883.86m
基準点コード　TR15034436101
選点　明治26年(1893)　　地上埋設
1/5万図名　桜谷
北緯　33°43′05″.9521
東経　134°23′33″.8999
所在地　海部郡海南町▲大字小川字上樫[*1]
三角点道　牟岐線日和佐駅から県道36号線を走り、町境界線の峠から谷山霧越林道に入り途中に駐車。左側の尾根に取り付き植林の尾根を登り胴切峠に乗り、急登し木々の中の三角点山頂に出る。

36-07.
点名 二ッ丸山(ふたつまるやま)　山名 二ッ丸山

標高　585.59m
基準点コード　TR15134023901
選点　明治19年(1886)　　地上埋設
1/5万図名　川島　　本点
北緯　34°01′45″.0104
東経　134°21′54″.4728
所在地　名西郡神山町阿野字広石339[*1]
三角点道　徳島線鴨島駅から県道31号線を走り、梨ノ木峠に駐車。峠の電波塔フェンス脇から尾根に取り付き、樹林帯で暗い尾根筋のアップダウンを繰り返し木々に囲まれた三角点山頂に出る。

36-08.
点名 三頭山(さんとうざん)　山名 三頭山

(▲ 阿波市阿波町)

標高　505.79m
基準点コード　TR15134113701
選点　明治19年(1886)　　地上埋設
1/5万図名　脇町　　本点
北緯　34°06′51″.0617
東経　134°12′46″.6822
所在地　阿波郡阿波町▲伊沢明地谷21-1[*1]
三角点道　徳島線阿波山川駅から県道3号線を走り、北久保で林道に入り舗装終点に駐車。林道を登り峠前で左の林道支線に入る。道はなく酪農廃屋先から藪を漕いで小さな広場の三角点に出る。

36-Lo. 徳島県で最も低い一等三角点

点名 **西林村**(にしばやしむら) 　山名（なし）

標高　35.94m　私有地
基準点コード　TR15134018501
選点　明治19年（1886）　地上埋設
1/5万図名　脇町　本点
北緯　34°04′21″.2243
東経　134°11′31″.3987
所在地　阿波市阿波町
三角点道　徳島線川田駅から国道192号、県道139号線を走り、吉野川を渡り阿波町西島付近に駐車。道路から200m程入ったビニールハウスとコンクリート水路の見切りを歩き三角点に出る。

《標石上面に丸みがあったり面取りされている一等三角点》

　写真1は岡山県にある泉山の一等三角点（点名：泉ヶ山(いずみがせん)）である。標石の寸法は標準寸法の18cmよりもやや大きめの19cm、これはともかく、上面の四辺から側面にかけて半径3cm程の丸みがあり、大変珍しい標石と言える。また神奈川県大磯の浅間山山頂には江戸時代に建てられたという富士信仰のための浅間神社があるが、その小さなお社の脇に写真2に示した一等三角点（点名：浅間山(せんげんやま)）がある。この三角点は標石上面の縁が大きく面取りされている。当初、明治16年（1883）11月に埋標されたが大正12年（1923）9月の関東大震災により、大正13年（1924）8月に改埋されている。このとき何らかの事情で面取りした標石に交換されたのであろう。標石上面の四辺が面取りされている一等三角点は、まだこの他に神奈川県の（冠ヶ岳）と（長津田村）、東京都の（蓮光寺村）と大分県の（久住山）など、意外と多く存在しているのには驚かされる。しかし神奈川県には、8個の一等三角点のうち3個も面取りされた標石の三角点が見られるのはどういうことだろうか。

写真1　標石上面が丸みを帯びた一等三角点
　　　　（「泉ヶ山」岡山県　P.188参照）

写真2　標石上面が面取りされた一等三角点
　　　　（「浅間山」181.88m・神奈川県）

37　香川県

*1 「点の記」にはこの後にも記載があるが本書では省略した。

1. 県内の一等三角点は7点で、標高500m以上が4点ある。
2. 県内の最も高い一等三角点は登尾山887.28mで、仲多度郡仲南町にある。
3. 県内の最も低い一等三角点は南嶺291.99mで、源平の合戦で有名な屋島にある。

37-01. 香川県で最も高い一等三角点
点名　登尾山（のぼりおやま）　　山名　登尾山

(▲ まんのう町山脇)

標高　　887.28m
基準点コード　　TR15133161701
選点　明治28年（1895）　　地上埋設
1/5万図名　池田
北緯　　34°05′42″.2303
東経　133°50′31″.0778
所在地　仲多度郡仲南町▲大字十郷字山脇*1
三角点道　土讃線佃駅から県道4号線を走り、東山峠に駐車。松林の尾根筋を登り作業小屋から送電線巡視路を辿り、ピーク833mで稜線に乗り、稜線のアップダウンを繰り返し三角点山頂に出る。

37-02.
点名　星ヶ城山（ほしがじょうさん）　　山名　星ヶ城山

(▲ 小豆島町安田)

標高　　816.11m　小豆島
基準点コード　　TR15134621501
選点　明治18年（1885）　　地上埋設
1/5万図名　寒霞渓　　本点
北緯　　34°30′55″.2608
東経　134°19′02″.9289
所在地　小豆郡内海町▲大字安田字嶮岨*1
三角点道　高松港から小豆島の土庄港へ渡る。小豆島スカイラインで三笠山登山口に駐車。鳥居をくぐり樹林帯の広い登山道を登り、星ヶ城神社を経て三角点山頂に出る。石積みの烽火台がある。

37 香川県──登尾山（登尾山）・星ヶ城山（星ヶ城山）── 207

37-03.
点名 矢筈山（やはずさん）　山名 矢筈山（やはずやま）

（▲ さぬき市多和）

標高　787.52m
基準点コード　TR15134213501
選点　明治19年（1886）　　地上埋設
1/5万図名　高松南部
北緯　　34°11′43″.6940
東経　134°11′47″.7277
所在地　大川郡長尾町▲大字多和字兼割*1
三角点道　徳島線穴吹駅から国道193号、377号線を走り、四国第八十八番札所大窪寺で林道に入り峠の登山口に駐車。道標で樹林帯に入り急登し、尾根筋をアップダウンして展望のよい山頂に出る。

37-04.
点名 大山（おおやま）　山名 大山

（▲ 東かがわ市川股）

標高　691.29m
基準点コード　TR15134139101
選点　明治19年（1886）　　地上埋設
1/5万図名　川島　　本点
北緯　　34°09′49″.2199
東経　134°23′40″.7300
所在地　大川郡引田町▲大字川股字清水*1
三角点道　高徳線板野駅から県道12号線の上板町で県道34号線を走り、舗装終点の大山電波塔下に駐車。灌木林の未舗装林道を登り稜線に出て、山頂の電波塔近くにある三角点と天測点に出る。

37-Lo.　香川県で最も低い一等三角点
点名 屋島山（やしまやま）　山名 南嶺（なんれい）

標高　291.99m
基準点コード　TR15134402801
選点　明治18年（1885）　　地上埋設
1/5万図名　高松
北緯　　34°21′20″.5442
東経　134°06′16″.7327
所在地　高松市屋島東町1828番1
三角点道　琴電志度線の琴電屋島駅から北へ走り、屋島ドライブウエイで終点に駐車。四国第八十四番札所屋島寺の境内から仁王門を抜けて、ケーブル駅へ向かう途中の給水塔前の三角点に出る。

38　愛媛県

*1 「点の記」にはこの後にも記載があるが本書では省略した。

1. 県内の一等三角点は18点で、標高500m以上が11点ある。
   （初版以降高縄山屋上（993.20m）が追加された。）
2. 県内の最も高い一等三角点は二ノ森1929.55mで、西日本の最高峰石鎚山（いしづちさん）の南西にある。
3. 県内の最も低い一等三角点は比岐島28.11mで、瀬戸内海の 燧 灘（ひうちなだ）に浮かぶ小さな島にある。

38-01. 愛媛県で最も高い一等三角点
点名　面河山（おもごやま）　山名　二ノ森（にのもり）

（▲ 西条市小松町）

標高　　　1929.55m
基準点コード　TR15033501701
選点　明治25年（1892）　　地上埋設
1/5万図名　石鎚山　　本点
北緯　　33°45′30″7477
東経　　133°05′37″5970
所在地　周森郡小松町▲大字石鎚字大*1
三角点道　伊予鉄道横河原駅から国道11号、県道153号線を走り、鞍瀬川沿いの登山口に駐車。登山口からジグザグに高度を稼ぎ稜線に乗り、ゆるやかな稜線の笹原を登り堂ヶ森から山頂に出る。

38-02.
点名　笹ヶ峰（ささがみね）　山名　笹ヶ峰

標高　　　1859.60m
基準点コード　TR15033529101
選点　明治26年（1893）　　地上埋設
1/5万図名　日比原
北緯　　33°49′41″1998
東経　　133°16′28″5267
所在地　西条市大字藤之石字笹ヶ峰*1
三角点道　予讃線伊予西条駅から国道194号線を走り、下津池で吉居川沿いの林道に入り登山口に駐車。沢沿いをジグザグに高度を稼ぎ鞍部に乗り、ブナ林を抜け笹原を急登し展望のよい山頂に出る。

38-03.
点名 薊野峰(あぞうのみね)　山名 源氏ヶ駄場(げんじがだば)

標高　1402.93m
基準点コード　TR15032166901
選点　明治25年（1892）　　地上埋設
1/5万図名　梼原　　本点
北緯　33°28′19″.8613
東経　132°51′56″.8362
所在地　東宇和郡野村町▲大字小屋山[1]
三角点道　予讃線伊予大洲駅から国道197号、県道36号線を走り、四国カルストから大野ヶ原を経て源氏ヶ駄場に駐車。広々とした牧場の柵に沿って山頂に向かい、大空海山幸福寺横の三角点に出る。

（▲ 西予市野村町）

38-04.
点名 滑床山(なめとこやま)　山名 三本杭(さんぼんぐい)

標高　1226.06m
基準点コード　TR14932652001
選点　明治25年（1892）　　地上埋設
1/5万図名　宇和島　　本点
北緯　33°11′17″.9668
東経　132°38′07″.4983
所在地　宇和島市大字野川字滑床山[1]
三角点道　予土線松丸駅から県道8号線を南下目黒で県道270号線を走り、万年橋に駐車。万年橋から杉林を登り、急登して御祝山から石楠花のトンネルを抜けて稜線を辿り広々とした山頂に出る。

38-05.
点名 高縄山屋上(たかなわやまおくじょう)　山名 （なし）

標高　993.20m
基準点コード　TR15032763801
選点　明治22年（1889）　　屋上
1/5万図名　松山北部
北緯　33°56′44″.8182
東経　132°51′00″.5154
所在地　北条市▲大字猪木字天神乙500[1]
三角点道　予讃線柳原駅から県道178号線で石ヶ峠へ走り、峠の案内板で山頂の下に駐車。高縄寺境内のブナ林を登り、電波塔と展望台がある山頂に出る。三角点は展望台を上ると金属標が確認できる。

（▲ 松山市猪木）

38-06.
点名 高縄山(たかなわやま)　山名 高縄山(たかなわさん)

標高　985.90m
基準点コード　TR15032763802
選点　明治22年(1889)　　地上埋設
1/5万図名　松山北部　　本点
北緯　　33°56′44″.5923
東経　132°51′00″.1394
所在地　北条市▲大字猪木字天神乙500*1
三角点道　予讃線柳原駅から県道178号線で石ヶ峠に走り、峠の案内板で山頂下に駐車。高縄寺境内のブナ林を登り、電波塔と展望台がある山頂に出る。三角点は高縄大権現の近傍にある。また電波塔屋上に金属標がある。

38-07.
点名 壷神山(つぼかみやま)　山名 壺神山(つぼかみやま)

（▲ 大洲市長浜）

標高　970.79m
基準点コード　TR15032342401
選点　明治25年(1892)　　地上埋設
1/5万図名　大洲　　本点
北緯　　33°36′20″.0428
東経　132°33′16″.6048
所在地　伊予郡長浜町▲大字戒川字ソウ*1
三角点道　予讃線伊予長浜駅から県道330号線を走り、途中から林道に入り山頂下のゲート前に駐車。電波塔群に向かってフェンス脇の灌木の中を登って、木々に囲まれた小広い三角点山頂に出る。

38-08.
点名 御在所山(ございしょやま)　山名 御在所山

（▲ 鬼北町上鍵山）

標高　908.11m
基準点コード　TR15032061001
選点　明治25年(1892)　　地上埋設
1/5万図名　梼原
北緯　　33°20′33″.7807
東経　132°45′15″.1719
所在地　北宇和郡日吉村▲大字上鍵山(いずめ)*1
三角点道　予土線出目駅から国道320号、197号線を走り、城川から江戸淵トンネル入口で黒森林道に入り駐車。植林帯の尾根筋を登り山頂に出る。三角点は西峰にあり尾根を辿り三角点に出る。

38-09.
点名 障子山（しょうじやま）　山名 障子山

標高　884.95m
基準点コード　TR15032464101
選点　明治25年（1892）　　地上埋設
1/5万図名　松山南部
北緯　　33°42′19″.1792
東経　132°45′54″.8223
所在地　伊予郡砥部町大字鵜ノ崎397[*1]
三角点道　予讃・内子線伊予大平駅から県道53号線を走り、鵜崎の案内板で林道に入り登山口に駐車。道標に従い竹林と植林帯の中をジグザグに高度を稼ぎ、高い木々に囲まれた三角点山頂に出る。

38-10.
点名 高森山（たかもりやま）　山名 高森山

（▲ 西予市宇和町）

標高　635.03m
基準点コード　TR14932749301
選点　明治25年（1892）　　地上埋設
1/5万図名　宇和島
北緯　　33°19′37″.398
東経　132°32′29″.7892
所在地　東宇和島郡宇和町▲下川2539-1[*1]
三角点道　予讃線下宇和駅から県道29号、31号線を走り、歯長（はなが）トンネルの北側広場に駐車。小道を登り歯長峠で尾根に乗り、尾根筋を杉林の「四国のみち」を登って東屋がある草原の山頂に出る。

38-11.
点名 鞍掛峰（くらかけみね）　山名 鞍掛山（くらかけやま）

標高　629.38m
基準点コード　TR15032138601
選点　明治26年（1893）　　地上埋設
1/5万図名　八幡浜
北緯　　33°29′17″.9168
東経　132°27′42″.7135
所在地　大洲市平野町大字平地乙777[*1]
三角点道　予讃線八幡浜駅から国道197号、県道28号線を走り、福岡集落から林道に入り山頂北側の登山口に駐車。沢沿いの植林帯を登り尾根に乗り、尾根筋を辿り木々に囲まれた山頂に出る。

38-Lo. 愛媛県で最も低い一等三角点

点名 **比岐島**(ひきしま) 　山名 （なし）

標高	28.11m　比岐島
基準点コード	TR15133006801
選点	明治26年(1893)　地上埋設
1/5万図名	今治東部
北緯	34°03′25″.1580
東経	133°06′16″.2792

所在地　今治市大字比岐島▲乙1番地

三角点道　定期船はなく、船をチャーターして今治港から比岐島に渡る。人家が数軒あり柑橘栽培と漁業を営む島で、港から東に舗装路を歩き、神社を経て灌木林を辿り電源設備棟脇の三角点に出る。

（▲ 今治市今治村）

《亡失した一等三角点が復活？》

　国土地理院では、ホームページで基準点成果等閲覧サービスを実施している。その情報を閲覧すると、三角点・多角点情報表示のページには一等三角点の点名・経緯度・標高・所在地等が表記されていて、更にその下部には現況欄がある。その中で長野県の(点名)戸倉山を閲覧すると、現況欄に「亡失 2000/12/11」と表記されていた。その情報を別記して戸倉山に向かう。はたして戸倉山山頂標前に立つと庚申塚が並んでいるが三角点の姿はまったく見当たらない。ふと手元のGPSの経緯度表示と「三角点・多角点情報」の数値とが一致していないことに気が付く。GPSに従って歩くと、山頂からは木々に隠れて見えない別峰があり、そこに一等三角点が埋設されていた。後日、報告書を作り、年月日・写真・GPS位置表示を添えて国土地理院へ提出。受理されて成果表の現況欄は「正常 2003/08/05」と更新され、一等三角点は復活した。また新潟県の(点名)谷川富士を閲覧すると、現況欄に「亡失 2001/07/29」と表記されていた。一ノ倉岳山頂で調査すると一等三角点は登山道から外れ周辺の笹を払うと白杭から一等三角点が確認できた。戸倉山と同様に報告書を作り提出、一等三角点(点名)谷川富士も同様に「正常 2005/10/11」と更新された。

　その他同様に、新潟県の(点名)長者原「亡失」群馬県の(点名)唐沢山「不明」等が復活されている。何れも山頂標のある山頂や登山道から離れていたり、草木が茂り目では確認できないところにある一等三角点である。

39　高知県

*1 「点の記」にはこの後にも記載があるが本書では省略した。

1. 県内の一等三角点は16点で、標高500m以上が13点ある。
2. 県内の最も高い一等三角点は中津山1540.60mで、高知県と愛媛県の県境にある。
3. 県内の最も低い一等三角点は烏帽子山359.13mで、鷲尾山地の最高峰である。

39-01．高知県で最も高い一等三角点
点名　**中津明神山**　　山名　**中津山**
（なかつみょうじんやま）　　（なかつやま）

（▲ 仁淀川町上名野川）

標高　1540.60m
基準点コード　TR15033209301
選点　明治26年（1893）　地上埋設
1/5万図名　上土居
北緯　33°34′31″.9862
東経　133°02′47″.9241
所在地　吾川郡吾川村▲大字上名野川*1
三角点道　予讃線松山駅から国道33号線を走り、中津渓谷沿いの県道363号線で山頂直下に駐車。山頂一帯に広がる笹原の登山道で、大きな気象観測ドームや祠がある展望のよい山頂に出る。

39-02．
点名　**仁尾ヶ内山**　　山名　**工石山**
（におがうちやま）　　（くいしやま）

標高　1515.78m
基準点コード　TR15033642601
選点　明治25年（1892）　地上埋設
1/5万図名　伊予三島　　本点
北緯　33°51′20″.2164
東経　133°34′47″.8737
所在地　長岡郡本山町大字立川上名*1
三角点道　土讃線大杉駅から県道5号線を走り、立川御殿で林道に入り工石山荘登山口に駐車。灌木林をジグザクに高度を稼いで尾根に乗り、岩場の稜線を辿りユルギ岩を経て三角点山頂に出る。

39-03.
点名 大兀森(おおはげもり)　山名 梶ヶ森(かじがもり)

標高　1399.81m
基準点コード　TR15033561001
選点　明治26年(1893)　　地上埋設
1/5万図名　大栃
北緯　　33°45′33″.0867
東経　133°45′05″.4725
所在地　長岡郡大豊町大字佐賀山字梶[*1]
三角点道　土讃線豊永駅から国道439号線を走り、落合から梶ヶ森線に入り終点の山頂下に駐車。草原の中を横木階段で急登して展望のよい山頂に出る。山頂には電波塔が建ち展望方向盤がある。

39-04.
点名 不入山(いらずやま)　山名 不入山

(▲ 津野町)

標高　1336.21m
基準点コード　TR15033102501
選点　明治26年(1893)　　地上埋設
1/5万図名　新田
北緯　　33°26′26″.8032
東経　133°03′47″.4278
所在地　高岡郡東津野村▲大字芳生野[*1]
三角点道　土讃線土佐新荘駅から国道197号、県道378号線を走り、船戸林道入口前に駐車。林道を2km程歩き登山口に着き、槙尾根コースの樹林帯を登り尾根に乗り、尾根筋を辿り山頂に出る。

39-05.
点名 天狗森(てんぐもり)　山名 天狗森

標高　1295.53m
基準点コード　TR15034304501
選点　明治26年(1893)　　地上埋設
1/5万図名　馬路
北緯　　33°37′07″.679
東経　134°04′04″.3451
所在地　安芸郡馬路村大字魚梁瀬字谷[*1]
三角点道　土佐くろしお鉄道安田駅から県道12号線で魚梁瀬(やなせ)ダムに走り、谷山林道ゲート前に駐車。登山口の道標で植林の中をジグザグに登り、展望が開けた道から灌木林に囲まれた山頂に出る。

39-06.
点名 工石山（くいしやま）　山名 工石山

(▲ 高知市土佐山)

標高　1176.45m
基準点コード　TR15033440001
選点　明治26年(1893)　　地上埋設
1/5万図名　高知　　本点
北緯　33°40′08″.5771
東経　133°30′24″.4686
所在地　土佐郡土佐山村▲大字高山*1
三角点道　高知駅から県道16号線を走り、赤良木トンネル手前で青少年の家に駐車。樹林の中の横木階段をジグザグに登り杖塚、檜屏風岩を経て賽の河原を辿り、巨岩のある展望のよい山頂に出る。

39-07.
点名 装束森（しょうぞくもり）　山名 装束山（しょうぞくやま）

標高　1083.00m
基準点コード　TR15034116001
選点　明治25年(1892)　　地上埋設
1/5万図名　奈半利　　本点
北緯　33°28′15″.1440
東経　134°08′14″.9296
所在地　室戸市羽根町字西股山乙4256
三角点道　土佐くろしお鉄道奈半利駅から国道493号線を走り、野友橋で野川林道に入り電波塔のある登山口に駐車。野根山街道こと「四国のみち」を歩き装束峠を経て道標に従い山頂に出る。

39-08.
点名 城戸木森（しろとぎもり）　山名 城戸木森（きどきもり）

(▲ 高岡郡四万十町大正中津川)

標高　908.65m
基準点コード　TR14933704201
選点　明治26年(1893)　　地上埋設
1/5万図名　窪川
北緯　33°17′05″.8158
東経　133°01′32″.7134
所在地　幡多郡大正町▲大字中津川字城*1
三角点道　土讃線窪川駅から国道381号、県道328号線を走り、井細川沿いの折合ゲート前に駐車。林道を歩き折合大ヒノキの道標で樹林の中を登って尾根に乗り、尾根筋を辿り木が茂る山頂に出る。

39-09.
点名 今之山(いまのやま)　山名 今ノ山

標高　865.23m
基準点コード　TR14932262701
選点　明治25年(1892)　　地上埋設
1/5万図名　土佐中村
北緯　32°51′27″.3986
東経　132°50′47″.7861
所在地　土佐清水市大字三崎字十八川[1]
三角点道　土佐くろしお鉄道平田駅から県道21号線を走り、来栖野で来栖野トンネルを抜け林道を走りゲートの先の風景林遊歩道入口に駐車。灌木林の遊歩道を登りレーダ施設脇の三角点に出る。

39-10.
点名 万朶森(ばんだもり)　山名 蟠蛇森(ばんだがもり)

標高　769.82m
基準点コード　TR15033122001
選点　明治26年(1893)　　地上埋設
1/5万図名　須崎
北緯　33°26′27″.9840
東経　133°15′34″.3721
所在地　高岡郡佐川町大字川ノ内組[1]
三角点道　土讃線吾桑駅から林道で吾井郷に走り、桑田山神社を目指し蟠陀森公園に駐車。公園広場の鉄骨製展望台から更に奥の別峰に向かい、灌木林の中を一旦下り登り返して三角点山頂に出る。

39-11.
点名 目高森(めたかもり)　山名 目高森

標高　754.81m
基準点コード　TR15033361901
選点　明治26年(1893)　　地上埋設
1/5万図名　手結
北緯　33°35′31″.686
東経　133°51′58″.832
所在地　安芸郡芸西村大字久重乙字ヤ[1]
三角点道　土佐くろしお鉄道夜須駅から県道51号線を走り、羽尾で林道に入り、長者ヶ森前の登山口に駐車。登山口から植林の中を登り尾根に乗り、灌木林の尾根筋を辿り木々に囲まれた三角点に出る。

39-12.

点名 鴨川山（かもがわやま）　山名 白石（しろいし）

(▲ 四万十市奥鴨川)

標高　724.56m
基準点コード　TR14932561901
選点　明治25年（1892）　地上埋設
1/5万図名　大用
北緯　033°05′51″.7287
東経　132°52′28″.4893
所在地　中村市▲大字奥鴨川字川奥続山*1
三角点道　土佐くろしお鉄道中村駅から国道441号、県道380号線を走り、川奥口の営林署小屋前に駐車。東に延びる林道から尾根に取り付いて、小径を登り木々に囲まれた三角点山頂に出る。

39-13.

点名 五在所森（ございしょもり）　山名 五在所ノ峯（ございしょのみね）

(▲ 四万十町窪川)

標高　658.31m
基準点コード　TR14933611201
選点　明治25年（1892）　地上埋設
1/5万図名　窪川　本点
北緯　033°10′38″.2326
東経　133°09′02″.6738
所在地　高岡郡窪川町▲金上野五在所山*1
三角点道　土讃線窪川駅から国道56号線を走り、金上野の案内板で林道に入り駐車。林道を歩き登山口から植林帯を急登して尾根に乗り、町境界の尾根筋を辿り広々とした三角点山頂に出る。

39-Lo.　高知県で最も低い一等三角点

点名 鷲尾山（わしおやま）　山名 烏帽子山（えぼしやま）

標高　359.13m
基準点コード　TR15033243101
選点　明治25年（1892）　地上埋設
1/5万図名　高知
北緯　033°31′32″.8001
東経　133°30′59″.5460
所在地　高知市大字神田字カイガラ*1
三角点道　土讃線旭駅から県道37号線で神田トンネルの先で林道を走り、白土峠を経て烏帽子山下に駐車。灌木林の中を山頂の石土神社へと続く鳥居をくぐり、木々に囲まれた三角点山頂に出る。

40 福岡県

*1 「点の記」にはこの後にも記載があるが本書では省略した。

1. 県内の一等三角点は21点で、標高500m以上が8点ある。
2. 県内の最も高い一等三角点は釈迦岳1229.53mで、津江山地の盟主であり、山頂には釈迦如来像も建つ。
3. 県内の最も低い一等三角点は潮煮塚36.18mで、福岡市南区の学園内にある。県内には潮煮塚より低い、点名「東久留米」「上津荒木村」「小島堤防」の一等三角点があるが、いずれも標石が見当たらず亡失状態にあり、国土地理院ではその位置や標高のデータを停止している(処置保留)。このため本書では潮煮塚を最も低い一等三角点とする。

40-01. 福岡県で最も高い一等三角点
点名 釈迦ヶ岳　　山名 釈迦岳

（▲ 八女市矢部村）

標高　1229.53m
基準点コード　TR14930672001
選点　平成4年(1992)　　地上埋設
1/5万図名　日田　　本点
北緯　33°11′12″.7164
東経　130°53′13″.1084
所在地　八女郡矢部村▲御側山国有林*1
三角点道　久大本線豊後三芳駅から県道9号線を走り、案内板で椿ヶ鼻ハイランドパークに向かい矢部越峠登山口に駐車。道標で稜線の樹林帯を急登し、展望のよいお釈迦様の像が建つ三角点山頂に出る。

40-02.
点名 英彦山　　山名 英彦山

標高　1199.49m
基準点コード　TR15030177401
選点　明治21年(1888)　　地上埋設
1/5万図名　吉井　　本点
北緯　33°28′34″.4905
東経　130°55′33″.5026
所在地　田川郡添田町字英彦山1番地
三角点道　日田彦山線彦山駅から国道500号線を走り、薬師峠前の高住神社に駐車。杉林の中参道の長い階段を登り望雲台から北岳で稜線に乗り、一旦下り登り返して中岳上宮から南岳の英彦山に出る。

40-03.

点名 **馬見山**（うまみやま） 山名 **馬見山**

(▲ 嘉麻市小野谷)

標高　977.74m
基準点コード　TR15030168101
選点　明治21年（1888）　　地上埋設
1/5万図名　吉井
北緯　　33°29′11″.2616
東経　130°46′04″.3996
所在地　嘉穂郡嘉穂町▲大字桑野字屏*1
三角点道　日田彦山線大行司駅から国道211号線を北上し嘉麻峠（かま）登山口に駐車。杉林を急登して尾根に乗り、尾根筋は九州自然歩道で灌木林の中を横木階段を登り木々に囲まれた三角点山頂に出る。

40-04.

点名 **福智山**（ふくちやま） 山名 **福智山**

標高　900.50m
基準点コード　TR15030469401
選点　明治22年（1889）　　地上埋設
1/5万図名　行橋
北緯　　33°44′32″.0877
東経　130°48′13″.9990
所在地　北九州市小倉南区大字頂吉*1
三角点道　日田彦山線の金辺トンネル北側から県道258号を走り、鱒淵ダムに駐車。吊り橋を渡り登山口から沢沿いを急登して尾根に乗り、鈴ガ岩屋の茅原から露岩が見えると展望のよい山頂に出る。

40-05.

点名 **耳納山**（みのうさん） 山名 **鷹取山**（たかとりやま）

(▲ 八女市星野村)

標高　801.58m
基準点コード　TR14930756701
選点　明治21年（1888）　　地上埋設
1/5万図名　久留米
北緯　　33°18′10″.9004
東経　130°43′22″.1591
所在地　八女郡星野村▲大字中ノ山3538*1
三角点道　久大本線浮羽駅の県道52号線を走り、耳納山スカイラインの鷹取山駐車場に駐車。横木階段を登ると広い草原の山頂に飛び出る。眼下に筑後川その先に一等三角点の馬見山、英彦山を望む。

40-06.
点名 鬼岩谷（おにいわだに）　山名 鬼岩谷

(▲ 糟屋郡)

標高　773.77m
基準点コード　TR15030340501
選点　明治22年（1889）　地上埋設
1/5万図名　太宰府
北緯　33°35′13″.2522
東経　130°33′58″.4638
所在地　粕⬥屋郡宇美町大字宇美字鬼岩[1]
三角点道　福北ゆたか線筑前大分駅から県道60号線を走り、ショウケ越の登山口近くに駐車。県道を跨ぐ登山道の橋を渡り尾根に乗り、灌木林の尾根筋を急登して露岩を越え木々に囲まれた山頂に出る。

40-07.
点名 鮎返山（あゆかえりやま）　山名 西山（にしやま）

(▲ 宮若市山口)

標高　644.54m
基準点コード　TR15030446401
選点　明治22年（1889）　地上埋設
1/5万図名　直方
北緯　33°43′13″.4090
東経　130°33′33″.2412
所在地　鞍手郡若宮町⬥大字山口字馬口[1]
三角点道　香椎線土井駅から県道21号線を走り、犬鳴ダムの先に駐車。林道を歩き登山口から灌木林の涸れ沢を登りこもの峠に乗る。尾根を登ると林道に出て、その先の自衛隊塹壕上の三角点に出る。

40-08.
点名 霧ヶ岳（きりがたけ）　山名 足立山（あだちやま）

標高　597.79m
基準点コード　TR15030673301
選点　明治22年（1889）　地上埋設
1/5万図名　小倉　本点
北緯　33°51′34″.2573
東経　130°55′01″.9931
所在地　北九州市小倉北区大字富野[1]
三角点道　日豊本線安部山公園駅から県道264号線を走り、妙見神社に入り駐車。イノシシに乗った和気清麻呂公像脇を抜けて企救（く）自然歩道を登り、灌木林の登山道を急登して展望のよい山頂に出る。

40-Lo. 福岡県で最も低い一等三角点
点名 **潮煮塚**（しおにつか） 山名（なし）

標高　36.18m　学校内
基準点コード　TR15030237301
選点　昭和57年(1982)　　地上埋設
1/5万図名　福岡
北緯　033°33′31″.4498
東経　130°25′14″.7595
所在地　福岡市南区筑紫丘1丁目1番[*1]
三角点道　西鉄大牟田線大橋駅から県道31号線を走り、学校下交差点で東和大学校内の純真学園に入り事務所で許可を得て、本館前の芝生の三角点に出る。標石は新しく保護石4個に囲まれている。

《日本の東西南北の最先端にある一等三角点はどこに？》

日本全国47都道府県の一等三角点の総数は、平成26年(2014)4月現在で974点である。これらの一等三角点のうち、東西南北最端の三角点は一体どこにあるのだろう。

それは図に示すように、**最北端**は北海道の「宗谷山」（北緯45度28分13秒）、**最東端**は東京都の「南鳥島」（東経153度59分05秒）、**最西端**は沖縄県の「久米島Ⅰ」（東経126度46分13秒）、そして**最南端**は東京都の「沖ノ鳥島」（北緯20度25分32秒）である。

最南端は多分沖縄県と想像した人が多いのではと思われるが、なんとそれは東京都だったのである。しかももうひとつ驚くべきことは、この「沖ノ鳥島」の位置はハワイのホノルル（北緯21度）よりも南になるのである。日本は島国ながら結構広大な国なのだ。

東西南北最端の一等三角点

41　佐賀県

*1 「点の記」にはこの後にも記載があるが本書では省略した。

1. 県内の一等三角点は9点で、標高500m以上が3点ある。
2. 県内の最も高い一等三角点は経ヶ岳1075.66mで、多良山地の最高峰である。
3. 県内の最も低い一等三角点は大詫間2.07mで、江戸時代から続く干拓の地にある。
　この大詫間は、九州で最も低い一等三角点でもある。

41-01．佐賀県で最も高い一等三角点
点名　京ノ岳（きょうのだけ）　山名　経ヶ岳（きょうがだけ）

標高　1075.66m
基準点コード　TR14930308601
選点　明治23年(1890)　地上埋設
1/5万図名　諫早　本点
北緯　32°59′15″.1009
東経　130°04′34″.6114
所在地　鹿島市大字山浦本城国有林*1
三角点道　長崎本線肥前鹿島駅から国道444号線を南下し、平谷温泉を過ぎ国道脇の登山口に駐車。道標で杉林の沢沿いを登って馬ノ背峠から平谷越で稜線に乗り、稜線を辿り展望のよい山頂に出る。

41-02．
点名　天山（あまやま）　山名　天山（てんざん）

標高　1046.06m
基準点コード　TR15030010101
選点　明治23年(1890)　地上埋設
1/5万図名　浜崎
北緯　33°20′19″.9911
東経　130°08′34″.4302
所在地　唐津市厳木町天川山字竹ノ迫*1
三角点道　唐津線小城駅から県道337号線を走り、終点の天山神社上宮に駐車。整備された登山道を登って草原の鞍部に乗り、尾根筋の九州自然歩道を歩き、草原の広々とした展望のよい山頂に出る。

41-03.

点名 三瀬山（みつせやま）　山名 金山（かなやま）

標高　967.26m
基準点コード　TR15030125401
選点　明治23年(1890)　　地上埋設
1/5万図名　脊振山　本点
北緯　　33°27′48″.7335
東経　130°18′21″.1073
所在地　神崎郡三瀬村▲大字三ツ瀬字城*1
三角点道　長崎本線佐賀駅から国道263号線を北上し、三瀬トンネル前から旧道を走り三瀬峠に駐車。道標で灌木林の稜線を登り城ノ山、アゴ坂峠とアップダウンを繰り返し木々に囲まれた山頂に出る。

(▲ 佐賀市三瀬村)

41-Lo.　佐賀県で最も低い一等三角点

点名 大詫間（おおだくま）　山名 （なし）

標高　2.07m
基準点コード　TR14930620701
選点　平成9年(1997)　　地上埋設
1/5万図名　佐賀
北緯　　33°10′15″.8884
東経　130°20′28″.7007
所在地　佐賀郡川副町▲大字大詫間字辰*1
三角点道　長崎本線佐賀駅から県道30号、国道444号、県道18号、140号線を走り、大詫間集落に着く。県道沿いの県営土地改良総合整備事業・竣工記念碑に隣接したフェンス内に三角点がある。

(▲ 佐賀市川副町)

《寸法が間違っている一等三角点の標石》

　三角点標石の寸法は、一等から四等まで各等級ごとに寸法が決められている（→P.111）。たとえば標石の地上部分だけを取り上げると、一辺の長さと高さの寸法は、一等三角点が18cm×21cm、二等三角点と三等三角点は15cm×18cm、そして四等三角点は12cm×15cmとなっている。ところが稀にこの寸法から外れた寸法の標石をもつ三角点がある。ここに示す栃木県南部にある晃石山(点名：晃石山（てるいしやま）) 419.07mの標石の寸法は、なんと21cm×18cmと一辺の長さと高さの規格寸法が全く逆になっている。理由は判っていないが、もともと寸法が間違えられた標石が造られたのであろう。標石を見慣れた人ならば、メジャーで測るまでもなく、一見して扁平な標石に気づくことであろう。

晃石山の標石（栃木）

42　長崎県

*1 「点の記」にはこの後にも記載があるが本書では省略した。

1. 県内の一等三角点は22点で、標高500m以上が7点ある。
2. 県内の最も高い一等三角点は普賢岳1359.29mで、島原半島にある雲仙火山郡にある。
3. 県内の最も低い一等三角点は江島121.76mで、西彼杵半島西方沖にある。
　　五島列島男女群島にある点名「肥前鳥島北小島」が平成18年度に標高6.93mで新設されたが、当研究會会員による上陸が叶わず、本書では江島を県内の最も低い一等三角点とする。

42-01.　長崎県で最も高い一等三角点
点名　**普賢岳**（ふげんだけ）　　山名　**普賢岳**

（▲ 雲仙市小浜町）

標高　　1359.29m
基準点コード　　TR14930121301
選点　　明治23年（1890）　　地上埋設
1/5万図名　　島原　　本点
北緯　　32°45′35″.6704
東経　　130°17′31″.7269
所在地　　南高来郡小浜町▲小浜温泉国有*1
三角点道　　島原鉄道島原外港駅から国道57号線を走り、空池から仁田峠登山道路に入り峠に駐車。整備された登山道を登り妙見岳を経て、展望のよい稜線を辿り国見岳の分れから急登し山頂に出る。

42-02.
点名　**國見岳**（くにみだけ）　　山名　**国見山**

（▲ 佐世保市世知原町）

標高　　776.17m
基準点コード　　TR14929668501
選点　　明治23年（1890）　　地上埋設
1/5万図名　　伊万里
北緯　　33°14′12″.7995
東経　　129°48′46″.2191
所在地　　北松浦郡世知原町▲大字国見岳*1
三角点道　　松浦鉄道泉福寺駅から国道498号、県道54号線を走り、小塚岳トンネルの北側から林道に入り栗木峠に駐車。道標で石段を登り九州自然歩道の尾根筋を歩き樹林に囲まれた山頂に出る。

42-03.
点名 虚空蔵山（こくうぞうやま）　山名 虚空蔵山（こくうぞうざん）

標高　608.54m
基準点コード　TR14929570301
選点　明治23年（1890）　　地上埋設
1/5万図名　早岐
北緯　033°05′25″.6463
東経　129°55′16″.7992
所在地　東彼杵郡川棚町大字岩屋郷[*1]
三角点道　大村線川棚駅から県道4号、106号線を走り、木場登山口に駐車。谷筋の冒険コースを登る。大岩が折り重なるチムニーに架かる梯子や鎖場を登り、灌木林を抜けると展望のよい山頂に出る。

42-04.
点名 八郎岳（はちろうだけ）　山名 八郎岳

標高　589.82m
基準点コード　TR14929060801
選点　明治23年（1890）　　地上埋設
1/5万図名　長崎　　本点
北緯　032°40′12″.7779
東経　129°51′23″.4807
所在地　長崎市八郎岳町477番3
三角点道　長崎駅から国道499号線を走り、平山町で林道に入り墓地前の登山口に駐車。道標で墓地脇の石段から灌木林の谷筋を登り、暗い樹林の尾根筋を急登すると展望のよい山頂に飛び出る。

42-05.
点名 長浦村（ながうらむら）　山名 長浦岳（ながうらだけ）

標高　560.80m
基準点コード　TR14929259901
選点　明治23年（1890）　　地上埋設
1/5万図名　神浦　　本点
北緯　032°54′48″.7101
東経　129°44′41″.4283
所在地　西彼杵郡琴海町▲大字穴似田[*1]
三角点道　長崎本線道ノ尾駅から国道206号、県道204号線を走り、県民の森の駐車場に駐車。登山道はなく森林資料館の先から樹林の中の微かな踏み跡を辿り、木々に囲まれた三角点山頂に出る。

（▲ 長崎市長浦町）

42-06.
点名 **有明山**(ありあけさん) 山名 **有明山**(ありあけやま)

(▲ 対馬市厳原町)

標高　558.17m　対馬
基準点コード　TR15129224101
選点　明治24年(1891)　　地上埋設
1/5万図名　厳原　　本点
北緯　　34°12′15″.8610
東経　129°15′54″.0285
所在地　下県郡厳原町▲国有林43班[*1]
三角点道　博多港から5時間の船旅で対馬の厳原港に渡る。港から八幡神社の登山口に歩く。神社脇の階段を登り清水山城跡を経て尾根に乗り、尾根から樹林の中を登り草原で展望のよい山頂に出る。

42-07.
点名 **天狗岳**(てんぐだけ) 山名 **安満岳**(やすまんだけ)

標高　514.24m
基準点コード　TR15029030701
選点　明治23年(1890)　　地上埋設
1/5万図名　志々伎　　本点
北緯　　33°20′05″.9888
東経　129°28′09″.9411
所在地　平戸市坊方町字安満岳491番[*1]
三角点道　松浦鉄道たびら平戸口駅から平戸大橋を渡り県道19号線を走り、大越で林道に入り登山口に駐車。神社の参道が山頂へと続くが、三角点は登山口から600m程登った灌木林の中にある。

42-Lo.　長崎県で最も低い一等三角点
点名 **江島**(えしま) 山名 **遠見岳**(とおみだけ)

江島
(▲ 西海市崎戸町)
肥前鳥島北岩 6.93m
(平成18年度に新設)

標高　121.76m　江島
基準点コード　TR14929421701
選点　明治24年(1891)　　地上埋設
1/5万図名　肥前江島
北緯　　33°00′54″.3363
東経　129°20′57″.5274
所在地　西彼杵郡崎戸町▲大字江島[*1]
三角点道　江島丸田港発一日一往復の定期船で渡る。港から中心部を北に歩き八幡神社を経て、狭い林道で遠見岳を廻り込んで、わずかな踏み跡の登山口から樹林に取り付き程なく三角点山頂に出る。

有明山(有明山)・天狗岳(安満岳)・江島(遠見岳)　──227

43 熊本県

*¹ 「点の記」にはこの後にも記載があるが本書では省略した。

1. 県内の一等三角点は14点で、標高500m以上が10点ある。
2. 県内の最も高い一等三角点は市房山1720.84mで、ツクシアケボノツツジが咲き誇る。
3. 県内の最も低い一等三角点は権現山401.86mで、天草下島にある。

43-01. 熊本県で最も高い一等三角点
点名 市房山（いちふさやま）　山名 市房山

標高　1720.84m
基準点コード　TR14831307801
選点　昭和57年（1982）　地上埋設
1/5万図名　村所
北緯　32°18′42″.0566
東経　131°06′03″.7300
所在地　球磨郡水上村大字湯山水上国[*1]
三角点道　くま川鉄道湯前駅から国道388号線を走り、湯山で林道に入り市房キャンプ場に駐車。市房神社の鳥居をくぐり大杉の参道を登り丸太階段、仏岩の尾根筋を急登し展望のよい山頂に出る。

43-02.
点名 白髪岳（しらがだけ）　山名 白髪岳

（▲ あさぎり町上）

標高　1416.66m
基準点コード　TR14830178501
選点　明治23年（1890）　地上埋設
1/5万図名　加久藤　本点
北緯　32°09′01″.4368
東経　130°56′36″.1367
所在地　球磨郡上村▲字竹川内1126番[*1]
三角点道　くま川鉄道一武駅から県道43号線を走り、榎田で林道に入り登山口に駐車。道標で灌木林を登り猪ノ子伏で尾根に乗り、自然環境保全地域の三池神社から尾根筋を辿り三角点山頂に出る。

43-03.

点名　**西烏帽子岳**（にしえぼうしだけ）　山名　**烏帽子岳**（えぼうしだけ）

(▲ 南阿蘇村中松)

標高　　1337.22m
基準点コード　　TR14931204401
選点　　明治21年（1888）　　地上埋設
1/5万図名　　阿蘇山
北緯　　32°52′25″.2389
東経　　131°03′28″.8685
所在地　　阿蘇郡白水村▲大字中松字東烏*1
三角点道　　豊肥本線阿蘇駅から県道111号線を走り、草千里駐車場に駐車。草原の先に烏帽子岳が見える草千里ヶ浜を歩き、烏帽子岳への西尾根に取り付き草原を登り阿蘇の山々が広がる山頂に出る。

43-04.

点名　**白ヶ岳**（しらがたけ）　山名　**白髪岳**（しらがだけ）

標高　　1244.27m
基準点コード　　TR14830564501
選点　　明治23年（1890）　　地上埋設
1/5万図名　　頭地
北緯　　32°27′17″.4161
東経　　130°49′09″.6634
所在地　　球磨郡五木村甲字北西谷6768*1
三角点道　　鹿児島本線有佐駅から国道443号、県道25号を走り、坂下から浪人越林道で山頂下の広場に駐車。広場から灌木林の中の踏み跡を辿り、熊笹の中を登ると木々に囲まれた三角点山頂に出る。

43-05.

点名　**国見山**（くにみやま）　山名　**国見山**（くにみやま）

標高　　969.28m
基準点コード　　TR14830242901
選点　　明治23年（1890）　　地上埋設
1/5万図名　　佐敷
北緯　　32°11′16″.2440
東経　　130°36′51″.0523
所在地　　球磨郡球磨村大字一勝地字小*1
三角点道　　肥薩線一勝地駅から県道15号線を走り、県境峠から一里山林道に入り荷物用モノレールのある登山口に駐車。作業用モノレールに沿って、灌木林の稜線を急登し電波塔の先の山頂に出る。

43-06.
点名 熊野岳（くまのだけ）　山名 熊ノ岳（くまのだけ）

標高　685.53m
基準点コード　TR14930241901
選点　明治21年（1888）　　地上埋設
1/5万図名　玉名　　本点
北緯　032°50′39″.9147
東経　130°37′20″.2678
所在地　熊本市河内町大字大多尾字石*1
三角点道　鹿児島本線上熊本駅から県道1号線を走り、野出公民館を目指し公民館の登山者用駐車場に駐車。道標に従い登山口から樹林帯の中を急登して、祠と風景指示盤がある展望のよい山頂に出る。

43-07.
点名 倉ヶ嶽（くらがだけ）　山名 倉岳（くらだけ）

（▲ 天草市倉岳町）

標高　682.23m
基準点コード　TR14830521601
選点　明治23年（1890）　　地上埋設
1/5万図名　教良木
北緯　032°25′40″.0241
東経　130°19′37″.1459
所在地　天草郡倉岳町▲大字棚底字倉岳*1
三角点道　三角線三角駅から天草へ渡り、県道34号線を走り、栖本町河内から舗装林道に入り、倉岳山頂下の駐車場に駐車。カラー舗装道を登り、芝生で整備された展望所のある三角点山頂に出る。

43-08.
点名 笠山（かさやま）　山名 笠山（かさやま）

（▲ 葦北郡芦北町）

標高　567.33m
基準点コード　TR14830441301
選点　明治25年（1892）　　地上埋設
1/5万図名　日奈久　　本点
北緯　032°20′41″.8452
東経　130°32′55″.9595
所在地　芦北郡▲芦北町大字立川字牧ノ*1
三角点道　肥後オレンジ鉄道佐敷駅から県道60号線を走り、田浦町横居木で案内板に従い林道に入り終点に駐車。樹林の中の山腹を急登すると、灌木林に囲まれた三角点と天測点がある山頂に出る。

43-09.
点名 角岳(かどだけ)　山名 角山(かどやま)

標高　525.87m
基準点コード　TR14830407701
選点　明治23年(1890)　地上埋設
1/5万図名　本渡　　本点
北緯　32°23′57″.5916
東経　130°05′38″.0115
所在地　天草郡河浦町▲大字今田字角ノ[*1]
三角点道　三角線三角駅から天草に渡り国道266号線を走り、長平越トンネルの先から林道で角山登山口に駐車。案内板で灌木林の中を登り、鳥居をくぐり金比羅宮から展望のよい三角点山頂に出る。

(▲ 天草市河浦町)

43-10.
点名 小代山(しょうだいさん)　山名 筒ヶ岳(つつがたけ)

標高　501.29m
基準点コード　TR14930348201
選点　明治21年(1888)　地上埋設
1/5万図名　玉名
北緯　32°59′04″.6767
東経　130°31′38″.5113
所在地　荒尾市字小代山▲1762-223番地
三角点道　鹿児島本線荒尾駅から県道29号、46、124号線を走り、府本で林道に入り荒尾登山口に駐車。道標で樹林帯の登山道を急登し分岐点から山腹を登り稜線に乗り、更に稜線を辿り山頂に出る。

(▲ 荒尾市府本)

43-Lo.　熊本県で最も低い一等三角点
点名 権現山(ごんげんやま)　山名 権現山

標高　401.86m　天草下島
基準点コード　TR14830208201
選点　明治23年(1890)　地上埋設
1/5万図名　牛深
北緯　32°14′03″.2524
東経　130°01′40″.2654
所在地　牛深市▲魚貫町(みすみ)字石峯1050番[*1]
三角点道　三角線三角駅から天草に渡り国道266号線を終点まで走り、権現山の案内板で林道に入り権現山公園駐車場に駐車。灌木林の中を横木階段を登り、展望台がある木々に囲まれた山頂に出る。

(▲ 天草市魚貫町)

44　大分県

*1 「点の記」にはこの後にも記載があるが本書では省略した。

1. 県内の一等三角点は14点で、標高500m以上が11点ある。
2. 県内の最も高い一等三角点は久住山1786.58mで、九重連山の主峰である。
3. 県内の最も低い一等三角点は遠見塚115.21mで、遠見稲荷神社境内にある。

44-01．大分県で最も高い一等三角点
点名　久住山（くじゅうさん）　　山名　久住山

（▲ 竹田市久住町）

標高　1786.58m
基準点コード　TR14931419901
選点　明治21年（1888）　　地上埋設
1/5万図名　宮原　　本点
北緯　33°04′55″.8719
東経　131°14′27″.1343
所在地　直入郡久住町▲大字久住字久住*1
三角点道　豊肥本線宮地駅から県道11号線を走り、牧ノ戸峠に駐車。登山口から舗装路を登り沓掛山を経て、尾根筋の緩やかな登山道を避難小屋から溶岩石の岩道を辿って展望のよい山頂に出る。

44-02．
点名　祖母山（そぼやま）　　山名　祖母山（そぼさん）

標高　1756.39m
基準点コード　TR14931129701
選点　明治25年（1892）　　地上埋設
1/5万図名　三田井
北緯　32°49′41″.2728
東経　131°20′49″.3647
所在地　竹田市大字神原字祖母山2447番
三角点道　豊肥本線豊後竹田駅から県道8号、639号線を走り、神原渓谷一合目に駐車。登山口から灌木林の中を五合目小屋を経て、尾根を急登して国観峠に乗り、更に稜線から展望のよい山頂に出る。

44-03.
点名 **油布山**(ゆふさん)　山名 **由布岳**(ゆふだけ)

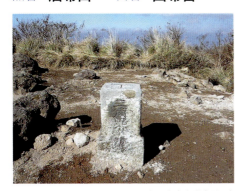
(▲ 由布市湯布院町)

標高　　1583.28m
基準点コード　TR14931733101
選点　　明治23年(1890)　　地上埋設
1/5万図名　別府
北緯　　33°16′56″.1605
東経　　131°23′24″.8402
所在地　大分郡湯布院町▲大字油布山*1
三角点道　久大本線南湯布駅から県道11号線を走り、由布岳登山口に駐車。草原を登って自然休養林の中を合野越からジグザグに高度を稼ぎ鞍部のマタエに乗り、更に鎖場を経て西峰の山頂に出る。

44-04.
点名 **羽根山**(はねやま)　山名 **万年山**(はねやま)

標高　　1140.23m
基準点コード　TR14931617001
選点　　明治22年(1889)　　地上埋設
1/5万図名　森
北緯　　33°13′52″.8564
東経　　131°07′50″.1183
所在地　玖珠郡玖珠町大字山田字万年*1
三角点道　久大本線恵良駅から国道210号線を走り、大隈で吉武台牧場に向かいゲート前の駐車場に駐車。牧場の舗装遊歩道を歩き、案内板から登山道の横木階段を登り広々とした草原の山頂に出る。

44-05.
点名 **尾ノ岳Ⅰ**(おのだけ)　山名 **尾ノ岳**

(▲ 日田市上津江町)

標高　　1040.63m
基準点コード　TR14930473901
選点　　明治21年(1888)　　地上埋設
1/5万図名　八方ヶ岳
北緯　　33°01′34″.9694
東経　　130°59′38″.0489
所在地　日田郡上津江村▲大字上野田*1
三角点道　豊肥本線阿蘇駅から国道212号、県道12号線を走り、オートポリスサーキットを目指し、県境峠の側道広場に駐車。目の前の小山へ灌木林の小道を登ると茅原の展望のよい山頂に出る。

44-06.

点名 御座ヶ岳(ござがだけ)　山名 御座ヶ岳

(▲ 豊後大野市大野町)

標高　796.61m
基準点コード　TR14931543301
選点　明治24年(1891)　　地上埋設
1/5万図名　犬飼
北緯　033°06′51″.6019
東経　131°32′28″.6715
所在地　大野郡大野町▲大字安藤字横山[*1]
三角点道　久大本線南大分駅から県道41号線を走り、青少年の森からパークラインに入り、登山口手前の広場に駐車。道標で杉林に入り踏み跡を200mほど登ると灌木林に囲まれた三角点山頂に出る。

44-07.

点名 鹿嵐山(かならせやま)　山名 鹿嵐山

(▲ 宇佐市院内町)

標高　757.84m
基準点コード　TR15031122001
選点　明治22年(1889)　　地上埋設
1/5万図名　豊岡　　本点
北緯　033°26′04″.5150
東経　131°15′09″.9204
所在地　宇佐郡院内町▲大字日岳字鹿嵐[*1]
三角点道　宇佐別府道路院内ICから国道387号、県道664号線を走り、鹿嵐山第一登山口に入り駐車。杉林の滑り易い登山道を急登し雌岳の山頂を経て、一旦下り登り返して三角点のある雄岳に出る。

44-08.

点名 佩立山(はいたてやま)　山名 佩楯山(はいだてさん)

(▲ 佐伯市本匠)

標高　753.78m
基準点コード　TR14931354101
選点　昭和57年(1982)　　地上埋設
1/5万図名　三重町
北緯　032°57′11″.1417
東経　131°38′44″.6960
所在地　南海部郡本匠村▲大字山部字立[*1]
三角点道　豊肥本線三重町駅から県道35号、53号線と走り、上腰越から林道に入る。電波塔の林立する山頂まで林道支線が複雑交差するが山頂まで走り駐車。電波塔前の展望のよい三角点に着く。

44-09.
点名 両子山(ふたごやま)　山名 両子山(ふたごさん)

(▲ 国東市安岐町)

標高　720.22m
基準点コード　TR15031249801
選点　明治22年(1889)　　地上埋設
1/5万図名　鶴川
北緯　　33°34′59″.2336
東経　131°36′05″.5463
所在地　東国東郡安岐町▲大字両子字両[*1]
三角点道　日豊本線中山香駅から県道31号、29号線を走り、両子寺駐車場に駐車。山は両子寺のもので拝観料を払い、長い杉林の舗装路を登るとやがて灌木林に変わると展望のよい山頂に出る。

44-10.
点名 雲ヶ岳(くもがたけ)　山名 雲ヶ岳

標高　653.63m
基準点コード　TR15031137201
選点　明治22年(1889)　　地上埋設
1/5万図名　豊岡
北緯　　33°28′59″.1135
東経　131°24′32″.1418
所在地　宇佐市大字正覚寺字雲ヶ岳北[*1]
三角点道　日豊本線立石駅から県道716号線を走り、山浦から林道に入り白山神社に駐車。神社脇から灌木林の中100m毎に道標があり、ジグザグの急登で稜線に乗り、更に稜線を辿って山頂に出る。

44-11.
点名 元越山(もとこしやま)　山名 元越山(もとごえやま)

標高　581.66m
基準点コード　TR14931278701
選点　明治24年(1891)　　地上埋設
1/5万図名　佐伯　　本点
北緯　　32°54′15″.5411
東経　131°57′48″.0086
所在地　佐伯市大字木立字小中尾3039[*1]
三角点道　日豊本線佐伯駅から国道388号線を走り、木立地区の案内板で元越山登山口に駐車。道標で灌木林の中整備された尾根筋の道を中地蔵を経て、アップダウンして広く展望のよい山頂に出る。

44-Lo. 大分県で最も低い一等三角点
点名 **遠見塚**(とうみづか)　山名 （なし）

標高　115.21m
基準点コード　TR15031046801
選点　明治24年(1891)　　地上埋設
1/5万図名　豊後杵築
北緯　33°23′09″.8310
東経　131°36′39″.1943
所在地　速見郡日出町大字真那井(おおがまない)字西*1
三角点道　日豊本線大神駅から国道213号、県道351号線を500m走り遠見稲荷に入り駐車。駐車場から稲荷神社の赤い鳥居が続く道を登り本殿に着く。本殿の裏手に回り木々に囲まれた三角点に出る。

《幻と消えた一等三角点(小鳥嶋)の計画》

　設置が計画され、「点の記」まで作られながら、幻と消えた一等三角点がある。信じられない話だが、本当のことである。場所は沖縄県の久米島の北方約20kmのところの「小鳥嶋」という無人島の話。国土地理院の資料によると、久米島の二つの一等三角点（久米島Ⅰ・久米島Ⅱ）と渡名喜島一等三角点（渡名喜島）、それと北方の粟国島一等三角点（粟国島）から観測されたが、三角点を埋設することはできなかったようだ。図2の「点の記」の一部分に、「本島ハ岩石地ニシテ造標困難ナルヲ以ッテ……」とその理由が記されている。要は岩盤なので固すぎて標石の埋設まではできず、測定のみに終わったということである。したがって、この三角点は現在一等三角点の数には入っていない。なお沖縄本島北方海上の硫黄鳥島に一等三角点（点名：鳥島）があり、混同され易いので、注意が必要である。

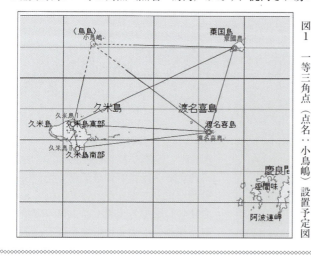

図1　一等三角点（点名：小鳥嶋）設置予定図

図2　「小鳥嶋」標石埋設断念の記

備考

45　宮崎県

*1 「点の記」にはこの後にも記載があるが本書では省略した。

1. 県内の一等三角点は14点で、標高500m以上が11点ある。
2. 県内の最も高い一等三角点は国見岳1738.81mで、九州中央山地北部の秘境にある。
3. 県内の最も低い一等三角点は六ツ野123.39mで、東諸県郡国富町のゴルフ場にある。

45-01. 宮崎県で最も高い一等三角点
点名　国見岳（くにみやま）　　山名　国見岳（くにみだけ）

標高　　1738.81m
基準点コード　TR14831605101
選点　明治23年（1890）　　地上埋設
1/5万図名　鞍岡　　本点
北緯　　32°32′49″.6779
東経　　131°01′06″.1043
所在地　東臼杵郡椎葉村大字不土野[*1]
三角点道　肥薩線人吉駅から国道445号、県道159号線を走り、林道で五勇谷橋ゲート前に駐車。橋を渡り登山口から樹林の中を急登し、尾根筋を登り石楠花の群生地を経て展望のよい山頂に出る。

45-02.
点名　西霧島山（にしきりしまやま）　　山名　韓国岳（からくにだけ）

標高　　1700.08m
基準点コード　TR14730762801
選点　明治23年（1890）　　地上埋設
1/5万図名　霧島山
北緯　　31°56′03″.0137
東経　　130°51′41″.6760
所在地　えびの市大字末永字白鳥1470[*1]
三角点道　吉都線小林駅から県道1号線を走り、えびのスカイラインから登山口に駐車。硫黄臭が広く漂う樹林帯を抜けると五合目で視界が開け、足元が不安定な登山道を登ると展望のよい山頂に出る。

45-03.
点名 祝子川山(ほりかわやま)　山名 大崩山(おおくえやま)

(▲ 延岡市北川町)

標高　1643.31m
基準点コード　TR14931048101
選点　明治24年（1891）　　地上埋設
1/5万図名　熊田　　本点
北緯　032°44′15″.7722
東経　131°30′47″.1683
所在地　東臼杵郡北方町▲字橋場甲592*1
三角点道　日豊本線延岡駅から県道207号線を走り、祝子川渓谷に向かい登山口に駐車。大崩山荘から坊主尾根コースで祝子川沿いを急登し、坊主岩からハシゴやロープ場を越えて木々で狭い山頂に出る。

45-04.
点名 尾鈴山(おすずやま)　山名 尾鈴山

標高　1405.18m
基準点コード　TR14831335401
選点　明治25年（1892）　　地上埋設
1/5万図名　尾鈴山　　本点
北緯　032°17′57″.4835
東経　131°25′35″.7119
所在地　児湯郡都農町大字川北字尾鈴*1
三角点道　日豊本線川南駅から県道307号線で名貫川渓谷沿いを走り、尾鈴山登山口に駐車。林道沿いの尾鈴山瀑布群に沿って、甘茶滝登山口から灌木で視界のない尾根を急登すると三角点山頂に出る。

45-05.
点名 笹ノ峠(ささのとうげ)　山名 笹の峠

標高　1340.11m
基準点コード　TR14831524101
選点　明治25年（1892）　　地上埋設
1/5万図名　神門
北緯　032°27′06″.6879
東経　131°16′08″.6146
所在地　東臼杵郡椎葉村大字松尾字湾*1
三角点道　日豊本線日向市駅から国道327号線を走り、松尾の案内板で林道に入り登山口に駐車。道標に従って灌木林のゆるやかな尾根を登り、途中で林道を横断しアルミ階段を登り三角点山頂に出る。

45-06.
点名 鰐ノ塚（わにのつか）　山名 鰐塚山（わにつかやま）

(▲ 宮崎市田野町)

標高　1118.12m
基準点コード　TR14731522101
選点　明治23年(1890)　　地上埋設
1/5万図名　日向青島
北緯　　31°46′07″.9184
東経　131°16′10″.2064
所在地　宮崎郡田野町▲字楠原甲12番*1
三角点道　日豊本線田野駅から県道343号線を走り、舗装道で電波塔が林立する鰐塚山に到着。電波塔に囲まれた広場のトイレ前に、小高くなった山頂に三角点があり、遠く錦江湾、桜島が望める。

45-07.
点名 大森岳（おおもりたけ）　山名 大森岳（おおもりだけ）

(▲ 小林市須木)

標高　1108.68m
基準点コード　TR14831019201
選点　明治23年(1890)　　地上埋設
1/5万図名　須木
北緯　　32°04′33″.1476
東経　131°09′17″.6840
所在地　西諸県郡須木村▲大字須木*1
三角点道　宮崎駅から県道17号、360号線を走り、綾第一発電所付近に駐車。車道から梯子を登ると登山口の道標ある。道標に従い稜線を辿り送電線巡視路から高度を上げ、更に急登して山頂に出る。

45-08.
点名 牛ノ峠（うしのとうげ）　山名 牛ノ峠

標高　918.03m
基準点コード　TR14731410201
選点　明治24年(1891)　　地上埋設
1/5万図名　末吉　　本点
北緯　　31°40′09″.3259
東経　131°09′31″.4952
所在地　北諸県郡三股町大字宮字尾崎*1
三角点道　日豊本線三股駅から県道12号線を走り、高畑で高畑川沿いの林道に入り登山口に駐車。道標で灌木林の暗い登山道を登り、論所跡で尾根に乗って道なりに進み木々に囲まれた山頂に出る。

45-09.
点名 **速日岳**（はやひたけ）　山名 **速日の峰**（はやひのみね）

(▲ 延岡市北方町)

標高　868.03m
基準点コード　TR14831637701
選点　明治25年（1892）　　地上埋設
1/5万図名　諸塚山
北緯　　32°33′38″.3297
東経　131°27′47″.5465
所在地　東臼杵郡北方町▲字速日の峰*1
三角点道　日豊本線延岡駅から国道218号線を走り、川水流橋（かわずる）でETOランドに駐車。人口スキー場側道を登りリフト終点から道標で灌木林の道を辿り電波塔を経て木々に囲まれた三角点山頂に出る。

45-10.
点名 **鏡山**（かがみやま）　山名 **鏡山**

(▲ 延岡市北川町)

標高　645.37m
基準点コード　TR14931064003
選点　明治24年（1891）　　地上埋設
1/5万図名　蒲江
北緯　　32°42′02″.3810
東経　131°45′26″.9176
所在地　東臼杵郡北川町▲大字川内名*1
三角点道　日豊本線市棚駅から林道で鏡山牧場公園に走り、牧場公園に駐車。芝生広場から遊歩道を登り風車、展望所とアップダウンして、眼下に日向灘を望む電波塔前の三角点山頂に出る。

45-11.
点名 **扇山**（おうぎやま）　山名 **高畑山**（たかはたやま）

標高　517.66m　基地内
基準点コード　TR14731123601
選点　明治23年（1890）　　地上埋設
1/5万図名　都井岬
北緯　　31°26′42″.5717
東経　131°19′44″.0720
所在地　串間市大字本城字野地2番イ
三角点道　日南線串間駅から国道448号、県道440号線を走り、山上の航空自衛隊高畑山分屯基地に向かう。事前の許可を得て、入門手続き後に基地内に入る。隊員の案内を受けてフェンス脇の三角点に出る。

45-Lo. 宮崎県で最も低い一等三角点
点名 **六ツ野**（むつの）　山名 （なし）

標高　123.39m　ゴルフ場
基準点コード　TR14831021901
選点　明治25年（1892）　　地上埋設
1/5万図名　妻
北緯　32°00′48″.3224
東経　131°22′16″.6353
所在地　東諸県郡国富町大字三名字大[*1]
三角点道　日豊本線日向住吉駅から国道219号、県道14号線を走り、亀の甲カントリー倶楽部の駐車場に駐車。事前に許可を得て、CCに入りゴルフ管理道を歩き、6番ホール斜面上の三角点に着く。

《標石上面に×印や矢羽根印が刻まれた一等三角点》

「三角点の標石の大きさ」（p.111）で記したように、一般にすべての等級の三角点に対して、標石の上面中央には「＋」が刻まれており、三角点の正確な位置は、この十字の中心によって示されている。しかし一等三角点だけを調べても、この「＋」の代わりに別の形状の刻字がなされているいわゆる「変わりものの標石」が認められる。ここでは「×」が刻まれた静岡県の黒法師岳（点名：黒法師岳）と、「矢羽根」が刻まれた長野県の陣場平山（点名：陣場平）の一等三角点標石を紹介するが、標石上面の刻字に限らず標準の形状からかけ離れた標石は、全等級について調べると意外と多く存在している。

なお上記の例に限らず、「変わりものの標石」が生まれた理由はほとんど判っていない。

×印が刻まれた一等三角点
「黒法師岳」（静岡県）P.150 参照

矢羽根印が刻まれた一等三角点
「陣場平」（長野県）P.141 参照

46　鹿児島県

*1 「点の記」にはこの後にも記載があるが本書では省略した。

1. 県内の一等三角点は54点で、標高500m以上が24点ある。
2. 県内の最も高い一等三角点は宮之浦岳1934.99mで、洋上のアルプス屋久島にある。
3. 県内の最も低い一等三角点は与論島Ⅱ19.64mで、鹿児島県最南端の島にある。

46-01. 鹿児島県で最も高い一等三角点
点名　宮之浦岳（みやのうらだけ）　山名　宮之浦岳

標高　1934.99m　屋久島
基準点コード　TR14530440001
選点　明治25年（1892）　地上埋設
1/5万図名　屋久島東南部　本点
北緯　030°20′09″.9073
東経　130°30′15″.0212
所在地　熊毛郡屋久町▲大字宮ノ浦字宮[*1]
三角点道　鹿児島からに屋久島に渡り、淀川小屋に泊る。橋を渡り小花之江河の湿地帯から黒味岳の山腹を巻いて投石岳、安房岳から翁岳の岩峰を観ながら、最後の登りを経て宮之浦岳山頂に出る。

(▲ 屋久島町宮之浦)

46-02.
点名　高隈山（たかくまやま）　山名　御岳（おんたけ）

標高　1181.56m
基準点コード　TR14730165501
選点　明治22年（1889）　地上埋設
1/5万図名　鹿屋　本点
北緯　031°27′37″.0867
東経　130°49′14″.2259
所在地　鹿屋市上祓川町（大平国有林）[*1]
三角点道　日豊本線国分駅から国道220号線を走り、白水町から鳴之尾牧場を目指して林道に入り登山口に駐車。階段から山腹をジグザクに高度を上げ電波塔、岩場を経て展望のよい山頂に出る。

46-03.
点名 中之島Ⅱ　山名 御岳

標高　978.97m　中之島
基準点コード　TR14429663801
選点　明治39年(1906)　地上埋設
1/5万図名　中之島
北緯　29°51′33″.4671
東経　129°51′25″.1382
所在地　鹿児島郡十島村大字中之島*1
三角点道　鹿児島港から8時間の船旅で吐噶喇列島中之島に渡る。港の海抜0mから舗装路で標高差800mの電波塔前に登る。更に琉球竹の藪を抜けガレ場を登り火口壁から火口を回り三角点に出る。

46-04.
点名 甫与志岳　山名 甫与志岳

(▲ 肝付町後田)

標高　966.96m
基準点コード　TR14630771901
選点　昭和56年(1981)　地上埋設
1/5万図名　大根占
北緯　31°15′51″.0171
東経　130°59′24″.4370
所在地　肝属郡高山町大字後田▲字高野*1
三角点道　大隅半島志布志石油備蓄基地から県道539号線、542号線を走り、二俣バス停から甫与志林道終点登山口に駐車。沢沿いを歩いて尾根を急登し、岩屋の祠を廻り込んで広い岩盤の山頂に出る。

46-05.
点名 志戸子　山名 志戸子岳

(▲ 屋久島町)

標高　907.91m　屋久島
基準点コード　TR14530449001
選点　明治44年(1911)　地上埋設
1/5万図名　屋久島東北部
北緯　30°24′53″.2487
東経　130°30′05″.3377
所在地　熊毛郡上屋久町▲
三角点道　屋久島。宮之浦港から県道78号線を走り、一湊の林道ゲート前に駐車。湊川沿いを詰めて一湊岳の岳参り道に入る。登山道はなく踏み跡を辿りピーク592mの稜線に乗り志戸子岳に出る。

46-06.

点名 野尻野塚（のしりのつか）　山名 野首岳（のくびだけ）

（▲ 南大隅町根占辺田）

標高　897.32m
基準点コード　TR14630566101
選点　明治24年（1891）　　地上埋設
1/5万図名　辺塚　　本点
北緯　　31°08′11″.0803
東経　130°46′13″.803
所在地　肝属郡根占町▲大字辺田字野尻*1
三角点道　日豊線国分駅から南端の佐多岬に向かう国道269号線を終点まで走り、県道74号線に入り野首岳を回り込んで登山口に駐車。灌木林に入り尾根の平坦な茅原を10分程歩き三角点に出る。

46-07.

点名 硫黄島（いおうしま）　山名 硫黄岳（いおうだけ）

（▲ 三島村硫黄島）

標高　703.73m　硫黄島
基準点コード　TR14630125401
選点　明治39年（1906）　　地上埋設
1/5万図名　薩摩硫黄島
北緯　　30°47′34″.813
東経　130°18′18″.9161
所在地　鹿児島郡十島村▲硫黄島
三角点道　鹿児島港から3時間半の船旅で硫黄島港に渡る。港から硫黄岳展望台に向かい、登山道となる廃鉱の桂石作業道を歩き、途中から尾根道を登り山頂に出る。現在は火山活動中で登山禁止。

46-08.

点名 烏帽子岳（えぼしたけ）　山名 烏帽子岳（えぼしたけ）

（▲ 姶良市北山）

標高　702.94m
基準点コード　TR14730644801
選点　明治23年（1890）　　地上埋設
1/5万図名　栗野
北緯　　31°52′29″.5846
東経　130°36′21″.9532
所在地　姶良郡姶良町（ひなたやま）▲大字北山字伏木*1
三角点道　肥薩線日向山駅から国道504号、県道446号線を走り、途中から野坂林道に入り登山口に駐車。小さな道標で灌木林の尾根に取り付き、急登して草地の山頂に出る。南の方向に桜島を望む。

46-09.
点名 湯湾岳（ゆわんたけ）　　山名 湯湾岳

標高　694.42m　奄美大島
基準点コード　TR14229325501
選点　大正元年(1912)　　地上埋設
1/5万図名　湯湾　　本点
北緯　28°17′45″.9176
東経　129°19′16″.1769
所在地　大島郡大和村大字名音字黒土[*1]
三角点道　鹿児島から約12時間の船旅で奄美大島名瀬港に渡る。港から県道79号線を走り、名音で林道に入り奄美フォレストポリスの先の登山口に駐車。横木階段を登り弘法大師堂脇から山頂に出る。

46-10.
点名 矢筈岳（やはずだけ）　　山名 矢筈岳

(▲ 出水市美原町)

標高　686.95m
基準点コード　TR14830134201
選点　明治23年(1890)　　地上埋設
1/5万図名　出水　　本点
北緯　32°07′22″.4940
東経　130°24′02″.4396
所在地　出水市大字下沢口▲字矢筈7139[*1]
三角点道　九州新幹線出水駅から高柳川の支流江良川沿いの農道を走り、途中に駐車。農道終点の登山口から杉林を登り詰めて鞍部に乗り、尾根筋を急登し山頂に出る。標石サイズが21cmと大きい。

46-11.
点名 八重山（やえやま）　　山名 八重山

(▲ 鹿児島市郡山町)

標高　676.83m
基準点コード　TR14730438501
選点　明治29年(1896)　　地上埋設
1/5万図名　川内　　本点
北緯　31°44′04″.2303
東経　130°26′54″.4087
所在地　日置郡郡山町▲大字郡山字高井野[*1]
三角点道　鹿児島中央駅から国道3号、328号線と走り、入来峠から林道に入り八重山公園の駐車場に駐車。鳥居をくぐり灌木林の中の横木階段を登って広い尾根を辿り三角点に出る。山頂はその先に。

46-12.
点名 井之川岳（いのかわだけ）　山名 井之川岳

(▲ 大島郡徳之島町井之川)

標高　644.84m　徳之島
基準点コード　TR14128573801
選点　明治38年（1905）　　地上埋設
1/5万図名　亀津　　本点
北緯　027°46′43″.3269
東経　128°58′59″.3574
所在地　井之川岳国有林▲58林班い小班
三角点道　奄美大島名瀬港から3時間の船旅で徳之島亀徳港に渡る。港から町道で大原第一団地から電波塔が建つ登山口に着き、灌木帯の滑りやすい登山道に入り尾根筋を急登して三角点山頂に出る。

46-13.
点名 口之島（くちのしま）　山名 前岳（まえたけ）

標高　628.47m　口之島
基準点コード　TR14429776401
選点　明治39年（1906）　　地上埋設
1/5万図名　中之島　　本点
北緯　029°58′04″.8947
東経　129°55′31″.5859
所在地　鹿児島郡十島村口之島字迫473[*1]
三角点道　鹿児島港から7時間の船旅で口之島西之浜漁港に渡る。港から口之島集落を経て林道口之島線に入り更に林道前岳線の登山口に着く。竹林のかすかな踏み跡を辿り藪の中の三角点山頂に出る。

46-14.
点名 黒島（くろしま）　山名 櫓岳（やぐらだけ）

標高　621.86m　薩摩黒島
基準点コード　TR14629179401
選点　明治43年（1910）　　地上埋設
1/5万図名　黒島　　本点
北緯　030°49′41″.9858
東経　129°56′14″.9796
所在地　鹿児島郡三島村大字大里字上[*1]
三角点道　鹿児島港から5時間の船旅で黒島大里港に渡る。港から西へ3km程の中里登山口に歩き、登山口から原生林に入り尾根筋の櫓岳自然歩道を登り山頂に出る。硫黄島、竹島が望める。

46-15.
点名 白鹿ノ峠（しらがのとうげ）　山名 白鹿岳（しろがだけ）

（▲ 曽於市財部町）

標高　603.96m
基準点コード　TR14730476201
選点　明治23年（1890）　　地上埋設
1/5万図名　国分
北緯　　31°43′26″.2852
東経　130°54′34″.2155
所在地　曽於真郡財部町▲大字南俣字丸[*1]
三角点道　日豊本線大隅大川原駅から県道491号線を走り、粟谷で林道に入り山頂の白鹿森林公園に駐車。公園の散策遊歩道を歩き展望台脇のモニュメント化されたサークルの中心にある三角点に出る。

46-16.
点名 下甑島（しもこしきじま）　山名 尾岳（おたけ）

標高　603.59m　下甑島
基準点コード　TR14729456901
選点　明治23年（1890）　　地上埋設
1/5万図名　手打
北緯　　31°43′23″.4635
東経　129°44′21″.6158
所在地　薩摩川内市下甑町長浜字地極[*1]
三角点道　鹿児島県の串木野港から甑島商船で下甑島の長浜港に渡る。県道349号、350号線を走り、自衛隊の正門をすぎて登山口に駐車。樹林の中を登り整備された登山道を辿り三角点山頂に出る。

46-17.
点名 口永良部島Ⅰ（くちのえらぶじま）　山名 新岳（しんだけ）

（▲ 屋久島町口永良部島）

標高　600.06m　口永良部島
基準点コード　TR14530514701
選点　明治25年（1892）　　地上埋設
1/5万図名　口永良部島　本点
北緯　　30°27′05″.1228
東経　130°13′01″.2983
所在地　熊毛郡上屋久町▲大字口永良部島
三角点道　屋久島宮之浦港から2時間の船旅で口永良部島漁港に渡る。港から車で南方向の砂防ダムのある登山口に駐車。涸沢をペンキの矢印に従い急登して火口壁に乗り、鞍部から三角点に出る。

46-18.
点名 野間岳（のまだけ）　山名 野間岳

（▲ 南さつま市笠沙町）

標高　591.13m
基準点コード　TR14730018201
選点　明治22年（1889）　　地上埋設
1/5万図名　野間岳　　本点
北緯　　31°24′16″.2731
東経　130°09′29″.5994
所在地　川辺郡笠沙町▲大字片浦字南野[*1]
三角点道　鹿児島本線市来駅から国道270号、226号線を走り、笠沙で林道に入り道標で野間神社に駐車。神社の石段を登り本殿右の樹林に入り展望台を経て、尾根を急登し展望のよい山頂に出る。

46-19.
点名 鹿倉山（しかくらやま）　山名 （無名峰）

（▲ 阿久根市鶴川内）

標高　585.43m　中難度
基準点コード　TR14730725101
選点　明治23年（1890）　　地上埋設
1/5万図名　宮之城
北緯　　31°57′45″.2182
東経　130°16′28″.8532
所在地　阿久根市大字鶴川内▲字丸場[*1]
三角点道　肥薩おれんじ鉄道阿久根駅から県道345号線を走り、途中で林道に入り山頂直下の側道広場に駐車。登山道はなく杉林を直登して尾根に乗り、尾根沿いの藪を漕ぎ茅原の中の三角点に出る。

46-20.
点名 悪石島（あくせきじま）　山名 御岳（みたけ）

標高　584.03m　悪石島
基準点コード　TR14429145701
選点　明治39年（1906）　　地上埋設
1/5万図名　諏訪之瀬島　　本点
北緯　　29°27′53″.9129
東経　129°35′41″.0454
所在地　鹿児島郡十島村大字悪石島[*1]
三角点道　鹿児島港から12時間の船旅で悪石島に渡る。やすら浜港から北に三角点山頂まで電波塔管理道がある。港から高度差580mの管理道路を登り、山全体が琉球竹で覆われた三角点山頂に出る。

46-21.
点名 **牧神岡**(まきかみおか)　山名 **牟礼ヶ岡**(むれがおか)

(▲ 鹿児島市宮之浦町)

標高　552.38m
基準点コード　TR14730440701
選点　明治23年(1890)　　地上埋設
1/5万図名　加治木
北緯　　31°40′13″.7394
東経　130°35′49″.4698
所在地　鹿児島郡吉田町▲大字宮ノ浦[1]
三角点道　鹿児島中央駅から県道16号、220号線を走り、寺山で林道に入り登山口に駐車。道標で杉林を登ると尾根に乗り、風力発電塔が林立している6号機用地の山が削られた所の三角点に出る。

46-22.
点名 **阿目喜岳**(あめきたけ)　山名 **天城岳**(あまぎだけ)

標高　533.06m　徳之島
基準点コード　TR14128674401
選点　明治39年(1906)　　地上埋設
1/5万図名　山　　本点
北緯　　27°52′13″.8475
東経　128°55′41″.1224
所在地　大島郡徳之島町大字山[1]
三角点道　奄美大島から3時間の船旅で徳之島亀徳港に渡る。港から車で県道80号線を走り、花徳で山集落に向かい東天郵便局で林道に入り登山口に駐車。道標で沢沿いを登り尾根を急登し山頂に出る。

46-23.
点名 **中之島Ⅰ**(なかのしま)　山名 **先割岳**(さきわりだけ)

標高　524.02m　中之島
基準点コード　TR14429579101
選点　明治45年(1912)　　地上埋設
1/5万図名　中之島　　本点
北緯　　29°49′45″.7995
東経　129°53′15″.3925
所在地　鹿児島郡十島村大字中之島[1]
三角点道　鹿児島港から8時間の船旅で中之島港に渡る。港から役場支所、馬牧場を経て林道椎崎線の登山口へと歩き、竹林の登山道を登る。途中から踏み跡を辿り竹林を掻き分けて三角点に出る。

46-24.

点名 弁財天(べんざいてん)　山名 弁財天山(べんざいてんざん)

標高　518.66m
基準点コード　TR14730513801
選点　明治23年(1890)　地上埋設
1/5万図名　羽島
北緯　31°46′50″.7787
東経　130°13′43″.3724
所在地　串木野市▲大字羽島字前ノ迫[*1]
三角点道　鹿児島本線串木野駅から県道43号線を走り、万福池で林道に入りゲート前に駐車。電波塔管理舗装道を山頂へ廻り込んで登り、電波塔が建つ山頂広場に出る。三角点はヒューム管内にある。

(▲ いちき串木野市羽島)

46-Lo. 鹿児島県で最も低い一等三角点

点名　与論島(よろんじま)Ⅱ　山名　（なし）

標高　19.64m　与論島
基準点コード　TR14028434101
選点　昭和46年(1971)　地上埋設
1/5万図名　与論島
北緯　27°02′20″.9867
東経　128°23′51″.5443
所在地　大島郡与論町大字立長字ビト[*1]
三角点道　沖縄県那覇港から5時間の船旅で与論島に渡る。三角点は、空港滑走路南端から西に800mの兼母海岸の岩礁にあり、海岸沿いの遊歩道を歩いて三角点に出る。低い位置ながら展望がよい。

《標石上面に＋印と○印とが刻まれた一等三角点》

　ここで紹介するのは標石の上部に通常の「＋」印と「○」印とが重なった形で刻まれている一等三角点である。この三角点（点名：房大山(ぼうのおおやま)）は千葉県西岬地区坂田にある標高193.34mの低山（山名：大山）に設置されている。ちょっと見た感じでは普通の一等三角点の標石と変わりないが、じっくり観察すると標石の上部に異常があることに気づくであろう。右にその標石を示したが、標石の上部中央に刻まれた一辺約6cmの「＋」印と重なるように直径約4cmの「○」印が刻まれている。ただ○印は中心が＋印と多少ずれており、○印の線の幅が＋印より太めで、本当に意図的に刻印されたものかどうかは判っていない。また標石の質は標準的な花崗岩ではないようだ。とにかく、不思議な一等三角点と言えよう。

プラス印と○印が刻まれた標石
(房大山・千葉県)

47　沖縄県

1. 県内の一等三角点は19点と多くあるが、標高500m以上の一等三角点はない。

2. 県内の最も高い一等三角点は与那覇岳498.00mで、天然記念物ヤンバルクイナの生息地にある。

3. 県内の最も低い一等三角点は久高島17.52mで、南城市知念にある。
   初版以降、点名：北端、南端の一等三角点が廃点となった。

47-Lo.　沖縄県で最も低い一等三角点
点名　**久高島**（くたかしま）　山名　（なし）

標高　17.52m　　久高島
基準点コード　TR13927179101
選点　明治39年(1906)　　地上埋設
1/5万図名　　久高島　　本点
北緯　26°09′38″.8968
東経　127°53′24″.9843
所在地　南城市知念字久高中原323番
三角点道　安座真港から高速船で15分の久高島徳仁港に渡る。港から島の中心通る道で集落を抜けて広々としたきび畑に出る。港から600m程歩き道から西に60mほど入った林の中に三角点がある。

《孤島にあって近づくのが困難な一等三角点》

　一等三角点は全国に総数974点が設置されているが、そのうち近づくのが困難な無人島になんと18点も設置されている。その内訳は、北海道1、青森1、石川2、東京4、福岡2、長崎1、鹿児島5、沖縄1である。無人島に辿り着くには、先ず船の手配がいる。また辿りついても岸壁の上に登らねばならない場合が多い。しかも海上を行くとなると、天候の変化には一層気をつけなければならない。あれやこれや探索に苦労が伴う。だが無人島のほとんどの一等三角点踏査を達成した人もいる。右の写真は沖縄本島の北方約100km、絶海の孤島硫黄鳥島に設置されている一等三角点「鳥島」である。「点の記」には標高は189.30mとあるが、絶海の孤島だけにその標石の美しさは見事である。

[付表1] 全国の三角点設置点数一覧

（平成二十六年四月一日現在・三角点総数一〇九、四二三点）

都道府県名	一等三角点 500m以上	一等三角点 500m未満	一等三角点 計	二等三角点	三等三角点	四等三角点
1 北海道	113	111	224	930	3769	9277
2 青森県	19	12	31	130	969	1644
3 岩手県	24	5	29	213	1517	3284
4 宮城県	5	9	14	106	713	1654
5 秋田県	16	8	24	159	1207	2125
6 山形県	13	8	21	127	954	1474
7 福島県	22	3	25	189	1375	2718
8 茨城県	6	16	22	84	540	1310
9 栃木県	5	6	11	87	642	1061
10 群馬県	7	2	9	87	629	740
11 埼玉県	2	8	10	56	332	402
12 千葉県	0	25	25	97	431	395
13 東京都	2	10	12	34	276	165
14 神奈川県	2	6	8	35	241	233
15 新潟県	19	10	29	178	1258	2322
16 富山県	5	2	7	55	421	574
17 石川県	6	10	16	62	436	598
18 福井県	6	1	7	53	404	582
19 山梨県	5	1	6	51	428	603
20 長野県	31	2	33	187	1289	2291
21 岐阜県	16	1	17	148	1033	1922
22 静岡県	11	7	18	108	699	1254
23 愛知県	3	5	8	83	428	1042
24 三重県	8	3	11	80	495	1140
25 滋賀県	5	6	11	41	278	642
26 京都府	7	0	7	69	416	769
27 大阪府	2	2	4	26	186	290
28 兵庫県	14	7	21	110	818	2258
29 奈良県	8	0	8	48	326	613
30 和歌山県	8	6	14	68	489	1267
31 鳥取県	5	7	12	42	335	892
32 島根県	7	6	13	86	644	1739
33 岡山県	8	5	13	89	675	2222
34 広島県	15	2	17	124	823	2478
35 山口県	12	4	16	108	637	1886
36 徳島県	8	5	13	52	411	1005
37 香川県	4	3	7	34	209	753
38 愛媛県	11	7	18	100	592	1868
39 高知県	13	3	16	98	690	1682
40 福岡県	8	13	21	64	451	1261
41 佐賀県	3	6	9	31	233	738
42 長崎県	7	15	22	101	511	1332
43 熊本県	10	4	14	106	688	2081
44 大分県	11	3	14	87	614	1697
45 宮崎県	11	3	14	95	693	1767
46 鹿児島県	24	30	54	122	668	2592
47 沖縄県	0	19	19	8	97	789
合計	547	427	974	5048	31970	71431

[付表2] 全国の標高 500m 未満の一等三角点（標高の高い順）

1 北海道

点名	山名	標高 m	1/5万地形図
114 写万部山	写万部山	499.07	長万部
115 礼文岳	礼文岳	489.96	礼文島北部
116 賀張山	賀張山	486.91	新 和
117 当別丸山	丸 山	482.31	函 館
118 附子山	常呂山	480.79	女満別
119 多寄山	多寄山	452.73	士 別
120 戸内牛山	（無名峰）	449.34	美 幌
121 新田差尻	（なし）	446.98	音威子府
122 文 山	（無名峰）	437.32	丸瀬布北部
123 織辺山	居辺山	427.12	上士幌
124 幌尻山	幌尻山	426.76	上猿払
125 仁井田山	仁多山	420.50	摩周湖
126 阿蘇岩山	阿蘇岩山	418.00	当 別
127 気無山	気無山	414.97	五稜郭
128 風烈山	風烈山	410.10	初山別
129 渚別山	（無名峰）	391.62	上足寄
130 活汲山	（無名峰）	391.12	北 見
131 古丹別山	古丹別山	383.28	三 渓
132 幌岩山	幌岩山	376.03	サロマ湖
133 冠色樹山	カムイロキ山	370.46	足 寄
134 球島山	球島山	369.29	奥尻島北部
135 辺別台	（なし）	369.27	志比内
136 登突山	登突山	352.87	港 町
137 白神岳	白神岳	352.45	松 前
138 當縁山	（無名峰）	335.02	忠 類
139 勢多湖山	千代田山	334.34	天塩有明
140 紋別山	紋別山	333.83	紋 別
141 琴似山	三角山	311.04	札 幌
142 庶路山	庶路山	308.62	阿 寒
143 小 島	南 山	282.06	渡島大島
144 幌内山	幌内山	279.72	本 別
145 馬追山	馬追山	272.51	夕 張
146 鵜伏山	（無名峰）	255.76	豊 富
147 常室山	常室山	254.68	常 室
148 雨龍山	桜 山	253.05	妹背牛
149 姨失山	姨失山	252.14	早 来
150 愛刀稱山	（無名峰）	251.48	留 萌
151 似西山	（無名峰）	249.72	徹 別
152 落石山	（無名峰）	249.58	十勝池田
153 尺 忍	桃 岩	249.52	礼文島南部
154 変毛珍	（なし）	240.05	中士幌
155 浦 河	（なし）	239.49	西 舎
156 月 寒	（なし）	239.36	石 山
157 尺別山	（無名峰）	234.92	音 別
158 小田野山	小田野山	225.95	常 室
159 篦射峰	（無名峰）	210.52	稚 内
160 老者舞山	円 山	204.84	昆布森
161 気無山	（無名峰）	200.85	宗 谷
162 室蘭山	測量山	199.44	室 蘭
163 能取山	（無名峰）	190.21	網 走
164 天売島	（なし）	184.46	焼尻島
165 保呂志里	民安山	181.67	雄信内
166 宗谷山	（無名峰）	172.04	宗 谷
167 鷹栖台	（なし）	167.58	旭 川
168 高 山	オシヨンナイ山	166.98	礼文島北部
169 阿平山	安平山	166.09	追 分
170 勇仁台	（なし）	162.55	小清水
171 岩見沢	（なし）	153.22	夕 張
172 雪裡山	（無名峰）	148.07	鶴 居
173 千富尻	（なし）	146.66	沼 川
174 比良台	（なし）	138.74	大楽毛
175 藻岩山	（無名峰）	134.15	大 樹
176 塘路台	（なし）	132.84	尾 幌
177 売買台	（なし）	132.20	大 正
178 辺寒台	（なし）	120.10	標 茶
179 然別台	国見山	116.73	帯 広
180 時前山	（無名峰）	107.72	宗 谷
181 鹿路山	（無名峰）	96.04	抜 海
182 鷲 泊	（なし）	92.35	利尻島
183 桂恋山	（無名峰）	88.66	釧 路
184 片無去山	（なし）	85.86	尾 幌
185 標津台	（なし）	85.14	中標津
186 笑瑟辺台	（なし）	84.46	茶内原野
187 有縁別台	（なし）	83.15	斜里岳
188 散布台	（なし）	78.47	霧多布

189	落石台	（なし）	76.60	厚　床
190	江差人台	三角台	74.67	厚　床
191	烏賊付山	烏賊付山	74.69	今　金
192	漁　村	（なし）	69.26	千　歳
193	西　端	（なし）	63.81	薫　別
194	焼尻島	（なし）	59.88	焼尻島
195	苫前岬	（なし）	59.90	苫　前
196	和　田	（なし）	55.03	根室南部
197	沙流山	（無名峰）	52.22	稚咲内
198	沢木台	（なし）	49.84	沢　木
199	西別台	（なし）	49.82	別　海
200	野塚舞	（なし）	46.72	根室北部
201	幾梅仮里	（なし）	41.12	稚　内
202	胡多額	（なし）	27.97	薫　別
203	雄鳰内	（なし）	26.83	八木浜
204	平糸台	（なし）	26.44	別　海
205	蒼　瑁	（なし）	23.56	小清水
206	厚　別	（なし）	20.04	札　幌
207	砦　山	（無名峰）	19.69	標　津
208	江　別	（なし）	19.39	江　別
209	植　苗	（なし）	18.34	千　歳
210	斜　里	（なし）	18.34	斜　里
211	恵山辺	（なし）	16.96	鬼志別
212	沼　貝	（なし）	15.28	岩見沢
213	青　苗	（なし）	15.21	奥尻島南部
214	札幌南端	（なし）	14.90	札　幌
215	生振Ⅱ	（なし）	14.23	石　狩
216	声問西端	（なし）	7.56	稚　内
217	札幌北端	（なし）	7.37	札　幌
218	来車師	（なし）	7.06	鬼志別
219	声問東端	（なし）	6.66	稚　内
220	野田追	（なし）	6.19	八　雲
221	亀　田	（なし）	3.13	函　館
222	野付崎	（なし）	1.87	野付崎
223	無位山	（無名峰）	不明	薫　別
224	東　端	（なし）	不明	薫　別

2　青森県

20	尻屋山	桑畑山	400.15	尻屋崎
21	石川台	石川台	340.12	陸奥横浜
22	水沢山	水ヶ沢山	323.26	浅　虫
23	高　山	（無名峰）	124.15	七　戸
24	倉　越	（なし）	109.56	七　戸
25	西　端	（なし）	74.56	七　戸
26	池之平	（なし）	56.16	十和田
27	西高山	高　山	54.60	金　木
28	相之平	（なし）	48.47	三　沢
29	鉢森平	（なし）	47.99	七　戸
30	東　端	（なし）	44.24	七　戸
31	上の島	（なし）	5.04	深　浦

3　岩手県

25	原地山	原地山	485.34	田　老
26	卯子酉山	卯子酉山	423.71	陸中野田
27	雷神峠	（なし）	319.52	花　巻
28	高堂山	（無名峰）	185.32	久　慈
29	生城寺	大林城	108.82	北　上

4　宮城県

6	三国山	大六天山	439.08	石　巻
7	一本楢	一本楢	437.69	白　石
8	松倉山	松倉山	290.66	吉　岡
9	黒森山	黒森山	254.48	角　田
10	筺峯山	筺岳山	221.72	涌　谷
11	番ヶ森	番ヶ森山	209.83	松　島
12	大森山	（無名峰）	175.16	仙　台
13	下一ッ栗村	（なし）	162.44	岩ヶ崎
14	姉歯村	（なし）	73.41	若　柳

5　秋田県

17	大子内	摩当山	444.34	鷹　巣
18	三　森	三ッ森山	412.01	浅　舞
19	沼沢山	沼沢山	345.80	刈和野
20	森　山	森　山	325.48	五城目
21	尼ヶ台	天ヶ台山	314.41	横　手
22	幟　山	幟　山	211.23	能　代
23	三崎山	（無名峰）	161.03	吹　浦
24	赤　山	大森山	123.17	羽後和田

6　山形県

14	薬師山	薬師山	436.79	羽前金山
15	高舘山	高館山	273.18	鶴　岡

16	基線東端	（なし）	221.34	新　庄
17	金澤山	三吉山	184.11	新　庄
18	基線西端	（なし）	145.65	新　庄
19	蔵増村	（なし）	89.07	楯　岡
20	飛　島	柏木山	57.90	酒　田
21	飯森山	飯森山	41.55	酒　田

7　福島県

23	富士見山	富士見山	437.03	白　河
24	七本松	羽　山	329.57	二本松
25	下神白	（なし）	46.25	小名浜

8　茨城県

7	高田山	高田山	255.64	水　戸
8	大　竹	（なし）	50.38	鉾　田
9	平　井	高天原	40.14	潮　来
10	上山川	（なし）	38.84	小　山
11	四　鹿	（なし）	35.34	鉾　田
12	平　須	（なし）	30.20	石　岡
13	磯之浜	（なし）	30.09	磯　浜
14	飯　倉	（なし）	29.18	佐　原
15	弁天山	弁天山	27.01	潮　来
16	筑波原点	（なし）	25.72	土　浦
17	牛　久	（なし）	25.38	龍ヶ崎
18	下玉里	（なし）	23.87	玉　造
19	高　岡	（なし）	22.32	土　浦
20	小　堤	（なし）	22.05	小　山
21	沓　掛	（なし）	21.33	水海道
22	稲　村	（なし）	20.48	龍ヶ崎

9　栃木県

6	晃石山	晃石山	419.07	栃　木
7	白　山	松倉山	345.14	烏　山
8	稲荷山	稲荷山	298.26	大田原
9	早乙女	富士山	206.03	喜連川
10	八幡山	八幡山	158.60	宇都宮
11	磯　山	磯　山	104.60	真　岡

10　群馬県

8	唐沢山	唐沢山	261.13	桐生及足利
9	上城山	（無名峰）	197.80	高　崎

11　埼玉県

3	物見山	物見山	375.30	川　越
4	三ヶ尻	観音山	77.38	熊　谷
5	本　郷	（なし）	57.30	東京西北部
6	石戸村	（なし）	30.33	鴻　巣
7	発　戸	（なし）	26.50	古　河
8	大和田	（なし）	18.24	大　宮
9	高野村	（なし）	10.15	鴻　巣
10	根　岸	（なし）	6.26	大　宮

＊三ヶ尻屋上は 2014 年に廃点となる

12　千葉県

1	鹿野山	鹿野山	352.27	富　津
2	峯　岡	嶺岡浅間	334.68	鴨　川
3	鋸　山	鋸　山	329.14	那　古
4	大　谷	（なし）	270.75	大多喜
5	野々塚	野々塚	268.12	大多喜
6	大　川	（なし）	205.76	館　山
7	房大山	大　山	193.34	館　山
8	六地蔵	権現森	173.03	姉　崎
9	一ノ宮	（なし）	79.62	茂　原
10	養安寺台	養安寺台	78.62	東　金
11	高神村	愛宕山	73.58	銚　子
12	飯　岡	（なし）	68.06	八日市場
13	桜　井	（なし）	53.94	八日市場
14	高　松	（なし）	43.22	成　田
15	竜角寺	（なし）	42.18	成　田
16	大　倉	妙見山	41.53	潮　来
17	虫　生	対陣山	39.45	成　田
18	蔵　波	（なし）	31.43	木更津
19	根　村	（なし）	27.11	佐　倉
20	四ッ街道	（なし）	25.10	千　葉
21	法典村	（なし）	23.03	東京東北部
22	柳　沢	（なし）	17.66	野　田
23	神　崎	（なし）	11.04	佐　原
24	馬　橋	（なし）	3.69	東京東北部
25	片　貝	（なし）	3.41	東　金

＊久賀は 2014 年に廃点となる

13 東京都

3	高　根	（なし）	194.03	青　梅
4	連光寺村	（なし）	161.75	八王子
5	三鷹村	（なし）	57.94	東京西北部
6	上沼部	（なし）	40.80	東京西南部
7	徳　丸	（なし）	34.44	東京西北部
8	東京(大正)	（なし）	25.36	東京西南部
9	伊豆鳥島	（なし）	57.94	八丈所属諸島
10	北硫黄島	（なし）	2.68	火山列島
11	南鳥島	（なし）	—	火山列島
12	沖ノ鳥島	（なし）	—	火山列島

14 神奈川県

3	鳶尾山	鳶尾山	234.13	八王子
4	二子山	二子山	207.63	横須賀
5	浅間山	浅間山	180.88	平　塚
6	長津田村	高尾山	100.44	八王子
7	下溝村	（なし）	97.17	八王子
8	座間村	（なし）	74.90	藤　沢

15 新潟県

20	赤松山	朴坂山	438.20	小　国
21	川　井	高場山	383.72	小千谷
22	千　本	八石山	351.11	柏　崎
23	長者原	三角台	313.33	高田西部
24	大　山	道　上	297.88	三　条
25	護摩堂山	護摩堂山	268.27	新　津
26	粟　島	小柴山	265.64	粟　島
27	鶴　巣	（なし）	184.23	小　木
28	松ヶ崎	（なし）	24.19	新　潟
29	黒　井	（なし）	4.54	柿　崎

16 富山県

6	越城山	城　山	145.13	富　山
7	岨之景	園家山	17.30	三日市

17 石川県

7	丸　山	宝立山	468.50	宝立山
8	河内岳	河内岳	398.56	穴　水
9	下山村	三蛇山	371.78	輪　島

10	天元寺岳	遍照岳	146.61	七　尾
11	沖波山	沖波山	113.39	宇出津
12	清水山	鍋　山	63.44	小　松
13	大　島	（なし）	61.72	輪　島
14	御厨島	（なし）	38.94	輪　島
15	舳倉島	（なし）	12.51	輪　島
16	専光寺	（なし）	4.74	金　沢

18 福井県

7	矢良巣岳	矢良巣岳	472.60	鯖　江

19 山梨県

6	塩崎村	（なし）	348.16	御岳昇仙峡

20 長野県

32	基線東端	（なし）	447.60	須　坂
33	基線西端	（なし）	353.01	中　野

21 岐阜県

17	檜　峠	如来ヶ岳	276.00	岐　阜

22 静岡県

12	神石山	神石山	324.95	豊　橋
13	羽鮒村	羽鮒山	320.71	富士宮
14	高天神山	小笠山	220.86	掛　川
15	坂部村	高根山	150.53	掛　川
16	都田村	（なし）	86.11	磐　田
17	神ヶ谷	（なし）	37.58	浜　松
18	上野巳新田	（なし）	33.63	磐　田

23 愛知県

4	桑ヶ谷村	桑谷山	435.48	岡　崎
5	大　山	大　山	328.03	伊良湖岬
6	尾本宮山	本宮山	292.85	名古屋北部
7	鍋　山	鍋　山	81.70	師　崎
8	高根山	高根山	55.14	名古屋南部

24 三重県

9	朝熊山	朝熊ヶ岳	477.96	鳥　羽
10	高塚山	高塚山	88.25	桑　名
11	大平尾村	（なし）	4.51	松　阪

25 滋賀県

6	阿弥陀山	阿弥陀山	453.41	熊 川
7	竜王山 I	雪野山	308.83	近江八幡
8	饗庭野西	（なし）	263.13	熊 川
9	饗庭野東	（なし）	233.73	熊 川
10	雨壺山	雨壺山	137.03	彦根東部
11	深溝村	（なし）	86.76	竹生島

26 京都府

7点の全てが500m以上

27 大阪府

3	岨石山	岨石山	419.87	和歌山
4	大浜公園	蘇鉄山	6.97	大阪西南部

28 兵庫県

15	釜口山	釜口山	475.72	明 石
16	白旗山	白旗山	439.87	上 郡
17	志方城山	城 山	271.21	高 砂
18	竜宝寺山	竜宝寺山	254.36	洲 本
19	大 山	城 山	249.86	龍 野
20	雄岡山	雄岡山	241.17	神 戸
21	家 島	頂の岩	186.98	寒霞渓

29 奈良県

8点の全てが500m以上

30 和歌山県

9	峯ノ山	峯ノ山	482.22	江 住
10	紀明神山	明神山	355.21	海 南
11	西 山	西 山	328.72	御 坊
12	八郎山	八郎山	250.04	那智勝浦
13	平草原	平草原	131.59	田 辺
14	友ヶ島	コウノ巣山	119.71	和歌山

31 鳥取県

6	進藤池山	（無名峰）	474.20	倉 吉
7	高鱒山	（無名峰）	288.42	浜 坂
8	大平山	（無名峰）	193.70	倉 吉
9	大将山	蜘ヶ家山	176.86	倉 吉
10	焼林村	（なし）	115.12	倉 吉
11	長尾鼻	（なし）	80.69	鳥取北部
12	天神野	（なし）	54.02	倉 吉

32 島根県

8	島星山	島ノ星山	469.96	浜 田
9	高崎山	高崎山	434.60	浦 郷
10	朝日山	朝日山	341.76	恵 曇
11	高尾山	高尾山	328.37	境 港
12	知夫島	アカハゲ山	324.51	浦 郷
13	新山要害山	要害山	281.20	米 子

33 岡山県

9	金 山	金 山	499.33	岡山北部
10	烏泊山	烏泊山	318.62	和 気
11	八丈ヶ岩山	八丈岩山	280.63	西大寺
12	種松山	種松山	257.87	岡山南部
13	真鍋島	山の神	120.42	寄 島

34 広島県

16	御手洗島	一峰寺山	448.98	三 津
17	彦 山	彦 山	429.70	福 山

35 山口県

13	唐人山	権現山	463.99	萩
14	油宇ノ山	大見山	336.45	久 賀
15	厚東ノ城山	霜降岳	249.89	小 郡
16	見 嶋	三山ヶ中	175.04	見 島

36 徳島県

9	阿明神山	明神山	441.84	日和佐
10	眉 山	眉山公園	276.59	徳 島
11	八王子山	権現山	149.01	鳴門海峡
12	西林村	（なし）	35.94	脇 町
13	東林村	（なし）	亡失	脇 町

37 香川県

5	城 山	城 山	462.16	丸 亀
6	高野山	（無名峰）	444.21	観音寺
7	屋島山	南 嶺	291.99	高 松

38 愛媛県

12	三机山	見晴山	395.26	伊予三崎
13	一本松	大平山	393.47	宿毛
14	由良岬	由良山	249.35	魚神山
15	天満山	西の山	244.36	新居浜
16	伊沖ノ島	（なし）	169.46	魚島
17	日振島	えじが森	158.83	魚神山
18	比岐島	（なし）	28.11	今治東部

39 高知県

14	白滝山	白滝山	446.88	土佐清水
15	土沖之島	妹背山	404.12	柏島
16	鷲尾山	烏帽子山	359.13	高知

40 福岡県

9	丸山	丸山	350.28	山鹿
10	高良山	高良山	312.02	久留米
11	沖ノ島	一ノ岳	243.64	神湊
12	野北山	彦山	231.51	前原
13	白島	（なし）	128.06	折尾
14	小呂島	（なし）	109.26	玄界島
15	椎田村	（なし）	103.14	中津
16	大島	（なし）	94.31	神湊
17	相島	高山	76.86	津屋崎
18	潮煮塚	（なし）	36.18	福岡
19	小島堤防	（なし）	亡失	佐賀
20	東久留米	（なし）	亡失	久留米
21	上津荒木村	（なし）	亡失	久留米

41 佐賀県

4	防住山	基山	404.34	甘木
5	烏泊山	犬山岳	342.05	武雄
6	梨川内	（なし）	268.81	唐津
7	馬渡島	番所ノ辻	237.91	呼子
8	大浦村	日の辻山	136.01	諫早
9	大詫間	（なし）	2.07	佐賀

42 長崎県

8	御岳	平岳	457.82	三根
9	船石岳	船石岳	451.29	長崎
10	番岳	番岳	442.59	立串
11	三王山	山王山	439.18	有川
12	大戸山	翁頭山	429.31	福江
13	屏風岳	屏風岳	394.10	志々伎
14	樺島	致彦山	325.88	佐尾
15	愛宕山	愛宕山	291.36	口之津
16	大岳	大岳	288.76	佐世保
17	宇久島	城ヶ岳	258.63	小値賀島
18	嶽ノ峰	岳ノ辻	212.86	勝本
19	魚釣山	魚釣山	147.18	勝本
20	観音岳	観音嶽	139.27	仁位
21	江島	遠見岳	121.76	肥前江島
22	肥前鳥島北小島	（なし）	6.93	男島及女島

43 熊本県

11	飯田山	飯田山	431.22	御船
12	震岳	震岳	416.05	山鹿
13	三角山	三角岳	405.93	三角
14	権現山	権現山	401.86	牛深

44 大分県

12	樅木山	樅木山	484.10	佐賀関
13	姫島	矢筈岳	266.39	姫島
14	遠見塚	遠見塚	115.21	豊後杵築

45 宮崎県

12	徳ノ岡	徳岡山	220.98	野尻
13	米山	米ノ山	191.59	日向
14	六ッ野	（なし）	123.39	妻

46 鹿児島県

25	臥蛇島	御岳	497.19	臥蛇島
26	横当島	（なし）	494.81	横当島
27	権現ヶ尾	権現ヶ尾	484.59	伊集院
28	松長山	松長山	455.16	湯湾
29	上甑島	遠目木山	423.26	中甑
30	荒平山	下山岳	415.78	枕崎
31	戸倉山	戸倉山	410.98	西古見
32	清見ヶ陣	清見岳	401.95	開聞岳
33	請島	大山	398.40	請島
34	宝島	イマキラ岳	291.90	宝島

35	薬師山	薬師岳	280.92	大根占
36	口永良部島Ⅱ	（なし）	246.01	口永良部島
37	平　島	御　岳	242.89	諏訪之瀬島
38	沖永良部島Ⅰ	大　山	240.10	沖永良部島
39	竹　島	マゴメ山	219.90	薩摩硫黄島
40	小牧角	（なし）	206.57	種子島南部
41	喜界島Ⅰ	（なし）	203.51	喜界島
42	高　台	高　岳	183.60	名瀬東部
43	上大久保	（なし）	158.06	種子島北部
44	草垣島	（なし）	130.64	薩摩黒島
45	基線北端	（なし）	105.39	鹿　屋
46	小宝島	竹之山	102.70	宝　島
47	与論島Ⅰ	（なし）	97.08	与論島
48	宇治島	南日岳	94.95	薩摩黒島
49	馬毛島	（なし）	71.14	種子島北部
50	喜界島Ⅱ	（なし）	64.52	喜界島
51	沖永良部島Ⅱ	（なし）	61.47	沖永良部島
52	基線南端	（なし）	59.37	鹿　屋
53	与論島Ⅱ	（なし）	19.64	与論島
54	諏訪瀬島	（なし）	—	諏訪之瀬島

47　沖縄県

1	与那覇岳	与那覇岳	498.00	辺土名
2	八重岳	八重岳	453.39	名　護
3	久米島Ⅰ	宇江城岳	310.35	久米島
4	伊平屋島	賀陽山	294.01	伊平屋島
5	久米島Ⅱ	アーラ岳	287.81	久米島
6	渡嘉敷島	大見座山	210.34	慶良間列島
7	妙　山	クール岳	201.06	沖縄市北部
8	鳥　島	前　嶽	189.30	久米島
9	首　里	弁ヶ岳	165.62	那　覇
10	渡名喜島	大本田	165.33	渡名喜島
11	八重巣岳	八重瀬嶽	163.21	糸　満
12	須久名山	須久名山	149.12	沖縄市南部
13	座間味島	番所山	143.60	慶良間列島
14	高離島	（なし）	121.43	金　武
15	伊是名島	チジン山	120.36	伊是名島
16	粟国島	番屋塚	95.40	渡名喜島
17	伊江島	ゴヘズ山	82.29	伊江島
18	平敷屋	（なし）	71.78	沖縄市南部
19	久高島	（なし）	17.52	久高島

＊基線北端と南端は廃点となる。

（注）　標高欄の「—」は「情報なし」であることを示す。

―――――――《参考資料》―――――――

＊国土地理院「点の記」「基準点成果表情報」「地形図」「ホームページ」（平成22年度および平成23年4月版による）

＊『新日本山岳誌』（日本山岳会編著・2005・ナカニシヤ出版）／『日本山名事典』（徳久球雄他編・2004・三省堂）／『日本山名総覧』（竹内正・1999・白山書房）／『日本山嶽志』（高頭式・1906・博文館）／『日本百名山』（深田久弥・1964・新潮社）／『花の百名山』（田中澄江・1980・文藝春秋社）／『登嶺』（新世紀1～3号・2008～10・一等三角點研究會 会報誌）／『一等三角点のすべて』（多摩雪雄編・1986・新ハイキング社）

あとがき

　本書の初版の「あとがき」では『一等三角点に関するガイド本が少ない。そこで今回、三角点好きの山仲間の会「一等三角點研究會」から本書をまとめることにしました。今までにない視点で、三角点に関する国土地理院の資料と、私達が歩いた道の案内と三角点標石の写真を撮ったのが本書です。特に、孤島や無積雪の北海道では天候などに大変苦労したものです。執筆は会員の高野正己氏が三角点道を若林忠男氏がコラムを主にまとめましたが、限られた紙面でのアプローチとコースの概念は十分読みとっていただけるものと思っています。』と記しました。

　この本は国土地理院の資料を基に、標高や経緯度を表した一種の資料集でもあり、ガイド本でもあります。既に初版本の読者の皆さんは、本を手に取ってそれなりに資料的な数値を活用されていただいたと思っています。

　初版本は増刷の発行で、品切になれば終えるだろうと思っていました。ところが、この資料の数値が思わぬ出来事で修正を迫られました。

　あの、日本列島を震撼させた平成23年3月11日。東北地方太平洋沖大地震の発生です。ほぼ全国的と言ってもいいくらい、日本列島が動きました。『不動如山』ではありませんが、山は動かぬものと思っていました。三角点の位置である経度、緯度それに標高が変動したのです。そこで、初版本の増刷では済まされず、すべての記載事項を見直しての改訂版発行を余儀なくされたのです。

　この改訂版には初版本以上に手数はかかりましたが、読者の皆さんには、是非この際、初版本と併せて本書を手に取っていただき、「日本列島のズレ」を見ていただければ幸いです。そしてこの本が、山の愛好家にバイブル的ガイド本となれば至上の喜びとするところであります。

　最後に、とりわけお忙しいなか初版本に続き序文をお願いしました元日本山岳会会長齋藤惇生氏に御礼申し上げます。また、本書を発行するにあたりご尽力いただいたナカニシヤ出版の中西健夫社長、編集とアドバイスをいただいた林達三氏に御礼申し上げます。ありがとうございました。

　　2014年12月吉日

　　　　　　　　　　　　　　一等三角點研究會　　会長　　大槻　雅弘

《一等三角點研究會》

平成19年(2007)創立。京都の山仲間が中心に、今西錦司氏を顧問に昭和48年創設した会を再編した会で、北海道から九州まで全国に亘る会員が、一等三角点に関する歴史的意義を研究し、各種基準点等の設置目的を理解して山行や例会、会誌「聳嶺」など発行し幅広い活動を行っています。
お問合せ先　〒615-8215 京都市西京区上桂大野町3-2　大槻雅弘方
電話／FAX　075(391)2445　E-mail otsuki216@outlook.jp

《編著者紹介》
編者／一等三角點研究會（会長　大槻雅弘）
執筆者／大槻雅弘　髙野正己*　若林忠男　　(*は主執筆者)
写真撮影者／秋村謙一　礒部　純　伊藤久次郎　大倉寛治郎
　　　大塚紀子　大槻雅弘　大村征男　岡田　晋　片岡三喜雄
　　　川越はじめ　小林　晃　坂井久光　髙野正己　舘澤省吾
　　　田中哲郎　土井徹雄　中江南海雄　西田誠之　林　一夫
　　　原　睦陽　平塚耕次　山形歳之　山本幸男　若林忠男
編集・資料提供者／国土地理院　飯塚ひろ子　大塚紀子
　　　大槻雅弘　髙野正己　舘澤省吾　田中哲郎　土井徹雄
　　　林　和子　平塚耕次　山形歳之　若林忠男

登山案内　一等三角点全国ガイド〔改訂版〕

2015年5月15日　第1刷発行　　　　　　定価はカバーに
　　　　　　　　　　　　　　　　　　　　表示してあります

編著者　一等三角點研究會
（編者代表　大槻雅弘）

発行者　中　西　健　夫

発行所　株式会社ナカニシヤ出版
〒606-8161　京都市左京区一乗寺木ノ本町15番地
　　　　　電　話　075-723-0111
　　　　　FAX　075-723-0095
　　　　　振替口座　01030-0-13128
　　　　　URL http://www.nakanishiya.co.jp/
　　　　　E-mail iihon-ippai@nakanishiya.co.jp

落丁・乱丁本はお取り替えします。　　ISBN978-4-7795-0914-8 C0025
ⒸOtsuki Masahiro　2015　Printed in Japan
印刷・製本　ファインワークス／装幀　竹内康之

〈続編との併読で全ての一等三角点がわかる！〉

登山案内

〈続〉一等三角点全国ガイド

一等三角點研究會　編著

A5判　212頁／定価(本体1,800円+税)

▶ 全国にある標高500m未満の一等三角点（429）を、都道府県別で標高の高い順に紹介する「一等三角点案内」と、解説（山登りと三角点），コラム（三角点の基礎知識とこぼれ話32編）で構成。

▶ 各三角点毎に、点名・山名・標高・基準コード・選点・埋設法・地図・緯度・経度・所在地・三角点道を記し、写真を掲載した。

▶ 三角点道は、研究會の会員が実際に辿った出発地から登山口を経て三角点までの登山道を紹介した。

《近刊予告》────────(2015年秋刊行予定)

日本山岳会創立110周年記念出版

改訂　新日本山岳誌

日本山岳会
責任編集

＊初版刊行後、地震・火山噴火・水害などの自然災害による標高や登路の変更、また山の周辺や市町村合併による地名の変更など、現場の状況を確認して最新の情報で改訂。

〈現在、全国・各支部のご協力で改訂中！〉